Hans Christian Andersen

Griechenland
und der
Orient

Eine märchenhafte Reise

Verlag der Griechenland Zeitung

Hans Christian Andersen

Griechenland
und der
Orient

Eine märchenhafte Reise

Verlag der Griechenland Zeitung

2. Auflage 2020 (September)
© Verlag der Griechenland Zeitung (GZ),
HellasProducts GmbH, Athen
www.griechenland.net

Herausgeber: Jan Hübel, Robert Stadler
Vorwort: Jan Hübel
Anmerkungen: Andreas Krause
Layout: Harry Glitsis

ISBN 978-3-99021-036-9

9 783990 210369

*Noch hat kein Buch ein wahres Bild
von Griechenland und von dem,
was ich vom Orient gesehen habe, gegeben.*

H. C. Andersen

A. Weger x Leipzig.

H. C. Andersen

(1835)

Ein Dichter auf einer
märchenhaften Reise

Im Spätherbst 1840, damals in der Mitte seines Lebens, begann der dänische Schriftsteller Hans Christian Andersen (1805-1875) eine Reise über Deutschland und Italien nach Griechenland und anschließend weiter nach Smyrna und Konstantinopel. Die Rückreise erfolgte über die Donau nach Wien und endete in Kopenhagen. Das Buch, das er aus diesen Erlebnissen heraus schrieb, wurde unter dem Titel „En Digters Bazar" 1842 zunächst in seiner Muttersprache veröffentlicht, schnell erschienen unter dem Titel „Eines Dichters Bazar" die ersten Übersetzungen ins Deutsche.

Der Verlag der *Griechenland Zeitung*, der sich auf das Thema „Griechenland auf Deutsch" spezialisiert hat, veröffentlicht hier konsequenterweise nur die Teile „Griechenland" und „Der Orient", wobei Andersen in diesem letzteren Kapitel Smyrna (heute Izmir) und vor allem Konstantinopel (heute Istanbul) bereiste: Zwei Städte, wo damals noch viele Griechen lebten. In dieser Region Griechenland/Orient – wenn man so will im Herzen des klassischen Griechenlands und des einstigen Byzantinischen Reiches – hielt sich der Schriftsteller im Frühjahr 1841 auf.

„Orientalische Abende"

Den ursprünglichen Text haben wir in unserer Buchausgabe mit 50 zeitgenössischen Stichen, mit vielen Anmerkungen sowie mit zwei Briefen ergänzt. Den ersten davon schrieb Andersen am 7. April 1841 aus Athen, den zweiten – bereits auf der Rückreise – am 20. Juni aus Wien. Diese Briefe könnten als Einleitung und als Abschluss für das hier vorliegende Reisebuch gelten. Aus dem zweiten geht unter anderem hervor, dass Andersen die Gedanken über ein Buch erst gegen Ende seiner Reise ausspricht. Als Arbeitstitel nennt er hier noch „Orientalische Abende". Die Notwendigkeit für dieses Projekt begründet er mit der Bemerkung: „Noch hat kein Buch ein wahres Bild von Griechenland und von dem, was ich vom Orient gesehen habe, gegeben."

Andersen erwähnt in diesem zweiten Brief ganz zum Schluss auch, dass er sich in Wien „ein Werk über Konstantinopel mit dreißig Ansichten gekauft" habe. Er schreibt: „Durch dieses und durch meine Erzählungen werden Sie eine Art Vorstellung von der Stadt bekommen." Unserer Ansicht nach könnte es sich hierbei um das Werk „Konstantinopel und seine Umgebungen malerisch und geschichtlich dargestellt" handeln, das 1841, also dem Jahr der Reise, bei Julius Wunder in Leipzig erschien. In diesem Buch sind 30 Stahlstiche nach Originalzeichnungen von Thomas Allom abgebildet. Diese sehr klar gestochenen Abbildungen stammen aus dem schon damals berühmten Atelier von (Karl Ludwig) Frommel und Winkles, das sich in Karlsruhe vor allem auf Stahlstiche spezialisiert hatte. Sie korrespondieren harmonisch mit Andersens Text. – Das Buch „Konstantinopel und seine Umgebungen" (Autor: Robert Walsh, frei bearbeitet von Dr. A. Kaiser) befindet sich als Original in der Bibliothek der *Griechenland Zeitung*; wir haben die Ansichten, die darin abgebildet sind, als Illustrationen für diese hier vorliegende Ausgabe entlehnt, wodurch Andersens Reisebeschreibung noch anschaulicher wird. Die Ansichten Griechenlands entnahmen wir fast ausschließlich dem Buch „Griechenland in Wort und Bild" (Heinrich Schmidt und Carl Günther, Leipzig, 1882) von Amand Freiherr von Schweiger-Lerchenfeld, das ebenfalls im Original in der GZ-Bibliothek steht.

Mit einem anderen Blick als andere

H. C. Andersen nimmt sich seines Themas von vornherein als Dichter an, wodurch sich sein Werk in der Tat von anderen in etwa

vergleichbaren Büchern aus dieser Zeit durchaus abhebt. Letztere
stammen auf der einen Seite z.B. aus der Feder von Prof. Ludwig
Ross und auf der anderen von dem damals sehr bekannten Reiseau-
tor Hermann Ludwig Heinrich von Pückler-Muskau, der auch als
Landschaftsarchitekt bekannt war.

Einerseits verfügt der Reisende aus Kopenhagen nicht über jene
Kenntnisse, die das alte und das neue Griechenland betreffen, wie
das etwa bei Ross der Fall ist, der als Archäologe in Athen wirkte,
nicht nur Altgriechisch verstand, sondern auch passabel Neugrie-
chisch sprach und schrieb – und der nicht zuletzt den damaligen
König Otto (1815-1867) und dessen Gemahlin Amalie (1818-1875)
auf deren Reisen durch das Land als Fachmann begleitete. Ebenso
wenig gebietet Andersen über die finanziellen Mittel eines Pückler-
Muskau, der – stets mit größerem Tross – auch den Weg in schwerer
zugängliche Landesteile nicht scheute. Insofern beschränkt sich des
Dichters Darstellung zwangsläufig auf Athen und Umgebung, auf
die Insel Syros, die damals Knotenpunkt vieler Reisen war, und anschließend auf Smyrna und Konstantinopel mit dem Bosporus.

Eine Zeit extremer Umbrüche

Nach Griechenland reist Andersen zu einer Zeit, als sich das Land,
vor allem die Hauptstadt Athen, in einer Zeit des Umbruchs befindet. Der geschichtliche Hintergrund ist die Gründung des neugriechischen Staates 1830 und die Übersiedelung des Königshofes
vom damaligen Regierungssitz Nafplion (Nauplia) nach Athen im
Dezember 1834. Damit erhob der aus dem Hause Wittelsbach
stammende Otto die in der Antike so bedeutende Stadt am Fuße
der Akropolis zum Zentrum seines Königreiches. Gleichzeitig
beginnt in der neuen Residenzstadt ein Bauboom sondergleichen,
den Andersen noch deutlich empfunden hat („Athen ist eine Stadt,
die schon in den wenigen Tagen, die der Fremde hier verweilt, zu

wachsen scheint.")– Man muss sich vergegenwärtigen, dass nicht nur die Hauptstadt, sondern Griechenland selbst damals viel kleiner waren als heute: Athen glich um 1834 einem größeren Dorf; es hatte nach dem Befreiungskrieg kaum 300 Häuser und um die 1.800 Einwohner. 1842, ein Jahr nach Andersens Aufenthalt, lag die Einwohnerzahl schon bei 21.698. Was die Ausdehnung des ganzen Landes betrifft, so verlief die nördliche Staatsgrenze zwischen dem Golf von Arta im Westen und dem Golf von Volos im Osten. Der südlichste Punkt war Kap Tänaron, die Südspitze der Peloponnes. Von den Inseln waren lediglich die Kykladen, die Sporaden und die Argosaronischen Inseln befreit. Die Ionischen Inseln, Kreta, die Nordägäis und der Dodekanes mussten noch Jahrzehnte auf den Anschluss an Griechenland warten, ebenso wie Thessalien, Epirus, Makedonien und Thrakien. Griechenland hatte unter großen Opfern gerade erst die osmanische Fremdherrschaft abgestreift, war hoch verschuldet und bettelarm.

Doch so merkwürdig es anmutet: Gerade die Befreiung der Griechen und der Aufruhr unter den Balkanvölkern bewirkten im Osmanischen Reich selbst zahlreiche Reformen, deren Beginn Andersen auf seiner anschließenden Reise nach Konstantinopel miterlebt. Auf der einen Seite gibt es noch Sklavenmärkte in der Metropole am Bosporus. Andererseits befindet sich auch diese Stadt – ähnlich wie Athen – in einer Phase des Umbruchs.

In der Türkei begannen 1839 Reformen, die das Land nach westlichem Vorbild verändern sollten. Das beinhaltete nicht zuletzt eine zivilrechtliche Gleichstellung aller Untertanen; ab 1847 – sechs Jahre nach Andersens Reise – durften auch Christen vor Gericht als Zeugen aussagen. Viele Persönlichkeiten, die der dänische Dichter in Konstantinopel trifft, sind bereits diesem unter dem Begriff Tanzimat (Neuordnung) bekannt gewordenen Reformprozess verpflichtet, nicht zuletzt der junge Sultan Abdülmecid I.

Ein multikulturelles, ein europäisches Buch

Der „Märchendichter", als der Andersen schließlich in die Literaturgeschichte eingehen sollte, schildert seine Reise nach Griechenland und in den Orient, d. h. nach Smyrna und Konstantinopel und weiter durch den Bosporus ans Schwarze Meer sehr lebendig, atmosphärisch sehr dicht. Sein Erzählstil mutet für die damalige Zeit zum Teil recht unkonventionell, an einigen Stellen nahezu modern an. Gleichzeitig sind dem liberalen Dänen nationaler wie auch religiöser Fanatismus fremd: Die tanzenden Derwische etwa, die er in Konstantinopel erlebt, erregen in ihm Abscheu, wohl nicht nur aus ästhetischen Gründen.

Genau genommen versucht der vorliegende Text das friedliche Zusammenleben unterschiedlicher Religionen und Völker zu beschreiben, er erhebt dies in gewisser Weise zum Vorbild: Entstanden ist ein multikulturelles Buch, gerade auch in diesem Punkt zeitgenössisch, ganz europäisch. Doch beim Lesen stellt sich auch ein Hauch von Wehmut ein, viele der Zeilen des Dichters versprühen – ganz bewusst – Melancholie. An mancher Stelle mag der Gedanke aufkommen, dass die Welt seit 1841, als Andersen für uns unterwegs war, nicht nur viel gewonnen, sondern auch einiges, was durchaus lebenswert gewesen sein dürfte, verloren hat.

Die von Andersen autorisierte Übersetzung

Bei der Herausgabe dieses Buches haben wir uns an die „Original-Ausgabe des Verfassers" mit dem Titel „Eines Dichters Basar" aus dem Jahre 1853 gehalten. Erschienen ist es bei Carl Berendt Lorck, Leipzig. Der aus Kopenhagen stammende dänisch-deutsche Verleger hat sich u. a. um die Herausgabe der gesammelten Werke H. C. Andersens sehr verdient gemacht. Die uns vorliegende Ausgabe Lorcks erschien in Frakturschrift und wurde vom Verlag der

Griechenland Zeitung in unsere heutige Lateinschrift umgewandelt. In dieser 1853er Ausgabe wird ausdrücklich darauf hingewiesen, dass dies die „vom Verfasser besorgte Ausgabe" ist. Diese autorisierte Übersetzung ist wesentlich stringenter als etwa die beiden Vorläufer aus dem Jahre 1843. Es handelt sich dabei einmal um jene von W. C. Christiani, erschienen bei Eduard Kummer in Leipzig, und um die Ausgabe, die im gleichen Jahr von L. Rohrdantz beim Braunschweiger Verlag Friedrich Vieweg und Sohn (2. Auflage 1846) herausgegeben wurde. Nach Sichtung dieser drei Ausgaben haben wir uns letztlich für Lorck entschieden. Da, wo es Unklarheiten gab, haben wir den Text mit Anmerkungen kommentiert oder auch mit dem dänischen Original verglichen. Die Fußnoten auf den Textseiten stammen von Andersen selbst

Wir haben in unserer Edition bewusst einige Wörter, wie sie in der Mitte des 19. Jahrhunderts im Deutschen gebraucht wurden, belassen, manch einer mag dies vielleicht als Bereicherung unseres heutigen Wortschatzes empfinden. Ansonsten wurde dieser Text aus dem Jahre 1853 nach reiflicher Überlegung der neuen Rechtschreibung angepasst, was dem Lesegenuss zu Gute kommen dürfte. Darunter fallen zum Beispiel solche Änderungen wie Möbel statt „Meubel", genötigt statt „genöthigt", getötet statt „getödtet", Kurier statt „Courir" oder Boote statt „Böte". Zum Teil folgten wir bei der Schreibung von Eigennamen der dänischen Originalausgabe. So übernahmen wir die Schattentheaterfigur „Karagöf", statt Karagöz.

Poetische Alltagsskizzen einer vergangenen Welt

Beeindruckend für uns sind vor allem die genauen Beobachtungen, die uns Andersen von seiner Reise vermittelt. Dazu gehören Szenen aus Athen, aber auch die vielleicht noch farbenprächtigeren Bilder aus Konstantinopel. Der Dichter schenkt uns poetische

Alltagsskizzen und Einsichten über und in die beschriebenen Orte. Dabei zeigt der Mann aus dem Norden stets auch ein spürbares Interesse vor allem für die Menschen, die ihm begegnen, und eine gute Portion Humor. Er flicht interessante Tatsachen und Fakten in seine Betrachtungen ein, so dass sich das Geschriebene nicht nur aus subjektiven Beobachtungen und Reflexionen zusammensetzt. In seinem Buch spart er auch soziale Konflikte nicht völlig aus, so erwähnt er etwa die Aufstände in Rumeli gegen die türkischen Besatzer und Steuereintreiber, die er als „hart und ungerecht" bezeichnet. Er berichtet von „2000 Ermordeten", von „geschändeten Frauen und Knaben" in dieser Region „während des Osterfestes der Griechen".

Entstanden ist letztlich ein sehr interessantes Reisebuch. Und Andersen tritt damit den Beweis an, dass man mit wachen Augen ein Land selbst dann treffend beschreiben kann, wenn man kein ausgewiesener Experte ist – vorausgesetzt, dass man es versteht, die richtigen Fragen zu stellen und die richtigen Menschen zu treffen, die darauf Antworten geben können. Es seien hier nur die Begegnungen mit Ludwig Ross oder mit Anton von Prokesch-Osten in Athen genannt.

Für uns gehört dieses Buch mit zum Besten und Lesenswertesten, was Reiseschriftsteller über Griechenland, inbegriffen Kleinasien und Konstantinopel, über die Jahrhunderte zu Papier gebracht haben. Der Verlag der *Griechenland Zeitung* ist davon überzeugt, dass die vorliegende Neuausgabe dieses Werkes auch oder vielleicht gerade 170 Jahre nach seiner Niederschrift ein Genuss für den Leser sein dürfte, und wir wünschen viel Freude bei der Lektüre.

Jan Hübel

Griechenland.

---

*„Griechenlands Natur ist in ihrer Trauer
zu groß, als dass man darüber weinen könnte;
man wird durch sie erhoben!"*

H. C. Andersen

1. Einige Tage auf dem Mittelmeere.

Friedlich lag das weite Meer; man fühlte keine Bewegung im Schiffe, man konnte gehen, wohin man wollte, auf und ab, als sei es fester Boden; nur indem man das Kielwasser betrachtete, sah man die Fahrt des Schiffes, wie es sich weiter und weiter von Maltas gelben Klippen entfernte.

Wir hatten sieben junge spanische Mönche am Bord; sie konnten ein wenig Italienisch sprechen, waren sämtlich Missionare und gingen jetzt nach Indien. Der Jüngste von ihnen war sehr hübsch, bleich und melancholisch; er erzählte mir, dass seine Eltern noch lebten, dass er aber seit seinem sechzehnten Jahre seine Mutter nicht gesehen habe, die ihm so teuer sei. „Nun sehe ich sie nicht früher wieder, als im Himmel!", seufzte er. Er verließ mit schwerem blutendem Herzen Europa, aber er erkannte, dass er müsse; es war sein Beruf, er stand ja in Gottes Dienst. Er, wie die andern Brüder, gehörte zu den Theresianermönchen, ein Orden, gestiftet von der heiligen Theresia.[1]

Ich war den meisten an Bord der, welcher ihnen am fernsten hergekommen zu sein schien: Ich kam vom Norden.

„Von Dänemark?", wiederholte unser römischer Geistlicher, der nach Jerusalem ging. „Dänemark! Sie sind also ein Amerikaner?"

Ich erklärte ihm, dass Dänemark weit von Amerika entfernt liege; aber er schüttelte ungläubig den Kopf.

Wir hatten einen päpstlichen Gesandten am Bord, der nach dem Libanon ging. Dieser war der einzige Italiener, welcher Einiges von Dänemark wusste. Er hatte eine in Rom lebende dänische Prinzessin gekannt und war in ihren Soireen gewesen; er wusste, dass es einen Thorwaldsen gebe und dass ein Tacho de Brahe existiert habe.[2] Ich habe später die Bemerkung gemacht, dass Tycho de Brahe derjenige Däne ist, durch den Dänemark im Auslande am bekanntesten geworden; Tycho ist unser berühmtester Landsmann – und ihn verjagten wir! – Dänemark ist groß als Mutter, aber sie ist oft keine gute Mutter gegen ihre besten Kinder.

Mitten am Tage erblickten wir noch Malta; von Sizilien dagegen sahen wir nur den schneebedeckten Ätna, aber deutlich und groß, er schimmerte, als sei er eine Pyramide von weißem, sonnenbeleuchtetem Marmor. In der See war keine Wellenbewegung, es war als glitten wir durch die Luft. Ein ungeheurer Delphin, größer als ein Pferd, wälzte sich einige Mal dicht neben dem Schiffe, die Sonne schien auf seinen nassen, glänzenden Rücken. Melodien aus der „weißen Dame" klangen zu uns herauf vom Fortepiano in der Kajüte, und die lustigen Matrosenjungen hingen im Tauwerk und sangen: „Quel plaisir d'être matelot!"[3]

Die Kommandopfeife ertönte, die Matrosen machten ihre Manöver. Die Mittagsglocke läutete. – Als wir unsern Kaffee tranken, sank die Sonne rot und groß hinab, das Meer glänzte wie Feuer.

Die Sonne war untergegangen, die Sterne traten hervor mit ihrer Pracht, wie ich sie nicht auszusprechen vermag. Welches Gewimmel! Welcher Glanz! Venus schien, als sei sie der Mond selbst, ihre Strahlen warfen einen langen Schweif auf die Meeresfläche, die sich sanft bewegte, als atme das Meer leise. Tief am Horizont, über Afrikas Küsten, stand ein Stern, rot scheinend wie Feuer; unter diesem Stern jagte nun der Beduine auf seinem wilden Pferde, unter diesem Sterne zogen die Karawanen durch den glühenden Sand. Wie schön, unter dem Zelte neben der Tochter Afrikas zu sitzen! – Der Stern trieb Flammen durch das Blut. Ich saß auf dem Schiffsbord, – sah hinaus auf die Meeresfläche. Phosphorische Funken blitzten durch das Wasser; es war, als ginge man auf dem Meeresgrunde mit Fackeln, und diese leuchteten plötzlich empor, sie kamen und verschwanden, als wären diese Flammen der sichtbare Atem des Meeres.

Schon um neun Uhr war ich in meiner Koje und schlief sogleich ein, während das Schiff seine Fahrt emsig fortsetzte. Als ich am frühen Morgen wieder auf das Verdeck stieg, wurde es gereinigt; alle Hände waren in Bewegung, der Fußboden glänzte bald weiß und rein, es war eine Lust, ihn zu sehen.

Am Vorderteile, wo die Anker und Taue lagen, hatten die Matrosen ihre große Wäsche, und diese war ganz eigentümlich. Sie wuschen besonders Beinkleider, die sie ausgebreitet aufs Verdeck legten, Seewasser darüber gossen und sie dann mit einem gewöhnlichen, etwas abgenutzten Reisbesen, zwischen dessen Reiser sie ein Stück Seife gesteckt hatten, fegten oder richtiger scheuerten.

Zwei rasche Schiffsjungen, klein, aber flink wie Eichhörnchen und voll Schelmenstreiche, schlachteten Hühner und hielten vor jedem Abschlachten eine humoristische Rede an das Huhn; immer endigte diese mit einem „voilà!", und das Messer fuhr über den Hals.

Wir bemerkten eine geringe Bewegung in der See, aber so wie die Sonne höher stieg, wurde sie wieder ganz still, wie am vorhergehenden Tage. Keine Fluss-Schifffahrt kann hinsichtlich der Ruhe mit dieser verglichen werden; hie und da, weit hinaus, deuteten einige dunkelblaue Flecke auf der ausgedehnten, sonnenbeleuchteten Meeresfläche an, dass ein Lüftchen dort den Wasserspiegel kräusele. Malta war nun nicht mehr zu sehen, aber der Ätna stand klar und deutlich am Horizont; gegen Nordost erblickten wir die weißen Segel eines Schiffes, es war das erste Fahrzeug, das wir gesehen, seitdem wir Malta verließen.

Vorn frühstückten die Matrosen. Jeder erhielt eine Portion Wein, Zwiebeln und Brot; alle waren sehr munter, sie hatten ihren Witzbold und Einen, über den sie witzeln konnten.

Der Perser in dem grünen Kaftan und mit seinem weißen Shawlturban saß immer einsam und spielte mit seinen Ohrringen oder seinem Säbel, niemand sprach mit ihm und er mit niemandem; inzwischen spielte ein Lächeln um seinen Mund, als gingen frohe Erinnerungen durch seine Seele, oder dachte er vielleicht der Heimkunft, des vielen, was er von Land und Meer zu erzählen hatte? – Ich ging an ihm vorbei, er ergriff mich plötzlich am Arm und sagte einige persische Worte, die ich nicht verstand, aber er lachte, nickte und deutete auf die Seite des Verdecks. Meinen freundlichen Morgengruß vergalt er dadurch, dass er meine Aufmerksamkeit auf eine kleine Begebenheit lenkte, die sich bei uns während unserer Fahrt über das Meer ereignete. Ein kleiner Vogel war ermüdet ins Tauwerk herabgesunken und glitt nun ganz auf das Verdeck. Er war so entkräftet, dass er die Flügel nicht mehr zu erheben vermochte. Es versammelten sich um ihn eine Menge Zuschauer, und ich wurde über den römischen Geistlichen ganz böse, weil dieser ihn sogleich wollte braten lassen, er meinte, er müsse ausgezeichnet schmecken.

„Unser kleiner beflügelter Pilger soll nicht gegessen werden", sagte ich; einer der Leutnants nahm ihn in Schutz, setzte ihn auf ein Segel, das als Zelt über dem ersten Platz ausgespannt war, gab ihm dort einen Teller mit Wasser und Brotkrumen, und der Vogel war den ganzen Tag unser Gast, ja auch während der Nacht; erst am folgenden Tage flog er vom Schiffe fort und zwitscherte während seines Flugs, als wolle er seinen Dank aussprechen für die gute Behandlung.

Es war für uns alle eine große Begebenheit; bald aber suchte jeder seine Beschäftigung, einer am Klavier, ein anderer bei einem Buche, einige spielten Karte, andere spazierten auf und ab. Der Beduine saß auf den Kohlensäcken, schweigsam wie ein Geist, die Augen blitzten in dem braunen Gesicht, unter dem weißen Burnus, die nackten schwarzbraunen, kräftigen Beine ragten hervor. Der Perser spielte mit seinem großen Säbel, schlug an seine Pistolen oder drehte die silbernen Ringe in seinen schwärzlichbraunen Ohren. Der Kapitän kopierte aus meinem Album ein Bild von Marstrand: ein Geiger, der an Christian in „Nur ein Geiger" erinnern sollte;[4] jetzt hängt es in des Kapitäns Kajüte, und jährlich segelt der „Geiger" zwischen Marseille und Konstantinopel auf dem stolzen Schiffe: „Leonidas". Ich selbst unterrichtete einen der französischen Offiziere im Deutschen, er übersetzte Schillers „Teilung der Erde".

Die Zeit verging vortrefflich; am Mittagstisch herrschten Fröhlichkeit und gute Laune. Der Sonnenuntergang war unendlich schön! Die Sterne wimmelten so klar, so strahlend hervor. Es war nicht möglich, die Bewegung des Schiffes zu bemerken, nur indem man sein Auge auf das Tauwerk und die Sterne heftete, sah man sie, es war, als drehe sich der Sternenhimmel und das Schiff liege still. Es lag etwas so Erhebendes, so Poetisches in diesen Abenden auf dem ruhigen, unendlichen Meer, dass mir der Ausdruck dafür mangelt. Diese äußere Ruhe spiegelte sich in meiner Seele ab. Daheim im Norden hatten nur wenige Minuten meines Lebens mir gebracht, was ich hier in ganzen Stunden genoss.

Noch erblickten wir, gleich einer weißen Pyramide, im Nordwesten den Ätna, ringsum war sonst nichts als nur das unendliche Meer zu sehen; aber gegen Mittag zeigte sich meinem Auge im Nordosten ein weißer Fleck, es konnte kein Schiff sein, dazu dehnte es sich zu weit aus, möglicherweise war es eine Wolke. Ich glaubte, es sei die griechische Küste und befragte den Kapitän; er schüttelte den Kopf und sagte, dass wir erst am nächsten Tage Griechenland erblicken könnten, welches freilich in derselben Richtung liege, wo ich jetzt Land sehen zu können glaubte. Weder er noch einer der Passagiere sahen etwas.

Als ich nach dem Mittagessen, kurz vor Sonnenuntergang denselben Punkt suchte, strahlte dieser ebenso stark als jetzt der Aetna. Nein, das konnte keine Wolke sein, es hatte seine Gestalt nicht verändert, es stand noch in derselben Richtung wie vor drei Stunden.

Der Kapitän nahm sein bestes Fernrohr und rief: „Land!"

Ja, es war die griechische Küste! Es war eine Bergspitze bei Navarin;[5] mit Schnee bedeckt strahlte sie in der klaren Luft. Ich hatte von allen zuerst Griechenland entdeckt.

„Nie habe ich zuvor gehört", sagte der Kapitän, „dass jemand mit bloßen Augen zu einer und derselben Zeit, vom Mittelmeere aus, den Ätna und die griechische Küste habe sehen können. Das ist merkwürdig!" Als ich dieses später in Athen erzählte, äußerte dort ein Gelehrter, dass er neulich in einer Kritik über ein englisches Werk dieselbe Merkwürdigkeit

Ansicht von Navarino (Pylos) von See her

gelesen, aber der Rezensent sie auf das stärkste bezweifelt habe. Sie ist aber wirklich da, ich selbst habe sie gesehen. Der Schnee auf dem Ätna und der Schnee auf den griechischen Bergen macht es im klaren Sonnenschein möglich, hier im Osten und Westen zugleich Land zu erblicken.

Griechenland! Vor mir sah ich also dieses große Vaterland des Geistes! Unter jenem Berge erstreckten sich Arkadiens schöne Täler![6] Tausend Gedanken, wie eine Schar Zugvögel, einer verschieden von dem andern, flogen nach diesem leuchtenden Berge. – Aber die Sonne sank und der Gedanke schwang sich von den Erinnerungen der Erde hinauf zur Schönheit des Himmels.

Am nächsten Morgen war ich vor der Sonne auf, es war der zwanzigste März. Blutrot, wie ich sie nie gesehen, und wunderbar oval erhob sich die Sonne, der Tag strömte aus über das ruhige Meer und vor uns zur Rechten lagen klar und deutlich, aber fern, sehr fern, Moreas Küsten.[7] Es war das alte Lakedaimon,[8] welches wir erblickten. Eine steile Felsenwand senkte sich lotrecht ins Meer, und im Innern des Landes erhoben sich schneebedeckte, malerische Berge. O, wie jubelte mein Herz!

– – Ich sehe die glänzende Luft und den leuchtenden Strand!

Und die Bergküste dort ist Griechenland!

2. Panorama von Südmorea
und den Kykladen.

Wir näherten uns Morea, dem Maulbeerlande, wie der Name andeutet, welchen es wegen seiner Ähnlichkeit mit einem Maulbeerblatt erhalten hat. Dort strömt der Eurotas,[9] dort lag das alte Sparta, dort findet man Agamemnons Grab! – Dieselben Felsenumrisse, in demselben Sonnenlicht, mit denselben Schlagschatten, wie wir sie jetzt erblicken, zeigten sich den Phöniziern und Pelasgern;[10] die Brandung tobte damals auf dieselbe Weise als jetzt. Unverändert steht die ganze Szene. Wir segelten dicht unter Cap Matapans Felsenwand;[11] kahl, ohne Vegetation erschien die ganze Küste; starke Wogen brachen sich an den Felsen, wo keine Gämse kletterte, wo kein Hirte oder Jäger zu erblicken war. Doch selbst in dieser nackten Wildheit hatte hier jeder Fleck Wert und Interesse, weit mehr als oft die reichste Landschaft, denn es war ja Griechenland, das wir erblickten. Das verwelkte Veilchen, welches wir in unserm Gesangbuch als Andenken verwahren, ist uns von größerem Wert, als die frische duftende Rose; Erinnerungen spenden Farben und Duft, wie man sie nicht in der Wirklichkeit findet. Wir passieren den äußersten Punkt des Landes der Mainotten, des spartanischen Geschlechts, welches noch nie unterjocht worden ist, eines Volks, mutig und tapfer, roh und wild, aber gastfrei, wie zu den Zeiten Lykurgs*).[12]

Nach einer Fahrt von einigen Stunden lag zur Rechten die Insel Cerigo.[13]

„Cythere!", rief unser lustiger Franzose, „von diesen Felsen flog Venus auf ihrem von Tauben gezogenen Wagen! Mir sagt

---

*) Der Name Mainotte wird von dem griechischen Wort μανία abgeleitet: die Raserei und Wildheit anzeigend, mit der sie auf ihre Feinde eindringen

eine Ahnung, ihr Geschlecht sei noch hier. Hier ist der echte
griechische Marmor, hier sind die echten griechischen Rosen,
beide verwandeln sich in Fleisch und Blut. Lasst uns Anker
werfen und der Göttin huldigen, die noch einen Altar in der
Brust jedes Menschen hat!"

Unser Dampfschiff fuhr vorüber. Die See wogte stark, der Wind
blies von den Bergen, Morea streckte das nackte Cap Malio[14]
hinaus in die schäumenden Brandungen. Wie wild und einsam
war dieser Anblick! Und hier lag eine Menschenwohnung, die
Hütte eines Eremiten, ganz von der Welt abgeschlossen, von
kreischenden Seevögeln umflattert, dicht an dem brausenden
Meere. Es war, selbst mit bewaffnetem Auge unmöglich, einen
Felsenpfad zu entdecken, aus welchem Menschen zum Einsiedler hinabsteigen könnten.

Die Hütte war niedrig und klein; die Stelle von Tür und Fenster
vertrat ein Loch; dicht daneben bewegte sich ein Mensch, es
war der Einsiedler von Cap Malio, das erste lebende Wesen,
welches wir an Griechenlands Küste erblickten. Wer war er?
Was hatte ihn hinausgetrieben in diese wilde Einöde? Niemand
beantwortete unsere Fragen. Ihn und seine Hütte hat man hier
seit vielen Jahren gesehen. Schiffe mit ihrer kleinen Menschen-
welt gleiten vorüber, er schaut auf sie wie auf die weißen Möwen; er spricht sein Morgen- und Abendgebet, wenn das Meer
ruht und wenn es im Sturme seinen mächtigen Choral singt.

Wir entfernten uns immer mehr. Gegen Nordwest erhob sich
aus der schäumenden See ein wie ein gigantischer Helm ge-
formter Felsen*);[15] die Abendsonne färbte ihn mit ihren roten
Strahlen, ich sah ihn als einen Vorboten der Kykladen an,
aber erst in der Nacht konnten wir uns diesen nähern.

---

*) *La belle poule.*

Kap Matapan oder Tainaron, die Südspitze der Peloponnes

Die Insel Kythera oder Cerigo

Schon in der Morgendämmerung war ich auf dem Verdeck; ein paar Segelschiffe fuhren dicht an uns vorüber, als seien es riesengroße Seevögel, die das Tauwerk unsers Schiffes mit ihren weißen Fittichen schlagen wollten.

Himmelhohe, kahle Steinmassen türmten sich aus dem Wasser empor; es war die Insel Melos, welche von Feuer und Wasser ausgehöhlt ist, es waren Sifanto, Serfo und Thermia;[16] wir segelten wie in einem Kanal zwischen den beiden letztgenannten. Magnetgruben findet man unter der Steinrinde, duftende Rosen darüber, aber der Reisende erblickt keine von diesen, die Küste zeigt sich nackt und wild.

Die Sonne ging auf hinter den Bergen der Insel Mykene, sie bestrahlte Paros und Antiparos, aber kein Marmorfelsen schimmerte hier, tot und schwer lag die graue Klippe im Wasser; nichts ließ uns die mächtige Stalaktitengrotte[17] mit ihren Wundern ahnen. Wir sahen den Felsen von Naxos, wo Ariadne weinte, wo die Mänaden mit aufgelösten, über die schönen Schultern herabfallenden Haaren in den sternenhellen Nächten tanzten und Bacchus in ihren Hymnen besangen, aber hohe Felsen verbargen uns die weinbewachsenen, üppigen Täler; ernst deutete Dia, des Zeus heiliger Berg gen Himmel, aus welchem die Menschen die alten Götter vertrieben hatten.[18]

In unserer Schulzeit nennen wir die Klassiker „trocken", aber noch trockener zeigen sich die klassischen Inseln. Doch geht es mit den meisten derselben, wie mit jenen Schriftstellern, man muss nur in sie eindringen, und dann sehen wir Weinstöcke ihre saftigen Zweige über die sonnenbeleuchteten Täler schlingen, wir sehen Erinnerungen der Vorzeit als großartige Gedanken im Werk eines Dichters; schöne Frauen begrüßen uns, und der Gruß der Schönheit ist wie die Melodien unserer liebsten Gesänge.

Das Schiff steuerte nach einer ganz kleinen Insel, auf welcher ein weißer, schlanker Leuchtturm stand, und indem wir vorbeikamen, eröffnete sich uns Syras Hafen[19]. Wie ein Hufeisen um den Golf gebogen, lag dort eine Stadt mit schimmernden, weißen Häusern, als sei es ein Lager von Zelten auf der grauen Bergseite. Es war ein kleines Neapel, das Schloss des Bischofs hoch auf dem Berge erinnerte ganz an Sanct Elmo.[20] Ich hatte mir alle griechischen Städte nur als Ruinen und Lehmhütten gedacht, die Stadt auf Syra aber sah malerisch und einladend aus.

Eine ganze Schar griechischer Boote ruderte zu uns heraus und lag schon an der Leeseite unsers Schiffes; dessen ungeachtet stießen sie in jedem Augenblick gegen einander, denn die See wogte stark. Ich ließ mein Gepäck in eines der nächsten gleiten und sprang selbst nach; vom Dampfschiff tönte mir ein Lebewohl von den Freunden, die ich dort in Kurzem gewonnen hatte und nun wahrscheinlich in dieser Welt niemals wiedersehen sollte.

Die Matrosen setzten die Ruder in Bewegung, es ging nach dem Lande, aber wir waren noch weit draußen; die Wellen schaukelten unser Boot, als sei es eine Apfelsinenschale, es war dem Umschlagen nahe in dem starken Wogengange, die Wellen spritzten über uns hin; endlich gelangten wir in den Hafen, wo Schiff an Schiff, Boot an Boot lag.

Der ganze Kai war mit Griechen angefüllt, welche enge Wämser, weiße Fustanellen[21] und eine rote Mütze auf dem Kopfe trugen; es war ein Rufen und ein Schreien! Ein alter Kerl reichte mir die Hand: „καλὴ ἡμέρα σᾶς!“, und ich stand auf griechischem Boden. Dankbarkeit gegen Gott, Freude hier zu sein und das Gefühl der Verlassenheit erfüllten mich in diesem Augenblicke.

In dem französischen Dampfschiff-Comptoir erfuhr ich, dass das österreichische Dampfschiff erst in sieben Tagen eintreffe, das griechische war beschädigt und ging daher nicht; aber eine Gelegenheit zeigte sich mir hier selbigen Tages, wenn ich mich darein finden wollte, meine Ankunft im Piräus mit der Quarantäne einiger Tage zu beginnen. Das französische Kriegs-Dampfschiff „Lykurg", welches von Alexandria gekommen war, wo gerade jetzt die Pest wütete, hatte schon seit mehreren Wochen mit Quarantäneflagge hier bei Syra gelegen, heute Abend wollte es nach dem Piräus segeln und dort in drei Tagen seine Quarantäne beendigen. Ich nahm sogleich ein Boot und schiffte wieder hinaus auf die unruhige See, hin zum „Lykurg", wo die grüne Flagge wehte; mein Gepäck wurde in ein leeres Boot hinübergeworfen, das mittelst eines Taues an der Fallreepstreppe des Schiffes hing, die Matrosen zogen, meine Sachen waren am Bord; nun erst konnte ich meine Wanderung in der Stadt anfangen.

Dicht am Kai stand ein offener, hölzerner Laden mit einem Lehmboden und rohen Balken, die eine Decke trugen, welche sich doch nur über die halbe Stube erstreckte, die andere Hälfte hatte als Decke nur das Dach. Es war ein Kaffeehaus. Ringsum, an kleinen hölzernen Tischen, saßen Griechen und Fremde. Über dem Feuer stand die Kaffeekanne; ein hübscher Griechenknabe rührte mit einem Stock darin herum, den er zwischen beiden Händen drehte, damit der Kaffee gleichmäßig dick werde, und dann goss er ihn brodelnd in die Tasse*); – zwei russische Matrosen tanzten

---

*) Der Kaffee in Griechenland und dem Orient ist ganz vortrefflich, ja so ausgezeichnet, dass der Reisende, welcher aus diesem Lande kommt, nicht sogleich an demjenigen Geschmack finden kann, der auf gewöhnliche europäische Weise bereitet wird. Man trinkt das Dicke mit, der Kaffee ist dick, aber nicht körnig, er ist zu Mehl gemahlen, ganz wie Schokolade.

Die Hauptstadt von Syros, Ermoupolis

nach einer erbärmlichen Violine, die ein alter Grieche strich. Ich ging tiefer in die Stadt hinein; die Straßen waren sehr schmal, und in der ersten, die sich um den Golf schlängelt, war Boutique an Boutique, jede wie ein umgekehrter Kasten, hier wurden Kleidungsstücke, Feze, Saffianschuhe, Früchte und Esswaren verkauft. Vor dem Hôtel de la Grèce saßen auf einem bunt gemalten, hölzernen Altan Griechen und orientalisch gekleidete Leute, alle mit langen Pfeifen. Nur einen einzigen Ausländer traf ich, einen Russen, der mich sogleich fragte, was ich in diesem verwünschten Lande, bei diesen Menschen wolle. „Alle sind Schurken", sagte er, „verflucht seien alle Schriftsteller und Lamartines[22], die diese Länder beschreiben, so dass man Lust bekommt, sie zu bereisen! Ich möchte einen dieser Windmacher hier haben, ich wollte ihn fuchteln! – Ich komme von Konstantinopel, ich habe die Reise zu Lande längs der Küste gemacht und bin von den Albanesen[23] geplündert worden, jeden Fetzen haben sie mir genommen, meinen Diener totgeschlagen; hier liege ich nun und warte auf Creditiv und Geld. Es ist ein niederträchtiges Land, ein schlechtes Volk! Was wollen Sie im Orient?" – Das war ein sehr angenehmer Empfang. Indessen ging ich doch zum Barbier hinüber und setzte mich zwischen die andern Griechen auf die hölzerne Bank längs der Wand, ein lederner Riemen, der an der Mauer befestigt war, wurde mir um den Hals gespannt, das scharfe Messer flog leicht wie eine Feder über das ganze Gesicht, welches später mit Eau de Cologne besprengt wurde. Der Barbier fragte, ob ich ein Engländer sei, und als ich antwortete, ich sei ein Däne, drückte er mich an sein Herz und rief: „Bravi Americani!" Ich versicherte wieder, ich sei kein Amerikaner, sondern ein Däne; er nickte froh, legte die Hand aufs

Herz und erzählte, so weit ich verstand, wie lieb die Amerikaner allen Griechen von den Zeiten des Freiheitskampfes her wären, wo die amerikanischen Schiffe ihnen Proviant brachten.

Ich wanderte durch die Straßen; sie wimmelten von Menschen, aber ich sah keine einzige Griechin. Alle Fenster waren von innen mit Jalousien oder langen Gardinen geschlossen. Bald gelangte ich in weniger volkreiche Straßen, welche höher hinauf am Bergabhang lagen; vor den meisten Häusern war eine Art von Vorhalle mit einer großen Laube durch einen einzigen Weinstock gebildet; Blumentöpfe standen auf den Mauern und den flachen Dächern der Häuser, die Straße war vor den einzelnen Gebäuden mit Mosaik gepflastert, die Steine bildeten Sterne und Rosetten. Ich ging in die Hauptkirche, die im Verhältnis zu den italienischen und denen, die ich auf Malta gesehen, klein und unbedeutend war, dagegen im Verhältnis zu den übrigen Kirchen in Griechenland von einer ansehnlichen Größe. Der Altar strahlte von Vergoldung und heiligen Bildern; große silberne Lampen hingen in einer Reihe über die ganze Breite der Kirche; ein paar kleine Knaben spielten. Mein Gemüt war zur Andacht gestimmt. Der einzige mir hier Bekannte war – Gott! Ich hätte meine Knie beugen mögen, um mein Haupt an sein Herz zu legen! Und in meinen Gedanken tat ich es.

Der am höchsten gelegene Teil der Stadt ist noch im Bau begriffen; die Straße gleicht einem Weg in einem Steinbruch. Brocken und Stücke von Felsen lagen umher, wo die Häuser erbaut wurden. Aber die Aussicht über die Stadt und den Hafen nach der kleinen Insel mit dem schlanken weißen Leuchtturm war prächtig. Auf der entgegengesetzten Seite des Golfs befand sich die Quarantäne; ich sah die Inseln

Holzstich um 1840 von J. W. Whimper nach einem Motiv von G. F. Sargent

Tenos, Delos, Naxos und die Spitze von Andros. Indem ich mein Auge auf diese Inseln heftete, glitt ein Dampfschiff vorüber, ich erkannte die Flagge! Es war „Leonidas", welcher unter den Küsten von Delos verschwand. „Lebewohl! Lebewohl!", rief ich. Niemand hörte es, fort war das Schiff, ich erblickte nur den Rauch, der noch wie eine Wolke zwischen den Inseln schwebte.

Gegen Abend gingen wir an Bord des „Lykurg". Stark wogte die See; zwei lustige Griechen ruderten, und jedes Mal, wenn die Wellen das Boot emporhoben, dass wir dem Umschlagen nahe waren, jubelten wir laut. Fremde Gesichter empfingen mich an Bord. Bei Sonnenuntergang lichteten wir die Anker und das Schiff steuerte nordöstlich um Syra herum, wo wir in ruhiges Wasser kamen. Es war ein schöner, sternheller Abend. Noch hatte ich mit niemand Bekanntschaft gemacht; ich saß auf der Kanonenlafette und

schaute den prächtigen Himmel an; ein fremder, morgenlän-
disch gekleideter Mann wandte mir den Rücken zu, ich betrachtete ihn, er sah sich um, nickte freundlich und griff an
seinen Turban. Es war der Perser, mit dem ich von Neapel
gesegelt war. Dies war mein einziger alter Kamerad vom
„Leonidas"; er schien gleich mir durch unsere Begegnung
erfreut zu werden; also auch er wollte nach Athen und von
da nach Hause. Er bot mir einige Früchte, ich bot ihm wieder einige andere an, aber keiner von uns konnte sich durch
ein Wort dem andern verständlich machen. Ich deutete auf
den schönen Sternenhimmel, er fasste an seinen Turban.
Mir schien doch, dass ich etwas sagen müsse, sei es auch
nur eine Tirade aus einer Sprache, die mit der seinigen verwandt war, wusste aber nichts anderes, als die erste Zeile
der Genesis auf Hebräisch; man hilft sich so gut wie man
kann. Ich deutete auf die Sterne und sagte: „Bereschit Barah
Elohim Et Haschamajim Weet Haarez!"[24], und er lächelte,
nickte und wollte nun auch alles sagen, was er von einer
Sprache wusste, die er für die meinige hielt, „Yes, Sir! Verily! Verily!" Das war unsere ganze Konversation. Keiner
von uns wusste mehr, aber gute Freunde waren wir.

Der Piräus Mitte des 19. Jahrhunderts

3. Der Golf des Piräus.

n der frühen Morgenstunde hörte ich den Anker fallen; ich ging aufs Verdeck, wir lagen im Golf des Piräus, der wie ein kleiner Landsee aussah. Die Insel Ägina, über deren Berge sich die noch höheren von Morea erhoben, einer kühner als der andere emporstrebend, schienen die Einfahrt zu schließen, die etwas schmal ist; zwei schwimmende Tonnen dienen als Wahrzeichen, und abends trägt jede derselben eine Laterne als Leuchtfeuer. Ich zählte im Piräus ungefähr 130 Häuser; hinter diesen und hinter einem steinigen, gelben Erdboden und graugrünen Ölbäumen erhob sich der Lykabettos und die niedriger liegende Akropolis; die Berge Hymettos und Pentelikon schließen das Gemälde, welches ein steiniges, hartes Aussehen hat; „das steinige Attika" nannten es auch die Alten. – Zur Linken liegt eine kleine Halbinsel mit einigen Sträuchern, einer hochstehenden Windmühle und dem neuen Quarantänegebäude; zur Rechten erstreckte sich eine kahle, steinige Ebene hinaus zu dem Parnes-Gebirge, dessen teils wellenförmige, teils unterbrochene Linien von großer malerischer Wirkung sind.

In diesem Golf, wo Themistokles[25] jährlich sechzig Galeeren vom Stapel laufen ließ, lagen jetzt nur wenige kleine griechische Schiffe und ein Boot, dagegen mehrere große englische, französische und österreichische Fahrzeuge nebst zwei Dampfschiffen außer dem unsrigen; geputzte Griechen ruderten an uns vorbei, und später am Tage kam ein Boot mit Dänen, die mich bewillkommneten*). Es gab viel zu hören, viel zu beantworten!

---

*) *Der Professor Köppen, welcher als Lehrer bei der Militärschule im Piräus angestellt ist, war der erste, den ich kannte.*

Dänische Zungen sprachen Liebe für Dänemark, Begeisterung für Griechenland aus; aber nur aus einiger Entfernung konnten wir miteinander sprechen, denn unser Schiff lag in Quarantäne, erst am Morgen des dritten Tages sollte diese zu Ende sein.

Schnell verfloss der Tag, und gegen Abend begann ein Schauspiel, wie ich es nie gesehen, das niemand durch Farben oder Worte wiederzugeben vermag. Die Berge Hymettos und Pentelikon, welche bei Tageslicht ein graues Aussehen haben, wurden bei Sonnenuntergang rot, als wären sie aus allen Rosen Griechenlands aufgeführt. Das ganze Tal erhielt einen blassroten Schimmer, doch nicht so, als ob man es durch einen rosenfarbenen Schleier sähe, nein, hier war keine Spur eines luftigen Nebels, alle Gegenstände lagen so klar, so wunderbar nahe da, und doch empfand das Auge, dass sie meilenweit entfernt waren. Ägina und die Berge auf Morea waren stärker in Lila gefärbt; eine Bergreihe erhob sich hinter der andern, jede in verschiedener Färbung, von dem Blassrot bis zum Schwarzblau. Nun sank die Sonne, der Signalschuss ertönte, die Flaggen fielen, – welche Einsamkeit! Kein Baum, kein Strauch war zu erblicken. Welche Stille zwischen diesen Bergen, welche Ruhe über dieser ausgedehnten Ebene, welche Durchsichtigkeit dieser Luft! Jupiter funkelte schon unendlich hoch droben, der Himmelswagen schien noch entfernt, aber während ich ihn betrachtete, rollte er mit der Nacht näher, die Sterne wimmelten hervor, mehr und immer mehr, als wolle sich der ungeheure Raum mit Kugeln füllen, als solle der blaue Grund von einem strahlenden Licht verdrängt werden. Die Sterne glänzten in der Luft, sie glänzten im Wasser mit dem bläulichen Schimmer der Edelsteine. Vom Piräus ertönte

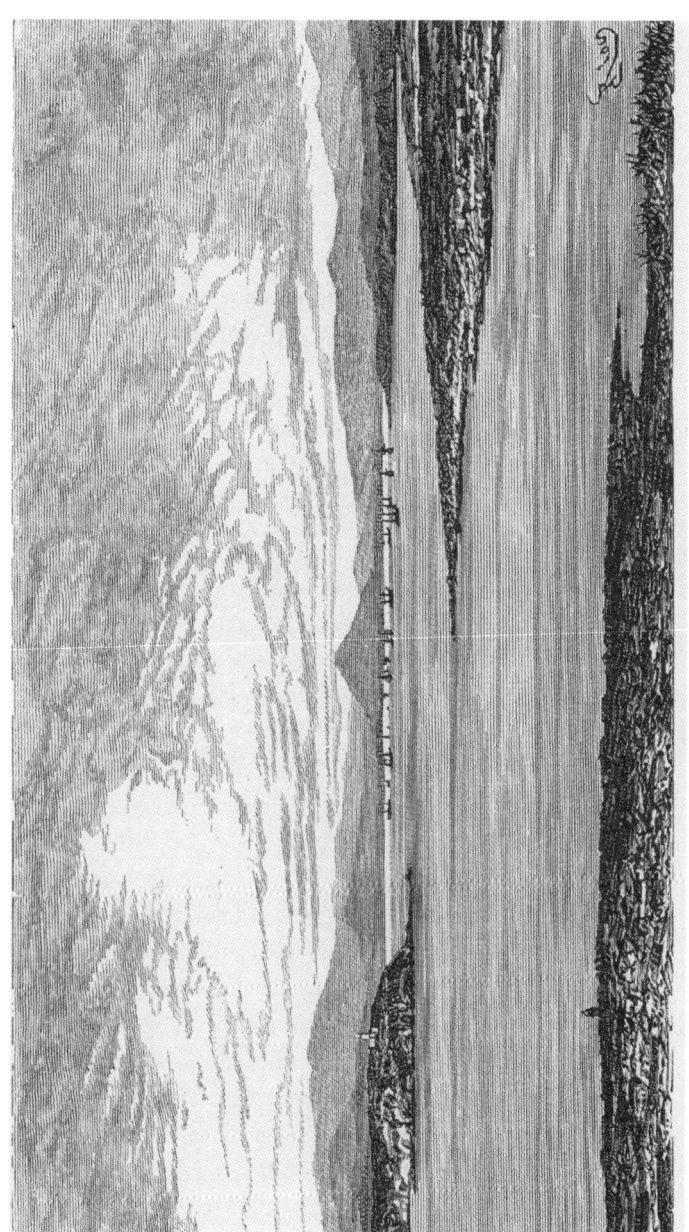

Die Bucht von Salamis

der Gesang der Matrosen; eine Fackel war am Strande angezündet; die Leute gingen vor den Häusern mit Lichtern in den Händen; mitunter hörte man ein Ruder im Wasser plätschern, indem ein Boot vorbei glitt, sonst war alles still; selbst die Möwen, welche uns schreiend umkreist hatten, waren zur Ruhe gegangen.

Welche Kirche Gottes mit Monumenten, Gräbern und großen Erinnerungen! Die Stille des Abends war die schönste Seelenmesse für die Toten.

4. Ankunft in Athen.

s war der dritte Morgen nach unserer Ankunft im Piräus, als unsere Erlösungsstunde schlug. Ein Dutzend griechischer Boote lag um unser Schiff herum; ich sprang in das erste beste, und mit raschen Ruderschlägen fuhren wir ans Land, wo eine Menge Droschken, alte Kutschen und offene Wagen hielten; sie schienen sämtlich ausgedient zu haben, vielleicht in Italien, und nun, in ihren alten Tagen, nach Griechenland ausgewandert zu sein, um hier aufs Neue zu wirken. – Vor nur wenigen Jahren erstreckte sich zwischen dem Piräus und Athen ein Sumpf, den die mit Waren beladenen Kamele umgehen mussten; jetzt ist hier eine vortreffliche Landstraße und ein Khan[26] mit Erfrischungen; für eine Kleinigkeit fährt man diesen Weg, der etwa eine deutsche Meile lang ist. Unser ganzes Reisegepäck ward in eine alte Kutsche gepackt, sie wurde ganz voll, Koffer und Nachtsäcke guckten aus beiden Fenstern. Die Gesellschaft kam in drei große Wagen; hinten auf demjenigen, in welchem ich saß, hatten wir einen festlich geschmückten Griechen, den Lohnbedienten vom Hôtel de Munich in Athen; er war so reich und gut gekleidet, dass er auf einer Maskerade im Norden recht gut für einen hellenischen Prinzen hätte passieren können.

Jubelnd rollten wir aus dem Piräus. Matrosen mit blanken Hüten saßen vor den Kaffeehäusern, die mir eigentlich wie große bretterne Stuben vorkamen; ein Hurra wurde uns von ihnen gebracht, indem sie die Weingläser leerten. Der Weg führte über Reste antiker Mauern, die aus einer Art gelbem Travertin bestanden hatten, welcher noch den Felsengrund hier bildet. Wir fuhren im Galopp, es stäubte furchtbar, aber es war ja klassischer Staub.

Bald erreichten wir den Olivenhain,[27] Minervas heiligen Hain! Eine hölzerne Bude war an jeder Seite des Weges errichtet. Zitronen und Apfelsinen lagen hier ausgebreitet, garniert mit einer Reihe Flaschen, die Wein und Likör enthielten. Während unsere Pferde mit frischem Wasser getränkt wurden, kamen Bettler mit großen zinnernen Schalen; wir alle gaben ihnen, es waren ja Griechen.

Wie in Athens besten Tagen jagt man jetzt vom Piräus durch den großen Olivenhain. Vor uns lag die Akropolis, wie ich sie oft auf Bildern gesehen, aber jetzt war es Wirklichkeit! Der steile Lykabettos mit seiner schimmernd weißen Eremitenwohnung trat deutlich hervor, ich sah Athen. Wenige Schritte vor der Stadt, dicht am Wege zur Rechten, steht der Theseustempel[28] mit seinen prächtigen Marmorsäulen, die von der Zeit gelblichbraun geworden sind.

Ich sah ihn!

Ich konnte mich nicht recht in den Gedanken finden, dass ich in Griechenland sei, dass ich in Minervas Stadt hineinrollte. In die Hermesstraße,[29] die größte in Athen, gelangt der Reisende zuerst, wenn er vom Piräus kommt; aber sie fängt mit einer Reihe Häuser an, die nach europäischen Begriffen höchst jämmerlich und dürftig aussehen. Nach und nach zeigen sich bessere und größere mit zwei Stockwerken, wie in der Stadt auf Syra; nichtsdestoweniger sagte mir etwas: „Hier ist Griechenlands Hauptstadt!" Die Akropolis stand wie ein gigantischer Thron hoch über allen den kleinen Häusern, und mitten in der Straße, durch die wir fuhren, prangte eine Palme, so hoch, wie ich sie nie zuvor gesehen; ein kleiner Zaun von rohen Planken umschloss den Stamm,

Athen von Nordwesten gesehen

sonst würde sie in Kurzem von den fahrenden Griechen zerstört werden, die in den alten Droschken aufrecht stehend vorbei jagen, als gelte es ein Wettrennen. Von allen uns umgebenden Gegenständen zog diese Palme unsere Aufmerksamkeit am meisten an sich; später erfuhr ich, dass sie, als die Straße angelegt wurde, umgehauen werden sollte, weil sie den Fahrenden im Wege stand, aber der Professor Ross,[30] ein geborner Holsteiner und also gewissermaßen mein Landsmann, bat für sie, und so blieb sie stehen. Ich taufe sie daher „Ross' Palme", wonach sich alle Reisenden und Reisebeschreibende zu richten haben! Den Griechen legen wir ans Herz, dass sie sich erinnern, ihr Land bilde die Brücke Europas nach dem Orient; sie müssen daher den orientalischen Zierrat in Ehren halten, der dieses andeutet, und eine Prachtzierde ist diese Palme; die meisten andern in Athen sind zerstört, man findet nur noch zwei oder drei.

Wir hielten vor dem Hôtel de Munich. Der Wirt ist ein Grieche, die Wirtin eine Deutsche, „die schöne Wienerin" wird sie genannt. Man gab mir das beste Zimmer, welches aber so war, wie man es in jeder kleinen deutschen Stadt in einem Wirtshause dritten Ranges findet. Ich hatte also nun eine Wohnung in Athen![31]

Den ersten Eindruck, welchen die Stadt macht, will ich versuchen wiederzugeben und erzählen, wie ich den ersten Tag hier zubrachte.

Die schreckliche Schilderung, die man mir in Neapel von Griechenland und namentlich von Athen machte, fand ich bis ins Lächerliche übertrieben; ich glaubte gern, dass vor sechs bis sieben Jahren alles hier in dem schrecklichsten Elend war, aber man muss bedenken, wie viel schon ein Jahr für ein Land wie Griechenland ist, welches in einer

Entwicklungsperiode liegt, wie kein anderes in Europa. Es verhält sich wie das bemerkbare geistige Fortschreiten eines Kindes mit dem weniger hervortretenden eines erwachsenen Mannes; sieben Monate bei jenem sind ungefähr so viel, wie sieben Jahre bei diesem. Athen kam mir so groß vor, wie eine mittlere Provinzstadt, und hatte das Aussehen, als sei es, wegen eines Jahrmarktes, welcher gerade jetzt in vollem Gange war, in größter Eile aufgeführt geworden. Was man hier Bazare nannte, sind winklige Straßen mit hölzernen Buden, wie auf einem Jahrmarkte, mit Schärpen, bunten Strümpfen, ganzen Kleidungsstücken und Saffianschuhen geschmückt; alles etwas plump, aber wenigstens bunt. Hier sind Fleischerbuden, dort Obstläden, hier prangen Feze, dort werden alte und neue Bücher verkauft, selbst der Droschkenführer kaufte sich eins, und welches? – Homers Iliade, gedruckt in Athen 1839, ich las selbst den Titel.[32]

Athen hat einige griechische oder eigentlich türkische Kaffeehäuser und dazu ein neues italienisches, so groß und zierlich, dass es sich in Hamburg oder Berlin gut ausnehmen würde; das am meisten besuchte Café greco in Rom ist gegen dieses nur wie ein Sandwinkel unter der Treppe.[33] Junge Griechen, alle in Nationaltracht, aber geschnürt, dass sie blau und grün um die Rippen aussehen mussten, mit Lorgnetten und Glacéhandschuhen, sah ich hier Zigarren rauchen und Billard spielen; sie durften nur das Kostüm ändern, um in jeder andern Stadt Pflastertreter zu sein. An der Straßenecke stand eine ganze Reihe maltesischer Lastträger in der Sonne.

Der bewohnteste Teil Athens erstreckt sich gegen die Akropolis hinauf, ringsum um dieselbe liegt die Stadt noch im

Bau. Athen ist eine Stadt, die schon in den wenigen Tagen, die der Fremde hier verweilt, zu wachsen scheint. Das neue Schloss des Königs erhebt sich zwischen der Stadt und dem Hymettos; es ist ein Marmorgebäude, zu welchem jeder Stein in dem nahegelegenen Pentelikon gebrochen worden ist. Schon prangen drinnen im Vorsaale die Portraits von Griechenlands Helden aus dem Freiheitskampfe. Die Universität wird erbaut, ein Däne, der Architekt Hansen, leitet den Bau.[34] Einige Kirchen und Privatwohnungen für Minister und Kaufleute wachsen von Stunde zu Stunde wie Pilze aus der Erde, und wer sind die vielen Handwerker? Fast lauter Griechen, sagte man mir, Bauern, Soldaten, Räuber, welche die Maurerkelle, den Hammer und die Säge ergriffen haben; sie haben den fremden Arbeitern ein wenig zugesehen und sind sogleich Maurer, Schmiede und Zimmerleute geworden. Die Griechen sind ein anstelliges Volk. Überhaupt übertraf der erste Eindruck von Athen die Vorstellungen, welche man in Neapel bei mir erweckt hatte. Ich äußerte dies und Ross erzählte mir von einem Griechen, der in diesen Tagen hier war, aus Chios, Homers Geburtsinsel.[35] Er war ein Mann, der nach seiner Stellung und seinen Umgebungen sehr gebildet genannt werden konnte, aber er hatte nie zuvor eine große Stadt gesehen, und daher war er über die Größe und allen den Luxus ganz erstaunt, den er in Griechenlands Hauptstadt fand; jeden Augenblick sprach er seine Bewunderung über das aus, was er sah, und als einer, der ihn nun hier vierzehn Tage lang gesehen hatte, äußerte: Er könne Athen nun wohl auswendig? – rief er aus: „Auswendig! Nie wird man mit einer solchen Stadt fertig! Immer ist hier etwas zu hören und zu sehen; wie viele Vergnügungen, wie viele Bequemlichkeiten! Hier sind Wagen

Bazarstraße in Alt-Athen

zum Fahren, hier ist täglich schöne Musik vor des Königs Schloss, hier sind Kaffeehäuser mit Zeitungen, Theater, wo sie singen und sprechen! Es ist eine wunderbare Stadt –!" Ihn überwältigten Athens moderne Größe und Luxus; ich fand nur, es sei hier ganz gut im Vergleich mit dem, was ich gehört! So wird von verschiedenen Standpunkten nach Gewohnheiten und Ansichten geurteilt.

Ich hatte mir gedacht, dass ich mich in Griechenland so fremd, so fern von der Heimat fühlen würde, und hier gerade kam ich mir ganz heimisch vor. Landsleute und Deutsche kamen mir liebreich entgegen! Schon am ersten Tage wurde ich in ein dänisches Haus abgeholt, zum Hofprediger der Königin, Lüth, einem Holsteiner, der mit einer Dänin verheiratet ist, welche ihre jüngere Schwester bei sich hatte. Die Landsleute fanden sich hier ein; ich traf unsern dänischen Konsul, den Holländer Travers, der sehr gut Dänisch spricht. Der Champagner knallte! – Mit einem Besuch in dem neuen Theater sollte mein erster Abend in Athen schließen.

Dasselbe liegt ein wenig außerhalb der Stadt,[36] es hat vier Logenreihen und ist hübsch dekoriert: aber den interessantesten Anblick gewährten mir die griechisch gekleideten Zuschauer in den Logen und im Parterre. Hier saßen viele schöne Griechinnen, aber alle diese waren von den Inseln, wie man mir sagte; in Athen findet man nicht viele. Eine italienische Truppe gab hier Vorstellungen; die erste Sängerin war vor Kurzem durch eine Kabale ausgepfiffen worden; ich hörte die seconda Donna, welche höchst unbedeutend war. Die Vorstellung selbst war ein Gemisch: Wir hörten die Ouvertüren zu Norma und dem ehernen Pferde, einen Akt aus dem Barbier von Sevilla und einen aus der diebischen Elster; außerdem sahen wir ein Ballett.

Aus dem Parterre tritt man in eine Art Foyer, wo man Erfrischungen erhält; dies war aber durchaus nicht dekoriert; man sah oben und an allen Seiten nur die zusammengefügten rohen Balken. Auch der lange Schenktisch, wo Punsch, Mandelmilch und Kaffee verkauft wurde, bestand aus ungehobelten Brettern.

Das Theater liegt, wie gesagt, eine Strecke außerhalb der Stadt. Es war daher von wunderbarer Wirkung, mitten in der Nacht, nach einer Vorstellung des Barbiers und der diebischen Elster, aus diesem Gebäude zu treten und sich unter einen orientalischen Sternenhimmel versetzt zu sehen, welcher so leuchtete, dass man die ganze Ausdehnung der öden Ebene, von hohen Bergen begrenzt, erblickte; einsam und still war es hier, man konnte sich plötzlich aus Wiens Volkstheater durch eine mächtige Fee in eine menschenleere Wüste versetzt wähnen. Die großartige Naturdekoration verspottete die gemalten Kulissen; die Einsamkeit verkündete ein Drama, welches zeigte, wie kleinlich alles drinnen gewesen. Gerade durch den Gegensatz der Jämmerlichkeit fühlte ich Griechenlands ganze klassische Größe. Eine einzelne Marmorsäule stand auf unserm Wege unter Schutt und Heidekraut; niemand wusste, welchen Tempel sie geschmückt hatte. Das Volk sagt, es sei die Säule, an die Christus gebunden wurde, als seine Peiniger ihn geißelten; es glaubt, die Türken hätten sie ins Meer geworfen, aber in der Nacht sei sie wieder hierher zurückgekehrt. Einsam stand die weiße Säule und deutete in der sternenhellen Nacht gen Himmel.[37]

Blick von der Akropolis zum Saronischen Golf

5. Die Akropolis.

Dieser freistehende Felsen mit seinen Marmorruinen ist das Herz des alten Athens, dessen Erinnerungen bis in eine fabelhafte Zeit reichen. Als Aarons Mandelstab blühte, trieb hier Athens Lorbeerbaum junge Sprossen und Neptuns Salzquelle sprudelt aus dem Felsen*)[38].

Am Ende der breiten Äolusstraße öffnet sich ein Platz, uneben, wie er durch seine abgebrochenen Lehmhütten und umgestürzten Mauern sein muss. Aus dem Grase halb ausgegraben erhebt sich der Turm der Winde, welchen in der Türkenzeit Derwische bewohnten; zwei hohe Zypressen zeigten trauernd gen Himmel. Ein türkisches Badehaus mit vielen Kuppeln, eine einsame Palme und eine plätschernde Quelle, aus einer alten Mauer hervorrieselnd, sind das Malerischste in der nächsten Umgebung.[39]

Ich schritt über den Platz; an der Quelle stand ein hübsches griechisches Mädchen mit ihrem irdenen Kruge auf der Schulter; es war ein kleines Gemälde, ein großartigeres lag vor mir. Über die unregelmäßig hingeworfenen Häuser im Vordergrunde erhebt sich nach den Kalkfelsen zu ein grüner Hügel, wo eine Herde Schafe graste, in der Gesellschaft von fünf bis sechs Kamelen, die ihre Nüstern erweiterten, indem sie den Nacken zurückbogen. Die Ruine einer zerstörten Festungsmauer erstreckt sich über diesen Rasen, der Pfad windet sich längs derselben über Kies und Steine, an tie-

---

*) 1400 Jahre vor Christi Geburt führte Kekrops eine Kolonie von Sais nach Griechenland und erbaute hier auf dem Felsen die Burg Kekropia. Des Kekrops und Erechtheus Gräber fand man hier. Zu Perikles' Zeit wurde das jetzige Parthenon von Phidias und den Baumeistern Iktinos und Kallikratides aufgeführt.

fen, dicht nebeneinander liegenden Brunnen ohne Geländer vorbei; ich verfolgte diesen Pfad und bald lagen Stadt und Häuser hinter mir.

Jeder Fleck hier ist historisch, bei jedem Schritt tritt man auf einen, durch Erinnerungen geheiligten Erdboden. Der mächtige Felsen zur Linken, welcher durch gewaltige Naturkräfte von der Akropolis losgerissen zu sein scheint, ist der Ort, wo der Apostel Paulus zu den Atheniensern redete;[40] jetzt saß hier ein einsamer Hirte mit seinen beiden Hunden und schaute hinaus in die ausgedehnte Ebene, wo die Olivenwälder sich ausbreiten. Aber nur flüchtig betrachtete ich dieses Gemälde, leicht glitt mein Auge hin über den Felsengrund mit den ausgehauenen Treppenstufen, die Stelle, wo Solon und Plato geredet hatten. Die Akropolis war das Ziel meiner Wanderung, die Akropolis erfüllte alle meine Gedanken, nur das weite Meer und Moreas malerische Berge fesselten mich mitunter.

Durch ein offenes Tor, dessen alte eisenbeschlagene Tür an einer Angel hing, trat ich hinter die Festungsmauer aus der Türkenzeit. Einige Leichensteine aus Marmor mit Inschriften dienen dem Tor als Gesims. Gerade darunter liegt noch, mit hohen Bogen aus Quadersteinen, einen Halbkreis bildend, das so genannte Herodestheater.[41]

Noch einen kleinen Vorhof, aus zerstörten Festungswerken gebildet, musste ich durchwandern. Ein Bindfaden hing an der baufälligen Pforte; die hölzerne Klinke sprang auf, und ich stand in einem etwas größeren Hofe, wo man aus zerbrochenen Marmorsäulen, verstümmelten Basreliefs und zerbröckelten Mauersteinen ein kleines Wachhaus aufgeführt hatte. Griechische Soldaten, nur halb bekleidet, einige mit groben Militärröcken lose um die Schulter geworfen, lagen in verschiedenen Gruppen und rauchten ihre Papier-Zigarren; einer spielte die Mandoline und sang ein griechisches Lied. Noch ein paar Schritte und der Weg führt zwischen aufgehäuften Marmorblöcken und umgestürzten Säulen hin; der Tempel der ungeflügelten Siegesgöttin, die mächtigen Propyläen und ein baufälliger gotischer Turm[42] des Mittelalters liegen vor uns.

Dieser Aufgang ist von jeher der einzige gewesen, der zur Akropolis führte; an allen andern Seiten erheben sich steile Felsen, und starke Mauern auf ihrem Gipfel machten sie noch unzugänglicher.

Unter der Türkenherrschaft waren die Säulengänge der Propyläen zugemauert und machten einen Teil der Batterie aus. Jetzt stehen die kannelierten Marmorsäulen frei, und zerbröckelte, aus dem Kies gegrabene Marmorbilder sind in einer Reihe auf dem schneeweißen Fußboden aufgestellt. Es wehte oben stark, der Wind sauste zwischen den mächtigen Säulen, die im Sonnenlicht dunkle Schatten warfen.

Ich trat durch die Propyläen und stand nun auf einem Platz, der verwüstet und zerstört war, wie ich nie zuvor etwas Ähnliches gesehen. Es war, als habe ein Erdbeben die gigantischen Säulen und Karniese[43] durcheinander geworfen. Hier führte eigentlich kein Weg oder Steg weiter; ich ging über Reste zerstörter Lehmhütten aus der Zeit der Türken, wo Gras und Akanthus üppig hervorsprossten. Hier und da sah man zerstörte Zisternen, hier und da standen Bretterschuppen, in welche man Menschenknochen geworfen und wo man Vasen, Basreliefs und Gipsabgüsse aufgestellt hatte; hier lagen verrostete zersprengte Bomben aus der Zeit der Venezianer; einige Pferde grasten hier, und wie in einem Grabe aus Schutt stand zur Linken der Tempel des Erech-

theus mit seinen Karyatiden; eine baufällige Marmorsäule
füllt den Platz, statt der Karyatide, welche Lord Elgin[44] für
das englische Museum raubte. Das Skelett eines Esels lag
vor den ausgegrabenen Marmorstufen. Etwas zur Rechten
zeigte sich das Parthenon, die Prachtruine auf der Akropolis, welches durch seine Größe, seinen Stil und seine Reliefs
noch jetzt in Erstaunen setzt. Es ist ein Tempel aller Tempel, aber jede Säule barbarisch zerschossen, jedes Basrelief
im Frontispiz und Fries verstümmelt, und dennoch ist es
erstaunlich, wie vieles hier noch steht. Unter der Belagerung der Venezianer flog ein Teil mit dem Pulvermagazin in
die Luft,[45] im Freiheitskampfe war das Parthenon das Ziel
der Kugeln und Bomben, und doch haben diese Trümmer
noch eine Größe, die man nur begreift, wenn man zwischen
diesen prachtvollen Säulenreihen steht, welche Riesen-
blöcke von Marmor tragen, als wäre es nur ein schweben-
des Balkenwerk. Eine verfallene Moschee liegt im Tempel,
sie dient als Schuppen für die Marmorbilder der Götter
und Kaiser. An der dem Meer zugewendeten Seite hat die
Zeit den Säulen einen rotgelben Anstrich gegeben, aber die
andern und meisten stehen so weiß da, als wären sie erst in
diesem Jahre in dem Marmorbruche aus Paros gebrochen
worden.[46]
Die ganze Tempelruine lag in dem stärksten Sonnenlicht,
indem ich hinein trat, und als Hintergrund erhob sich an jener Seite der Berg Hymettos, über dessen graugelbe Stein-
masse, ohne Spur von Vegetation, eine dunkle Wolke ihren
Schlagschatten warf. Ewiger Gott, dass doch alle Menschen
diese Größe und Herrlichkeit sehen könnten! Die Seele wird
groß in großen Umgebungen. Jedes kleinliche Gefühl war
in meiner Brust erstorben, ich war erfüllt von einer Freude,

einer Ruhe, einer Glückseligkeit, und ich beugte meine Knie in der stillen Einsamkeit.

Wenige Schritte von mir, zwischen den zersprengten Marmorblöcken, wo die wilde Distel hervorsprießt, lagen Menschenknochen; man hatte einen Totenschädel auf den weißen Marmorblock geworfen; dies machte auf mich einen wunderbar mächtigen Eindruck, Tränen entströmten meinen Augen.

Der Sturm sauste zwischen den Säulen; schwarze Raubvögel flogen über das Tal am Hymettos. Gerade unter dem Felsen erstreckt sich Athen recht ansehnlich, mit seinen weißen Häusern und roten Dächern: Auf den Bergen Pentelikon und Parnes lag Schnee. Welcher Anblick ringsum! Doch der schönste war der gegen das Meer, es schimmerte so groß ausgedehnt, so unendlich blau, und trug die weißen Segler. Die Luft war so durchsichtig, dass ich den ganzen Peloponnes zu überschauen glaubte; ich sah die fernen Berggipfel um Sparta, und bis zur Anhöhe, auf welcher Korinth liegt, schien der Weg so kurz, obgleich es zu Lande eine ganze Tagesreise ist. Mit bloßen Augen sah ich Altkorinths weiße Festungsmauern, jede Ecke, die sie bildeten, den Schlagschatten, welchen sie warfen.

Als ich hinabstieg, begegnete ich meinem Reisekameraden, dem Perser aus Herat;[47] er nickte vertraulich, reichte mir die Hand und zeigte auf das Meer. Dies war unser Abschied.

Während meines Aufenthalts in Athen, bei Sonnenschein und Regen, besuchte ich täglich die Akropolis. Durch einen Besuch derselben feierte ich meinen Geburtstag; hier las ich meine Briefe aus der Heimat; die Akropolis war der Ort bei Athen, welchen ich zuletzt besuchte, als ich fort sollte; auf der Akropolis verweilt mein Gedanke am längsten, wenn er

Griechenland besucht. Hier fühlte ich keinen Mangel, den ausgenommen, dass nicht alle meine Lieben diesen Anblick mit mir teilen konnten.

Ein Sonnenuntergang von hier gesehen ist das Erhabenste, was ich kenne! Ich sah einen solchen, ich saß auf den Stufen zum Parthenon. Alles war öde und tot gegen den Hymettos hin, schwarze Vögel schwebten über dem Tal, wo eine einsame weiße Säule steht; ein Esel schrie unten wie der Schakal schreit; die Sonne sank hinter den Golf von Salamis, und die Berge strahlten in den stärksten Tinten, Ägina war blau wie die frischesten Veilchen.[48] Dieselben Farben, dieselben Bergformationen, wie ich sie erblickte, haben Plato, Sokrates und die Großen jener Zeit von derselben Stelle aus gesehen. Es war derselbe Schauplatz, welchen sie betraten; ich hatte während eines Augenblicks ein Gefühl, als wäre ich in die Zeit jener großen Erinnerungen und Begebenheiten zurückversetzt! – Die Sonne ging unter, und ohne vorhergehende Dämmerung wimmelten die funkelnden Sterne hervor über den gigantischen, zerbrochenen Tempeln. Gottes Werk ist ewig, das der Menschen zerfällt in Schutt und Staub! Aber aus beiden trank ich eine Lebenspoesie, die, wenn Gott sie blühen und duften lässt, der Menschen Herzen erquicken soll.

Der Areopag

Typisches griechisches Einkehrhaus (Khan)

6. Ein Regentag in Athen.

asse, schwere Wolken hingen längs dem Berge Hymettos. Das Wetter war grau und kalt, die ungepflasterte Straße stand in einem gelben Schlamm von dem Regen während der Nacht; von den dünnen Wänden der Häuser rann das Wasser herab.

Die wichtigste Post, ein Bote, der mit Briefen und Geld über das Land nach Patras reitet, kam in seinem schweren, wollenen Pelze an; er führte das bepackte Pferd am Zaume, geladene Pistolen hingen über dessen Hals, schwerfällig schleppte es die Beine nach. Bei der Apotheke wurde Halt gemacht, die kranken Beine des Tiers wurden hier mit Salbe eingerieben.

Der Regen fiel in großen Tropfen, und bald darauf goss es. Drei verschiedene Schafherden standen auf dem engen Platze vor der Kirche, sie drängten sich immer dichter zusammen. Die Hirten stützten sich auf ihre langen Stäbe; mitten im Regen, in dicke, braune Kittel gehüllt, die plumpen Hüte über das Gesicht gezogen, glichen sie mehr den Grönländern, als dem Bilde, welches wir uns von den Griechen entwerfen; barfuß standen sie in dem gelben Schlamm. Der Regen stürzte herab, erst gegen Abend ließ er nach; der Sturm zerriss die Wolken und trieb sie wie Nebel fort.

Ich wagte mich hinaus. Einige schwarze Familien, die unter den Türken Sklaven gewesen waren, sah ich aus ihren niedrigen Erdhütten hervorkriechen. Der ganze Anzug der Frau bestand aus einer Art Schlafrock und einem schmutzigen Unterrocke; sie lag und schöpfte Wasser über die Türschwelle hinaus, während die kleinen schwarzen Kinder, von denen das eine nur einen roten wollenen Rock anhatte, im Kote tanzten.

Verwildert, ohne Weg noch Steg, schien die ganze Strecke von diesem äußersten Hause der Straße an bis hinaus zum Pentelikon und zum Parnes-Gebirge. Ein Mann in einem Schafpelze, die Pfeife im Munde, ritt über die Heide dahin; die Frau und die erwachsene Tochter liefen hinterher; die erstere trug auf ihrem Rücken ein kleines Kind in einem Sacke, unter dem einen Arme hatte sie einen eisernen Kessel und unter dem andern einen leeren Schweinsmagen, in welchem Wein gewesen war. Die Tochter schleppte ein großes Bündel. Sie sprachen laut und fröhlich; der Mann wandte sich gravitätisch nickend um, ritt dann schneller, und Frau und Tochter fassten das Pferd am Schwanze, damit sie folgen könnten. Alles war in bester Ordnung. Jeder befand sich nach Gewohnheit an seinem richtigen Platze.

Welches Bild! Diese kahlen Berge, auf denen feucht und schwer die Wolke ruht, als wolle sie ins Tal hinabrollen, und das Tal selbst, ohne Hütten, ohne die Feuer der Hirten, nur mit seinem blassgrauen Thymian und dieser wandernden Familie! – Ist das Griechenland? Weshalb werden die Sünden der Väter an den Kindern im hundertsten Gliede heimgesucht?

Wo früher der breite befahrene Weg führte, wo früher junge geistreiche Athenienser jubelnd nach Platos Akademie wanderten, reitet jetzt durch hohes Heidekraut der geistig abgestumpfte arme Bauer, der Esel kennt die Spur, der er folgen soll. Der Platz, welcher durch einen Plato geheiligt worden ist, Platz, von dem des Geistes Licht über das übrige Europa aus strömte, zeigt jetzt nur einen Haufen verkrüppelter Ölbäume. Der Schutthügel nebenan ist Kolonos, woran sich Ödipus unsterblicher Name knüpft.[49]

Dorthin nahm ich den Weg über die nasse Heidestrecke. Eine Wasserrinne, die nur an einzelnen Stellen sich etwas über die Erdoberfläche erhebt und dann eine Art Steinbedeckung hat, ist jetzt Athens Wasserleitung von den Bergen. Man wird nur da auf sie aufmerksam, wo sie halb zerstört ist, indem die Hirten, um ihrem Vieh Wasser zu verschaffen, mehrere der darüberliegenden Steine weggenommen und zur Seite geworfen haben; die aufgelöste Erde fließt nach einem Regenguss ins Wasser hinab und macht es trübe.

Ich stand auf Kolonos. Oben findet man ein gemauertes Grab, in der Gestalt eines großen Sarges. Hier hat man den vor kurzem verstorbenen K. O. Müller, dem die Wissenschaft so viel verdankt, beerdigt. Sein Leichnam ruht in dem Lande, wo er sich am glücklichsten fühlte! Die Erde, welche er liebte, empfing seinen Staub. Jung und zufrieden, mitten in seinem Wirken, während keine Erwartungen durch ihn getäuscht wurden, fand er den Tod. Welches Glück könnte größer sein?[50]

Ich lehnte mich an das nasse Grab und wünschte mir, was ich stets gewünscht habe: „ein kurzes, aber glänzendes Leben!" – Und der Wind blies scharf und kalt von den Bergen, feuchte Wolken jagten an mir vorüber, aber selbst in dieser nördlichen Färbung führte nichts meine Gedanken nach Norden. In der ganzen Landschaft lag eine Größe, wie sie selbst die Schweiz nicht besitzt: dort beengen die Berge, hier sind die Täler groß wie sie. Griechenlands Natur ist in ihrer Trauer zu groß, als dass man darüber weinen könnte; man wird durch sie erhoben!

Griechische Grenzwächter

7. Die Rhapsoden.

ie Griechen haben eine Art umherziehender Musiker, die Rhapsoden, zum Öftern alte blinde Männer, jeder in seinem Äußeren ein wahrer Homer, doch auch junge Burschen, die wegen ihres musikalischen Talents und aus Neigung diesen Lebensweg gewählt haben. Sie können eine unglaubliche Menge Lieder auswendig; beim Wachfeuer in den Bergen, am Herde der reichen Griechen, tragen sie ihre Gesänge vor, ja sie führen sogar ganze musikalische Stücke auf der Mandoline aus. Ich habe diese Gesänge, diese Melodien bei den Nationaltänzen gehört.

In den letzten Tagen des März hatte ich beschlossen, einen Ausflug nach Delphi zu machen, ich hätte dann den zweiten April, meinen hohen Geburtstag, auf dem Parnass, dem wirklichen Parnass, zubringen können.[51] Aber die Götter wollten es nicht, die Täler bei Delphi lagen voll Schnee, die Flüsse waren über ihre Ufer getreten, es war rau und kalt; ich musste in Athen bleiben, aber die Musen waren mir doch hold, ich erhielt an diesem Tage sowohl Gesang als Musik und zwar die eigentümlichste, die ich in Griechenland hörte.

Als ich von der Akropolis herunter kam, wo ich einsam eine Morgenstunde zugebracht hatte, fand ich auf meinem Tisch einen Brief mit einer Einladung von Ross, der mir schrieb, dass, da ich heute nicht auf den Parnass kommen könne, der Parnass zu mir gekommen sei! Mehr konnte man ja nicht verlangen. Es waren gerade zwei wandernde Rhapsoden in Athen, junge Griechen aus Smyrna,[52] sie sollten mir die besten Volkslieder vorsingen; aber in der Stube mussten wir sie hören, denn Regen und Sturm hielten an. Die Wolken hatten ihre nassen Saiten bis zur Erde gezogen und der Sturm griff hinein, eine mächtigere Harfe konnten die Götter nicht anstimmen, und ich war egoistisch genug, das Ganze auf meinen Geburtstag zu beziehen, der von der Glaukopis Athene gefeiert wurde.[53]

Ich kam zu Ross. Die Rhapsoden setzten sich, indem sie das linke Bein auf das rechte legten; der Eine hatte seine venezianische Mandoline auf dem Schoß, der andere spielte die Violine, ein Instrument, welches erst in späterer Zeit bei diesen wandernden Sängern gebräuchlich geworden ist. Beide waren in griechischer, blauer Kleidung und trugen einen roten Fez auf dem Kopfe; beide hatten schöne lebhafte Gesichter, dunkle Augen und hübsch gezeichnete Augenbrauen.

Ich glaube, es geschah zufällig, – aber ganz eigentümlich war es – in der Reihe, wie die Lieder folgten, bildeten sie die ganze Geschichte des neuern Griechenlands.

Sie begannen mit einem griechischen Klagegesang, vom Volke gedichtet, als es noch unter dem Joch der Türken seufzte; sie sangen von ihren Herden, ihren Töchtern, die fortgeführt wurden. Es klang nicht, als wenn zwei dieselbe Weise sängen, nein, die Stimmen kreuzten sich eigentümlich, jeder hatte seine Trauer, seinen Verlust; aber es war doch dieselbe Geschichte, es waren dieselben Leiden, die sich aussprachen. Halb leise und klagend wurde sie vorgetragen, als ob Furcht ihre Zunge binde; aber bisweilen drängte sich der Schmerz in einem wilden Schrei hervor, es war, als weine eine ganze Nation. Es hatte etwas Erschütterndes, Herzergreifendes, wie Israels Gesang an Babylons Flüssen.

Nun folgte ein Gesang von Rhigas; am begeistertsten sangen sie die Strophen:

„Sparta, Sparta, kannst du schlafen?
Aus dem tiefen Schlaf' erwache!")

Und wieder ertönte ein Schlachtgesang, der in der Melodie wunderbar mit der Marseillaise verwandt und doch, wie man mir sagte, griechisches Original war; er erzählte den Kampf der Griechen. Die Rhapsoden sangen das Lied, welches das Volk beim Einzug des Königs Otto in Nauplion gesungen hatte; ich war tief bewegt; die Geschichte eines Volks, durch Töne ausgedrückt, dringt tiefer ins Herz, als mit Buchstaben geschriebene.[54] Plötzlich griff der jüngste Rhapsode in die Saiten und die Violine spielte ein Potpourri aus „Fra Diavolo", „Robert" und mehreren französischen Opern; es war abscheulich! Es kam mir vor, wie eine Vision, welche verkündete, wie alle diese nationalen Töne verstummen und fremde Lieder eindringen würden; schon jetzt hören die Griechen lieber diese Auber'schen Melodien,[56] als ihre eigenen Gesänge.

---

*) „Δεῦτε παῖδες τῶν Ἑλλήνων!" („Auf, ihr Söhne der Hellenen!"). Ein bekannter Gesang Rhigas', dem Beranger der Griechen; er lebte als reicher Kaufmann in Venedig und verwendete sein Vermögen auf die Bildung junger Griechen. Seine Gesänge, die jetzt auf aller Lippen sind, trugen viel dazu bei, dem unterdrückten Volke Freiheitsgedanken einzuflößen. Er wurde, wie bekannt, von Österreich an die Türken ausgeliefert, die ihn in Belgrad bei lebendigem Leibe durchsägen ließen. Von den jetzt lebenden griechischen Dichtern ist Alexander Sutzos derjenige, dessen Lieder am bedeutendsten sind. Er ist in Konstantinopel von einer reichen griechischen Familie geboren; unter der griechischen Revolution entfloh er zu seinem Onkel, Michael Sutzos, Hospodar der Walachei, später griechischem Gesandten in London; dieser sandte ihn nach Paris, damit er dort wissenschaftlich gebildet werde, aber bald kehrte er nach Griechenland zurück und schrieb dort „Σάτυρα", schloss sich darauf der Opposition gegen Kapodistrias an und entfloh nach Hydra, wo er Satyren schrieb, die in seinem Werk „Πανόραμα τῆς Ἑλλάδος ἤ σύλλογη ποικίλων ποιημάτων", gesammelt sind. Bei König Ottos Ankunft ging er wieder nach Paris, wo er die griechische Tragödie „Marko Botzaris" schrieb, die vor kurzem auf dem Theater in Athen aufgeführt worden ist. Sein letztes Werk in Prosa ist ἐξοριςτός, d. i. der Verbannte.[55]

Zum Schluss gab man uns einen türkischen Gesang zum Besten; etwas Abschreckenderes habe ich nie gehört; anfangs glaubte ich, dass es eine Parodie sei, aber Ross versicherte mir, dies sei nicht der Fall, und später habe ich mich in Smyrna und Konstantinopel von der Wahrheit überzeugt. Eine Stimme begann ganz leise und unverständlich, selbst für den, welcher Türkisch kann; die Stimme klang, als wenn ein Träumender lallt. Es schien mir, als höre ich einen berauschten Opiumesser während eines bösen Traumes stöhnen; das ganze Accompagnement bestand in einem Klimpern auf einer und derselben Saite, fortwährend derselbe Ton. Es war etwas furchtbar Verzweifelndes in diesem Gesang; der Refrain klang, als ob der Sänger plötzlich erwache und schreie, indem er ermordet werde.

Als die Rhapsoden uns verließen, ergriffen sie unsere Hände, küssten sie und legten sie darauf, nach griechischer Sitte, auf ihre Stirn. Ich war ganz erfüllt von dem, was ich gehört.

Vormittags griechische Lieder, abends Nationaltänze, es war ein wahrer Festtag. Der Holsteiner Lüth, Hofprediger der Königin, verschaffte mir den letztern Anblick. Die Tänzer waren aus dem Volke, seine beiden griechischen Dienstknechte, ein alter Kaffeewirt und zwei junge Handwerksgesellen aus der Stadt führten die Tänze auf. Die Rhapsoden ließen Mandoline und Violine erklingen und an einzelnen Stellen sang der Eine dazu eine kurze Sentenz oder eine Aufforderung zur Freude. „Freuet euch!" „Kurz ist das Leben!" „Liebe ist Freude!" „Tanzet, ihr Jungen!"

Die ganze Reihe bewegte sich graziös über den Fußboden hin; der am Flügel trat wie eine Art tanzender Chorführer auf, die andern betrachteten seine Schritte und Stellungen, welche sie darauf nachahmten. Das Kindermädchen im

Hause, eine Griechin von Zea,[57] die ausgezeichnet hübsch war, hatte ihren besten Putz angelegt, der Turban stand ihr besonders gut zu dem dunklen Haar und der hübschen Stirn; sie begann nun mit zweien von den Männern einen in ihrer Heimat gebräuchlichen Tanz. Etwas Lieblicheres kann man nicht sehen, und doch waren, wie gesagt, die Tanzenden lauter Leute aus der geringeren Klasse. Sie fasste die Männer nicht an der Hand, sondern an ihren Gürteln; diese berührten ihren Oberarm und langsam schritten sie erst vor-, dann rückwärts, ganz wie eine Wanderung. Alle Bewegungen des Mädchens legten Ruhe an den Tag, bei den Männern dagegen atmeten sie Feuer und Leidenschaft; sie wollte sich ihnen entwinden, jene hielten sie fest, Blick und Miene sprachen lebhafte Gefühle aus, aber nur einer war der Begünstigte.

Nachdem sie vor uns getanzt und gesungen hatten, tanzte ein Paar aus unserer Gesellschaft ihnen einen Tirolertanz vor, der sie besonders anzusprechen schien; sie machten während des Tanzes die Stellungen der Tanzenden nach. Der eine der Rhapsoden, dem poetisches Talent zugeschrieben wurde, bat, ihn einen Gesang aus dem Norden hören zu lassen, „einen hyperboräischen Gesang",[58] wie er sich ausdrückte.

Ich erzählte ihm darauf den Inhalt eines Liedes von den dänischen Bauern, welche baten, König Friedrichs Leiche an ihre letzte Ruhestätte tragen zu dürfen. Er hörte, wie das Volk von den Wällen der Stadt ein tiefes, wehmütiges Lebewohl sang. Der Sarg fuhr bei Fackelschein die mit Schnee bedeckte Landstraße entlang; selbst in der kleinsten Hütte am Wege war ein ärmliches Licht angezündet, und hier standen die Alten mit ihren Enkeln, sie sahen die Fackeln brennen, falteten die Hände und sagten: „Nun kommt des Königs Leiche!" – Und als ich die Weise sang, sah ich Tränen in den Augen des jungen Mädchens. Der jüngste der Rhapsoden bat am Schlusse derselben, ihm den Inhalt noch einmal zu wiederholen.

„Das ist ein guter König gewesen!", sagte er und sah mich mit einem um Wiederholung der Melodie bittenden Blick an und ich sang dieselbe.

Als ich spät am Abend fortging, begleiteten mich die zwei Rhapsoden. Es regnete nicht mehr, aber über dem Himmel fuhren Wolkennebel, leicht und durchsichtig, dass die funkelnden Sterne durchschimmerten; neben uns dehnte sich die große schweigende Ebene bis zu den hohen Bergen aus. Es war so still, wie Nachts im Dom zu Roeskilde, wo König Friedrich ruht.[59]

Plötzlich ergriff der eine der Rhapsoden seine Violine und spielte einige Takte der Melodie: „Der dänische Bauer und König Friedrich." – Vielleicht dichtet er selbst ein Lied nach demjenigen, was er gehört, und singt zwischen den griechischen Bergen und unter Asiens schattigen Platanen ein Lied vom König im Norden, der von den trauernden Bauern zur Gruft getragen ward.

8. Daphne.

Rings um Athen erstrecken sich mehrere große Kornfelder, aber keine Umzäunung schützt sie gegen Gehende und Reitende, jeder setzt zu Fuß oder zu Pferd seinen Weg fort, wohin er will, quer durch das Korn; der Eigentümer würde sich wundern, wenn man es anders machte, sagte man mir, als ich ein Feld zu umgehen vorschlug. Nur ein Fahrweg ist gut, nämlich der zwischen Athen und dem Piräus. Die andern, der nach Theben und der über Korinth, sind noch so gut wie unvollendet; aber selbst auf den kurzen Strecken, die jetzt fahrbar sein sollten, ist es doch misslich fortzukommen, denn die Pferde wollen hier nicht ziehen, sie werden störrisch, kehren um und werfen sich auf die Erde; ich habe dann mehrmals den Kutscher sagen hören: „Sie gehen nicht! Sie kennen diese Wege nicht! Aber wollen Sie nach dem Piräus fahren, so sollen Sie sehen, dass es Pferde sind, die laufen können!" Jeden Augenblick ist man genötigt, aus dem Wagen zu steigen, der Kutscher führt die Pferde am Zügel, es geht im Schritt vorwärts.

Nächst dem Wege nach dem Piräus ist gewiss der nach Eleusis der beste.[60] Gleich außerhalb Athen passiert man, wo der Olivenwald beginnt, den weltberühmten Fluss Cephisus,[61] der jetzt nur aus drei kleinen Gewässern besteht, an denen man leicht vorbeifährt, ohne sie zu bemerken. Auf der andern Seite des Olivenwaldes wird die Gegend öde und wild, der Weg dicht neben antiken Räderspuren in den Felsen läuft eben und breit hinab zur Meeresbucht und dann längs dieser gerade nach Eleusis, welches jetzt nur aus ungefähr vierzig Lehmhütten und einigen alten Tempelruinen besteht; im Hafen sah ich zehn Fischerkähne.

Auf der Mitte des Weges zwischen Athen und Eleusis liegt in wilder Einsamkeit das während der Revolution zerstörte Kloster Daphne*); es ist im maurischen Stil erbaut und wird jetzt als Aufenthalt für die Gendarmen benutzt, die hier für die Sicherheit der Wege wachen.[62]

Unleugbar ist Daphne einer der interessantesten und malerischsten Punkte zwischen Athen und Eleusis; ich war hier in der Gesellschaft des Professors Ross und des Griechen Philippos Ioan**).

Man zeigte mir Äginas dunkelblaue hohe Berge, schwere Wolken glitten über den Himmel. Der Golf von Salamis lag ernst und kalt da, er hatte in dieser Beleuchtung ganz den Charakter eines nordischen Landsees. Die mit Thymian und Zypressensträuchern bewachsenen Felsen dicht am Wege zeigen eine Menge kleiner ausgehauener Vertiefungen, welche Nischen andeuten, in denen vormals Votivtafeln aufgestellt waren. Diese Löcher und einige hier und da zerstreute Porphyr- und Marmorbrocken sind das Einzige, was an den Venustempel erinnert, der einst hier stand.[63]

Die Luft war kalt, die Wolken warfen starke Schlagschatten auf die kahlen Berge. Dicht neben uns lag die weit ausgedehnte Klosterruine, zum Teil von hohen Mauern umgeben, in deren Spalten Sträucher und Schlingpflanzen wachsen***). Draußen waren zwei Bretterschuppen errichtet, der eine bildete eine Art Kaffeehaus, der andere eine Art Bazar für einzelne Reisende

---

*) *Das griechische Wort Daphne bedeutet bekanntlich einen Lorbeerbaum.*

**) *Er ist Professor an der Universität, ein Grieche, der aber vortrefflich Deutsch spricht.*[64]

***) *Die Kirche ist sechs- bis achthundert Jahre alt und an derselben Stelle erbaut, wo vormals ein Apollotempel stand. Von diesem findet man noch eine große Marmorsäule, früher waren hier deren drei, aber zwei haben die Engländer fortgeführt.*[65]

Das Kloster Dafni

oder entfernt wohnende Bauern; diese hölzernen Schuppen an der Ruine verliehen der Landschaft gleichsam den letzten Pinselstrich griechischer Melancholie. Wir traten in den Klosterhof, er war mit ellenhohen Nesseln überwachsen und unter diesen verbargen sich offne Brunnen ohne Geländer: Wir mussten Schritt vor Schritt nach ihnen spähen, um nicht hineinzusinken. So gelangten wir zur entgegengesetzten Seite der Mauer, wo sie uns am bequemsten zu ersteigen schien, und bald standen wir auf dem herabgestürzten Dache der Kirche, wo die Vegetation ebenso reich, als das Gebäude zerstört war. Eine Treppenstufe hier oben war der umgekehrte Deckel eines antiken Marmorsarkophags, eine andere der Rest einer kannelierten Porphyrsäule. Reseda, Vogelgras und Disteln sprossen überall hervor. Die Fledermaus flog am hellen Tage über uns hin, hier war sie zu Hause, hier war ihr Reich, selbst wenn die Sonne ihre Flügel beschien.

Im Kloster selbst sind die Mönchszellen in einen großen Stall verwandelt, in welchen die Gendarmen ihre Pferde haben; diese wiehern nun da, wo einst die Mönche beteten.

Die Kirche ist prächtig und ließe sich noch restaurieren; wir standen unter ihrer Kuppel, die in Mosaik mit einem Christusbilde prangt. Der Heiland hält in seiner linken Hand die Bibel und streckt die rechte segnend aus. Während der Revolution lagerten sich die Türken hier und zündeten darin einen Holzstoß an, noch ist die Mauer vom Rauche geschwärzt; sie rauchten ihre Pfeife und unterhielten sich damit, nach dem Erlöser der Christen droben in der Kuppel zu schießen, und ihre Kugeln trafen eines seiner Augen, seinen Mund und seine Heiligenglorie; noch sieht man die Spuren deutlich am Mosaikbilde; sie zerkratzten ferner die Heiligenbilder auf dem Altarblatte und malten unzüchtige

Das Dorf Elefsina an der Stelle des antiken Eleusis

Stücke hinzu, während die Kameraden lachten und Beifall jubelten. Eine Menge Totenschädel und Knochen, draußen unter Sträuchern und Nesseln gesammelt, lagen nun in einem Winkel zwischen dem Altar selbst und der nach Art der griechischen Kirchen aufgeführten Altarwand, welche drei Durchgänge hat und von oben bis unten mit Heiligenbildern bemalt ist; auch diese waren von den Türken etwas ausgekratzt, aber drei kleine brennende Lampen dort aufgehängt. Sie werden von dem alten Griechen unterhalten, der draußen im Bretterschuppen wohnt, Kaffee bereitet und den Fremden ein Glas Raki*) einschenkt. In dieser Kirche erhielt er die Taufe, in dieser schloss er den Bund der Freundschaft und hier wurde er getraut. Dies alles geschah unter der Türkenherrschaft; sein Freund fiel im Freiheitskampfe, der Staub seiner Gebeine liegt vielleicht unter dem Heidekraut. Das Grab seiner Gattin ist dicht daneben hinter der geborstenen Mauer: zwischen Akanthus und Nesseln führt ein kleiner Pfad, ein Ölbaum ist dicht neben einem zusammengestürzten Brunnen gepflanzt, unter demselben ruht sie.

Der alte Grieche unterhält die Lampen in dem zerstörten Gotteshause; er und die Soldaten halten dort an jedem Festtage ihre Andacht, und bisweilen, wenn ein griechischer Priester vorüber kommt, bindet er sein Pferd an den hölzernen Schuppen, geht in die Kirche und liest eine Messe. Der alte Grieche macht dann oft eine ganze Gemeinde aus.

Nach einigen Jahren wird auch er unter dem Ölbaum schlafen; wer unterhält dann hier die brennenden Lampen? Wer jätet die Nesseln vom Grabe?

---

*) *Griechischer Branntwein, der aus getrockneten Trauben bereitet wird.*[66]

Daphne.

Die Straße nach Eleusis

O, die Lampen werden brennen, silberne Lampen sind dann
aufgehängt! Rosen werden blühen, wo jetzt Nesseln stehen!
Griechenlands guter Genius flüstert es uns zu. Daphne wird
sich aus dem Schutt erheben, hier am Wege nach Eleusis,
der einst von Fremden besucht werden wird, wie jetzt Italiens Wege. Daphne wird wieder blühen! Im Hofe, wo jetzt
nur Disteln und Nesseln wachsen, wird der Lorbeer grünen,
Weihrauch duften und die knienden Kinder in Christi Auge,
Mund und Glorie heilige Wunden erblicken, dort, wo einst
des Türken Kugel traf.

Segen und Glück diesem Lande, das einem Theseus, einem
Plato und einem Sokrates das Leben gab!

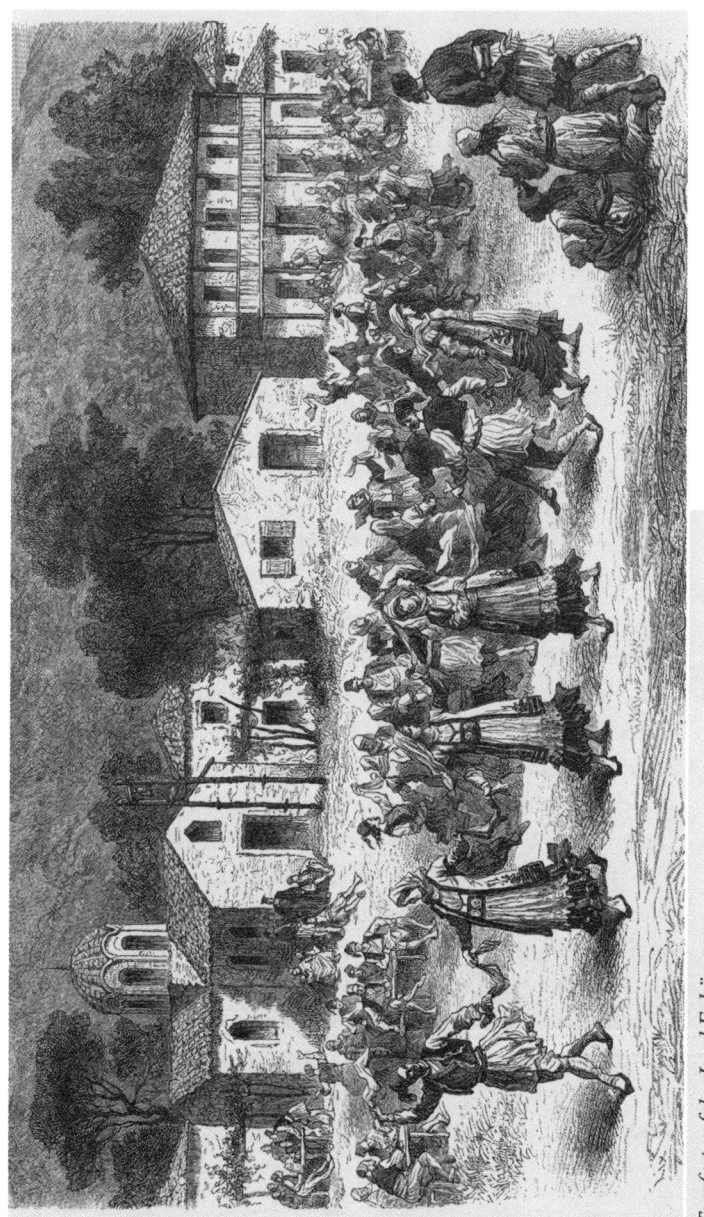

Tanzfest auf der Insel Euböa

9. Das Freiheitsfest.

er sechste April ist das griechische Freiheitsfest; an diesem Tage begann der Aufstand, an diesem Tage floss das erste Türkenblut.[67] Das Kreuz war jetzt aufgepflanzt, wo vorher der Halbmond gestanden: Das Kreuz prangt auf Ruinen; Totenstille herrscht in den Tälern, wo Kriegsgetümmel erscholl. Im ganzen Lande, in dem ärmsten Dorfe weht heute die Freiheitsfahne; der Hirte wandert zu den Kirchenruinen in den einsamen Bergen, hängt dort eine brennende Lampe auf vor den verwischten Bildern an der geborstenen Mauer und spricht sein Dankgebet. Griechenland ist frei!

Ich war bei diesem Fest in Athen. Es war ein schöner, sonnenheller Tag, nicht eine Wolke am Himmel, kein kalter Wind wehte von den Bergen. Die Musik der Regimenter ertönte in der Morgenstunde durch die Straßen; aus meinem Fenster sah ich die kriegerischen Reihen schöner junger Griechen mit braunen Gesichtern und dunkeln Augen, an jeder Lanze wehte eine kleine Fahne. Sie sahen gut aus, würden aber, glaube ich, noch hübscher gewesen sein, hätten sie griechische Kleidung getragen; in diesen fränkischen Uniformen erschienen sie mir wie fremde Truppen. Auf der Straße liefen schöne Griechenknaben in weißen Fustanellen und roten Wämsern. Auf den Balkonen standen die vornehmen Griechen, in reichen, buntfarbigen Kleidern, mit Silber- und Goldstickerei, mit Dolch und Säbel. Die Frauen hatten ihre reichen Haarflechten um den kleinen roten Fez geschlungen; das samtne Halbkleid stand vorn offen und zeigte einen goldnen Brustlatz, der den gewölbten, wogenden Busen umschloss. Die meisten Männer und Frauen trugen einen Myrtenzweig oder einen Strauß aus Levkojen in der Hand. Bauern aus dem Gebirge mit Gewändern aus Schassellen und hohen Hüten lehnten sich stolz an die niedrigen, steinernen Säulen der Kirche und sahen den reitenden Soldaten nach. Hundert Lampen brannten in der Kirche, ich konnte von meinem Fenster den Duft riechen, welcher durch die geöffnete Tür strömte. Die venezianische Mandoline erklang, und der weißbärtige Greis sang Rhigas' Schlachtgesang:

„Δεῦτε παῖδες τῶν Ἑλλήνων!"

Athens größte Kirche – sie liegt in der Äolusstraße – hat durchaus nicht das Äußere einer Kirche und ist auch nicht zum gottesdienstlichen Gebrauche aufgeführt; aber als Athen einen Hof erhielt, war bei den Festlichkeiten jede der noch brauchbaren Kirchen zu klein, um einen Hof, Diplomaten und Autoritäten zu fassen; man musste also dieses Gebäude wählen, welches ein weiß getünchtes Haus mit einer Art Veranda mit Planken und Balken ist und an der Seite eine kleine Treppe aus rohen Brettern hat, die zu einer schmalen Tür zu dem königlichen Stuhl führt. Als ich das Gebäude zum ersten Mal sah, glaubte ich, es sei das Theater oder Rathaus.[68] Heute war die Kirche schon allein durch die Geistlichkeit, die königlichen Herrschaften, die Minister und Beamten überfüllt; der wachhabende Offizier verstattete indessen mir, als Fremdem, den Zutritt. Der griechische Bischof in glänzender Pracht hatte seinen Platz vor dem Altar zwischen den geputzten Priestern, die einen höchst unharmonischen Gesang anstimmten; König und Königin, beide griechisch gekleidet, saßen unter einem samtnen Thronhimmel, der mit Krone und Zepter geschmückt war; der Kronprinz von Bayern, in Uniform, hatte ihnen zur Seite seinen Platz. Die religiösen

Gebräuche kamen mir mehr eigentümlich und fremdartig, als eigentlich feierlich vor. Während die Priester sangen, spielte draußen der Musikchor der Soldaten ganz lustig. Es klang kriegerisch und wild, als sei man mitten im Kampf, wo der Priester betet, wo der Krieger singt und die Büchse Schuss auf Schuss knallt. Und sie knallte wirklich draußen! „Der König lebe!", ertönte es in der Kirche, als er und die Königin wegfuhren. Es waren im Ganzen ungefähr drei oder vier Wagen; die meisten Diplomaten gingen zu Fuß; man merkte, es sei ein Königreich im Entstehen. Die ganze Straße, Altane und Fenster waren mit Griechen angefüllt, ein hübscher Kopf neben dem andern; tausend rote Feze, bunte Wämser und weiße Jacken prangten hier im Sonnenschein, der Anblick der schönen Männer und Knaben war eine wahre Augenweide! Weiber sah man dagegen nicht viel, und die, welche wir sahen, waren hässlich.

Nach dem Frühstück ritt ich mit meinen Landsleuten, Professor Ross, Koppen, den Gebrüdern Hansen[69] und andern Freunden, hinaus in die Berge, um in einem der nächsten Dörfer die Festlichkeiten anzusehen. Wir ritten den schmalen Bergpfad entlang, am Lykabettos vorbei nach dem Dorfe Maruzzé,[70] dessen dürftige Lehmhütten mit weiß getünchten Wänden und kleinen üppigen Gärten sich recht zierlich ausnehmen. Alle Bewohner saßen auf der Straße, die so schmal ist, dass die Leute in die Häuser treten mussten, als wir angeritten kamen. Vor der Kirche war die Freiheitsfahne aufgepflanzt, diese ist weiß mit einem blauen Kreuz. Ein schönes kleines Mädchen in einem schwarzen samtnen Halbkleide, von dem die glänzend weißen Hemdärmel breit vom Ellenbogen um die kleinen braunen Arme herabhingen, saß da mit einem regelmäßig schönen Gesicht, dunkeln Augen und fein gezeichneten Augenbrauen; sie saß auf einem Bündel Zypressenzweige nicht weit von der Fahne. Ich weiß nicht, wie es kam, aber die Kleine, wie sie da saß auf diesen Zweigen der Toten, erschien mir als der Schönheitsgenius Griechenlands, über welchem wieder die Freiheitsfahne wehte.

Das Ziel unserer kleinen Reise war indessen die nächste Stadt Kephissia.[71] Den Weg hierher nannte man einen Fahrweg, aber er kann, selbst in Griechenland, nur für denjenigen ein solcher sein, der verurteilt ist, den Hals zu brechen. In dem übrigen Europa hat man keine Vorstellung von einem solchen Wege, der schlechteste muss gegen diesen der breite Weg der Sünde genannt werden, der bequem zur Hölle führt. Griechische Pferde können auf unebenen Bergen fest stehen, also auch hier; Wasserströme, von der Tiefe einer halben Elle, flossen bald an der Seite des Weges, bald mitten durch; prächtiger Lorbeer und blühender Oleander wuchsen auf beiden Seiten. Auf den Feldern – Gärten kann man diese eingehegten Strecken kaum nennen – wachsen wilde Birnen- und Mandelbäume; Hirten trieben einzelne Viehherden, prächtige große Ochsen. Wir begrüßten die Hirten auf griechische Weise mit einem: „Begegnet in einer glücklichen Stunde!", und sie antworteten höflich: „In vielen Jahren für Dich!" Als Griechenland unter der Herrschaft der Türken war, soll das Dorf Kephissia noch blühender gewesen sein; hier hatten reiche atheniensische Türken ihre Sommerwohnungen. Athen wird sich Jahr für Jahr mehr erheben und bald werden hübsche Villen in dieser fruchtbaren Gegend erstehen. Inmitten der Stadt liegen die Ruinen einer türkischen Moschee, die jetzt als Stall benutzt werden; von dem Minarett existiert nur noch der Grund, aber vor diesem

prangt die größte und schönste Platane, die ich bisher gesehen.[72] Die kräftigen, gesenkten Zweige bildeten eine Krone,
die fast den ganzen Platz beschattete. Auf dem Rasen, unter
dem Baum, breiteten wir unsere Mäntel aus und hielten ein
Mahl, von griechischen Frauen umringt, die, da es gerade
Fastenzeit war, uns gewiss um unsere nahrhaften Speisen
beneideten. Später gingen wir einen schönen Waldweg, wo
Quellen rieselten, wo alles so üppig und grün stand und
mich an die fruchtbare Strecke zwischen Neapel und Posi-
lippo erinnerte. Wilde Fruchtbäume und duftende Ranken
wuchsen rings um uns bis zu dem großen Olivenhain hinab;
hier war Ackerland, hier waren Weinpflanzungen. Wir sahen, was Griechenland sein konnte, und es kam mir, gerade
am Freiheitstage, wie ein prophetischer Anblick vor.
Mitten im Gebüsch war ein Felsenbassin; der Bach bildete
einige kleine Wasserfälle. Wir stiegen hinab, die grünen
Zweige hingen uns über den Kopf und das Wasser plätscherte frisch und klar; die Sonnenstrahlen machten das
Laub zu einem Transparent; Vögel zwitscherten und auf
dem Wege nebenan kam ein Zug europäisch gekleideter,
reitender Damen und Herren; sie gehörten zum Hofstaa-
te König Ottos; wir begrüßten uns und sie verschwanden
hinter den Hecken. Nun kam ein Nachtrab, ein junges Mädchen zu Pferde, ganz in griechischer Kleidung und mit rotem Fez auf dem kohlschwarzen Haar. Die königliche Stirn,
die kecken, dunklen Augen und die kühne Haltung auf dem
Pferde sagten uns, es sei ein echt hellenisches Weib, sie
flog wie eine herrliche Erscheinung durch den Wald, wie
die Königin der griechischen Elfen! Es war die Tochter des
Helden Marko Bozzaris,[73] Hofdame der Königin von Griechenland, Athens schönste Jungfrau.

Die Sonne nahte sich schon den Bergen, wir setzten uns wieder zu Pferde, aber es wurde dunkler Abend, ehe wir Athen erreichten. Die ganze Akropolis war durch viele Fackeln illuminiert; es sah, hoch in der blauen Luft strahlend, prächtig aus, und wie wir uns Athen näherten, sahen wir über der Stadt, wie eine Glorie, den Schein vieler Lampen und Lichter, mit denen die Häuser erleuchtet waren. Lichter waren auf den Altanen festgebunden; Kronleuchter, aus Blumen geflochten und mit bunten Lampen besetzt, hingen quer über die Straße oder vor den offnen Läden. Der Fruchtbazar strahlte mit Lichtern und zeigte glühende Apfelsinen, dunkelbraune Datteln und große Walnüsse. In vielen Fenstern hatte man Kupferstiche aufgestellt, Portraits vom Dichter Rhigas, von Miaulis,[74] Marko Bozzaris und König Otto. In der Äolusstraße waren mehrere Transparente, auf einem sah man ein Grab, dem ein junger Grieche, die Freiheitsfahne in der Hand, entstieg; auf einem andern ein griechisches Schiff im Sturm. Unter allen las man sinnreiche Verse in neugriechischer Sprache.

Ein Transparent zog besonders die Aufmerksamkeit auf sich; es stellte einen Ziegenbock vor, der von einem Weinstock frisst; der darunter stehende griechische Vers ist bekannt, wie auch die deutsche Übersetzung, welche so lautet:

> *„Frisst Du mich auch bis zur Wurzel,*
> *doch trag' ich Trauben genug noch,*
> *Wein zu spenden, o Bock, wenn Du –*
> *als Opfer erliegst!"*[75]

Ich fand es passend auf die Türken angewandt, unter deren Joch das Volk geseufzt hatte; indessen legten einige Bayern, die ich traf, den Vers ganz anders aus; er sollte nämlich, meinten sie, ihnen gelten. Freilich hat es sich gezeigt, dass die

Griechen diese Fremden nicht lieben, aber während meines Aufenthaltes bemerkte ich nie ein äußeres Zeichen davon.

In der Äolusstraße, der breitesten in Athen,[76] die sich in gerader Linie gegen die Akropolis hinauf erstreckt, wimmelte es von frohen Griechen. Lichter und Lampen verwandelten den Abend in Tag; militärische Musik zog vorüber; die Gebäude gegen die Akropolis hinauf bildeten Terrassen für die Lampenreihen; der rote Fackelschein auf der Ringmauer zeigte die alten Tempelsäulen in zitternder, unsicherer Beleuchtung. Gesang zur Mandoline erklang in den offenen Boutiquen, und in dem fränkischen Kaffeehause[77] drängte man sich um die neuesten Zeitungen, um zu sehen, was das übrige Europa von dem Aufstande der Candioten sagte.[78] Die Nachrichten von Kreta, sowohl die mündlichen, als die, welche die Zeitungen brachten, lauteten verschieden, man sagte aber mit Gewissheit, dass vor kurzem Pulver und Waffen heimlich von dem Magazine in Patras fortgeführt worden wären. Auf den Sieg der Candioten wurde mehr als ein Hoch von den begeisterten Griechen angebracht. Flintenschüsse und Gesang ertönten bis spät in die Nacht in der Stadt Athen und in den Steinhütten zwischen den einsamen Bergen.

Der Marmorlöwe von Pallene; Holzstich von Josiah Wood Whimper um 1840 (GZ-Archiv)

10. Der Marmorlöwe.

s war ein schöner, sonnenheller Tag; munter trabten wir aus Athen über die weite, unebene Talgegend, durch Sokrates' Geburtsstadt, wo wilde Fruchtbäume kleine Gärten bilden; ein einsames Kloster liegt nach dem Hymettos zu,[79] wir ritten in raschem Trab, mein Agojat[80] lief neben mir.

Die Aussicht eröffnete sich zwischen dem Pentelikon und dem Hymettos auf eine ausgedehnte Fläche und das blaue glänzende Meer; wir sahen die Insel Zea und Negroponte[81] mit seinen schönen Bergformationen. An unserm Wege lag eine einsame Hütte; das Dach aus Schilf reichte fast bis zur Erde. Frau und Kinder kamen heraus, um uns Fremde zu sehen. Wir bestellten Kaffee für unsere Rückkehr bei der Frau und ritten nun über Kräuter, Sträucher und hohe Oleanderbäume.

Alles war wild und öde! Dort standen die Ruinen einer Kirche, davor ein prächtiger Ölbaum, es war zum Malen. Dicht nebenan lag ein großer Marmorlöwe, ein antikes Grabmonument, Lais selbst hatte einen solchen auf ihrem Grabe; hier machte es einen wunderbaren Eindruck, in dieser Einsamkeit einen Torso von den schönen Werken der Kunst zu finden. Bis auf die Füße liegt der Löwe ganz und groß da; der Ausdruck in den Augen zeigt, dass ein Talent den Meißel geführt hat; die Mähne ist nur angedeutet*).[82]

Große Schlingpflanzen wanden sich an seinen Seiten hinauf,

---

*) *Wie ich von dem Universitäts-Baumeister Chr. Hansen erfuhr, war die Rede davon, dass dieser Löwe nach Athen geführt werden und dort seinen Platz vor dem Eingang zur Universität erhalten sollte.*

als wollten sie ihn an das Grab fesseln, welches er zieren sollte, das Grab, das niemand kannte.

Indem wir ihn betrachtend hier standen, trat plötzlich ein Hirte singend aus der Kirchenruine hervor; er hielt an, als er uns erblickte. Er sang ein melancholisches Lied, das meine Begleiter gut kannten, es war echt atheniensisch. Wir baten ihn, es zu wiederholen, er stützte sich an den Marmorlöwen und sang*).

"Der bezauberte Liebhaber.**)

Zieht hin, ihr schwarzen Vöglein, zieht und geht mit Gott.
Nehmet Grüße mit von dannen für die Liebste mein.
Wenn ihr nach Athen gekommen hin zu meinem Ort,
An der Pfort' in unsrem Hofe steht ein Apfelbaum;
Dort in seine grünen Zweige setzet euch und singt,
Meiner einzigen Geliebten saget dies von mir:
Mag sie nicht mehr auf mich warten, nicht mehr harren mein.
Da ich kam in diese Lande, ward' ich armer Sklav,
Nahm zum Weib der Witwe Tochter, Kind der Zauberin,
Die der Flüsse Lauf bezaubert und sie fließen nicht.
Die des Meeres Bahn bezaubert und die Schiffe stehn.
Die die Brunnen auch bezaubert und sie rinnen nicht,
Diese hat auch mich bezaubert, und ich kann nicht fliehn.
Wenn ich aber denk' zu fliehen, Regen gibt's und Schnee,
Wenn ich wieder zu ihr kehre, scheint die Sonne klar!"[83]

---

*) Die Griechen singen immer näselnd und schreiend, es ist ebenso unnatürlich, als häßlich. Indessen fehlt es ihnen nicht an musikalischem Gehör, das bemerkt man sogleich, wenn man hört, wie richtig die atheniensischen Knaben die Bellini'schen Melodien nachpfeifen, die sie von den Regimentsmusikern vor dem Schlosse haben spielen hören.

**) Übersetzt von Ulrichs.

Und die Sonne schien auf den weißen Marmorlöwen, den die wilden Ranken gefesselt hielten, die Sonne schien so schön auf den schwermütigen singenden Griechen und auf die ausgedehnte Landschaft, das Bild der Größe und Einsamkeit. Der melancholische Duft, den das Lied atmete, lag in der ganzen Natur verbreitet, er drang in unsere Gedanken und verschwand auch nicht, als wir die einsame Hütte betraten. Alles Licht fiel hier durch die offne Türe herein. Die Frau mühte sich ab, einige große schwarze Brote aus der heißen Asche, mitten auf dem Fußboden, zu nehmen; in jedes Brot war in Bezug auf Ostern ein bunt bemaltes Ei gesteckt. Der Mann stand gleichgültig da und sah die Frau arbeiten, ein kleiner Knabe spielte in der Türe, ich gab ihm einige Pfennige, er lächelte vergnügt und sagte mir seinen Namen, Demetri. Das schwarze Brot mit den bunten Eiern war seine Festfreude, er war glücklich darüber und hatte mit Sehnsucht die Stunde erwartet, wo sie aus der Asche genommen würden. Die schwarze Hütte war sein Paradies, der Marmorlöwe sein Reitpferd, auf dessen Rücken ihn seine Mutter oft gesetzt hatte, während sie an der Mauer der zerstörten Kirche Heidelbeeren sammelte.

Osterfest am Tempel des Olympischen Zeus in Athen

11. Das Osterfest in Griechenland.

ie Osterfeier der Katholiken in Italien und namentlich in Rom ist großartig, hinreißend; es ist ein erhebender Anblick, auf dem großen Petersplatze die ganze Menschenmasse auf die Knie sinken und den Segen empfangen zu sehen. Das Osterfest in dem armen Griechenland kann nicht mit jener hohen Pracht sich zeigen, aber nachdem man beide gesehen hat, gelangt man zu der Überzeugung, dass es in Rom ein Fest sei, dessen Glanz und Glorie von der Kirche über das Volk ausgeht, in Griechenland aber ein Fest, welches von den Herzen und Gedanken des Volkes, von einem ganzen Leben ausströmt; die Kirche ist darin nur ein Glied. Ein langes, strenges Fasten geht voraus, das sehr genau gehalten wird; die Bauern leben fast nur von Brot, Knoblauch und Wasser.

Am Karfreitag erschien die atheniensische Zeitung mit schwarzem Rande zur Erinnerung an den Tod Christi; die Titelvignette zeigte einen Sarkophag mit einer Tränenweide und zu oberst stand ein Passionsgedicht von Sutzos.[84] Das Fest selbst begann des Abends; ich ging in die Hauptkirche,[85] sie war prachtvoll erleuchtet und ganz von Menschen überfüllt; vor dem Altare stand ein Sarg aus Glas, durch Silberplatten zusammengefügt. Der Sarg umschloss frische Rosen, die den toten Christus andeuten sollten. Ein wunderbares Summen der Betenden tönte durch das Gotteshaus. Bunt gekleidete Priester und Bischöfe traten vor den Altar, wo sie ihre Gebete sprachen. Um neun Uhr abends begann eine Trauermusik und der Zug nahm seinen Anfang, von der Kirche durch die Hauptstraße nach dem Schlosse. Aus

meinem Fenster sah ich mit Bequemlichkeit die langsam
fortschreitende Prozession, eine der feierlichsten, die ich erlebt. Es war ein glänzender, sternenheller Abend, mild und
still. Auf allen Altanen umher und an den offnen Fenstern
hatte jeder Zuschauer ein brennendes Licht in der Hand, Musik ertönte aus der Seitenstraße zu uns herüber; Weihrauch-
duft erfüllte die Luft. Ein großes Menschengewühl bewegte
sich fort. Alle festlich gekleidet, jeder, selbst das kleinste
Kind mit einem langen, dünnen, brennenden Lichte in der
Hand. Militärische Trauermusik ertönte, als trage das Volk
seinen König zu Grabe. Von Priestern umgeben trug man
den Sarg mit den frischen roten Rosen; über diesem hing
ein langer Trauerflor, welcher von den vornehmsten Beamten und höhern Offizieren des Landes gehalten wurde. Eine
Schar dieser und darauf das große Menschengewühl, alle,
wie gesagt, mit brennenden Lichtern, beschloss den Zug. Es
war eine Stille, eine anscheinende Trauer oder Andacht, die
jedes Gemüt ergreifen musste. Vor dem Schlosse, wo der
König und die Königin standen, hielt der Bischof eine kurze
Rede und der König küsste die heilige Bibel. Während der
ganzen Zeremonie ertönte ein einförmiges Glockengeläute,
immer nur zwei Schläge, worauf eine kleine Pause folgte;
Tag und Nacht war die Kirche von Menschen angefüllt. Um
Mitternacht vor dem Ostertage waren der König, die Königin und der ganze Hof hier, die Priester standen betend und
trauernd um den mit Blumen angefüllten Sarg; das ganze
Volk betete leise. Es schlug zwölf Uhr und mit dem letzten
Schlage trat der Bischof hervor und verkündete: „Christus
ist erstanden!"

„Χριστὸς ἀνέστη!", jubelte jede Zunge; Pauken und Trom-
peten erschallten, die Musik spielte den muntersten Tanz.

Alle umarmten und küssten sich jubelnd: „Christus ist erstanden!" Draußen donnerte Schuss auf Schuss, Raketen stiegen empor, Fackeln wurden angezündet; Männer und junge Burschen, jeder mit seinem Licht in der Hand, tanzten in einer langen Reihe durch die Stadt; die Frauen machten Feuer an, schlachteten Lämmer und brieten sie auf der Straße; kleine Kinder, welche alle neue Feze und neue rote Schuhe erhalten hatten, tanzten im Hemde um das Feuer, küssten sich und sagten wie die Eltern: „Christus ist erstanden!" O hätte ich eins dieser Kinder an mein Herz drücken und mit ihm jubeln können: „Χριστὸς ἀνέστη!" Es war rührend, erhebend und schön!

Man wird sagen, das Ganze sei eine Zeremonie, und hinzufügen – gewiss mit einiger Wahrheit –, es sei die menschliche Freude darüber, dass das strenge Fasten beendet wäre und sie nun ihr Lamm essen und ihren Wein trinken könnten. Nun ja! Etwas davon mag einwirken, aber ich darf behaupten, hier war mehr, hier war ein wahrer, ein großer, religiöser Jubel! – Christus war in ihren Gedanken, wie auf ihren Lippen. „Christus ist erstanden!", lautete die Botschaft, und es war keine veraltete Begebenheit, nein, es war, als sei sie an diesem Ort, in dieser Nacht, in diesem Lande geschehen! Es war, als erreichte die Botschaft in diesem Augenblick ihre Ohren!

Alles war Musik und Tanz in der Hauptstadt und in jeder kleinen Stadt des ganzen Landes. Alle Arbeit ruhte, jeder lebte nur der Freude. Draußen beim Theseustempel und unter Zeus Marmorsäulen[86] gab es Tanz und Lustigkeit. Die Mandoline erklang, die Alten stimmten Gesänge an, und mitten unter der Freude ertönte, als Willkommen- und Abschieds-Gruß: „Christus ist erstanden!"

Schloss und Schlossplatz in Athen

12. Der Hof in Athen.

Vom Olivenwalde herab, aus dem Wege von Eleusis, sah König Otto zum ersten Mal die Akropolis und seine Residenz Athen, die fast nur ein Schutthaufen mit einigen dürftigen Lehmhütten und einzelnen Gebäuden aus Fachwerk war. Einige von diesen, durch eine Gartenanlage verbunden, wurden sein Schloss, und sind es interimistisch noch jetzt, bis die neue Marmor-Residenz vollendet ist.[87]

Es ist ein höchst bescheidenes Gebäude, welches der König bewohnt, an einem andern Orte in Europa würde es für die Sommervilla eines Privatmanns gelten. Ein mit einigen Sträuchern gezierter Rasenplatz erstreckt sich davor; hier zieht täglich die Hauptwache auf, mit Musik aus: „Die Stumme", „Scaramuccia" und „elisir d'amore";[88] die griechischen Kindermädchen lassen die kleinen Kinder auf ihren Armen zu den lustigen Tönen tanzen.

Die junge, höchst liebenswürdige Königin soll in ihrer Heimat, Oldenburg, zu weiblicher Genügsamkeit erzogen worden sein; zufrieden zog sie hier in das dürftige Schloss und das Volk begrüßte sie mit Jubel und Freude. Alle Straßen waren, wie man mir sagte, bei ihrer Ankunft mit Rosen bestreut; sie selbst sollte dagegen ein Bouquet von noch seltnern und also schönern Blumen haben. Damals waren die Kartoffeln eben erst in Griechenland eingeführt, man fühlte ihren ganzen Nutzen. Die Blüte des Kartoffelkrautes erschien den Griechen als die seltenste und schönste Blume, und daher brachte man der Königin von Griechenland, die von Oldenburg kam, ein Bouquet Kartoffelblüten.

Der König bekennt sich zur katholischen Religion, die Königin zur lutherischen, etwaige Kinder aus dieser Ehe sollen griechisch-katholisch erzogen werden.[89] Ich glaube, dass das junge Königspaar von der Nation beliebt ist, ich habe von mehreren Griechen ihren Namen mit Begeisterung aussprechen hören. Und sie verdienen es, ein Königspaar, so jung, so liebenswürdig! Es ist kein Glück, in Griechenland zu herrschen; wie viel haben sie aufgeopfert, um hier zu leben! Wie viele Sorgen belasten nicht des Königs Herz für dieses Volk und Land! Er steht hier einsam in einem zerstörten klassischen Lande, reich an großen Erinnerungen, einsam neben einem Volke – ja, ich kenne es zu wenig, um es beurteilen zu können, aber ich liebe dieses Geschlecht nicht; die Türken gefallen mir weit besser, sie sind ehrlich und gutmütig.

Gott schenke dem edlen König Otto Kraft und Ausdauer! Jährlich machen der König und die Königin Reisen im Lande umher, überall werden sie mit Jubel empfangen. Von entfernten Ortschaften kommt das Volk mit Klagen und Bittschriften, der junge König hört jeden an, lässt seine Sache untersuchen, und diese Reisen bewirken oft viel Gutes; aber sie sind durchaus nicht bequem, obgleich alles Mögliche geschieht, um die Beschwerden zu heben, die jede Reise in Griechenland darbietet. Diener werden vorausgeschickt, Zelte erbaut, worin übernachtet werden kann; zwischen den wilden Felsen findet man gedeckte Tische, der Champagner knallt und Hirten und Hirtinnen tanzen auf dem Platze vor dem Zelte, während die Abendsonne die einsame Marmorsäule und die hohen Berge bescheint; es ist eine Naturdekoration und ein Ballet, die nur die klassische Szene, welche die wirklichen Götter einst betraten, darbieten kann. Oft aber kommen auch große Unannehmlichkeiten, peinliche Augenblicke vor; so z. B. auf der Reise im vorigen Jahre in einem kleinen Dorfe. An dem Tage vor der Ankunft der Herrschaften waren vierzehn Räuber hier gewesen. Als der König dies erfuhr, setzte er ihnen sogleich mit seiner kleinen Leibwache nach. Die Königin, ihre Damen und einige Herren blieben zurück, erwartungsvoll dem Auslauf entgegensehend. Der König traf indessen keinen der Räuber; dagegen waren einige Bauern des Dorfes glücklicher, sie fingen in der folgenden Nacht mehrere und machten mit ihnen kurzen Prozess, schnitten ihnen die Köpfe ab und kamen mit diesen in der Morgenstunde zum Zelt des Königs und der Königin gelaufen.

Der König soll bis jetzt nur ein Todesurteil unterschrieben haben, und dieses traf einen bekannten, abscheulichen Räuber. Die Griechen, welche selbst kein Bedenken tragen, einem solchen Kerl den Kopf abzuschneiden, wollen doch nicht einsehen, dass das Gesetz des Landes dieses gebieten könne; als Beweis erzählte man mir die Hinrichtung des erwähnten Räubers; diese geschah im vorigen Jahre. Die Regierung hatte einen Scharfrichter von Malta müssen verschreiben lassen, denn kein Grieche wollte dieses Geschäft übernehmen. Der Räuber wurde nun, begleitet von der Wache und einer unzähligen Menschenmenge, zum Olivenwalde hinausgeführt, aber als er hier anlangte und die deutschen Soldaten einen Kreis um ihn gezogen hatten, protestierte er gegen die Hinrichtung: „dergleichen sei man hier nicht gewohnt!", sagte er und begann mit dem Scharfrichter zu ringen. Es soll ein schreckliches Schauspiel gewesen sein; der Kampf währte gegen zwei Stunden, und die Soldaten wagten nicht, sich hineinzumischen. „Wir wollen aufpassen, dass er nicht entschlüpft!", sagten sie, „das ist unsere Pflicht". Es war nahe daran, dass der Scharfrichter vom Räuber enthauptet worden wäre; doch zuletzt sank dieser ermattet und verwundet zu Erde, wo er den Todesstreich erhielt. Der Scharfrichter soll später heimlich ermordet worden sein. Ich erzähle indessen nur die Geschichte so, wie sie mir in Athen mitgeteilt worden ist.

Während meines hiesigen Aufenthaltes hatte ich die Ehre, dem König und der Königin vorgestellt zu werden, die mir beide viel Gnade und Freundlichkeit bezeigten, was, vereint mit den tiefen Gefühlen, von denen ich schon im Voraus von diesem jungen Königspaar in dem erblühenden Griechenland erfüllt war, den Eindruck von ihnen in meinem Herzen unauslöschlich machte.

Ich sehe es augenblicklich für ein schweres Los an, in Griechenland zu herrschen, und doppelt schwer für einen jungen Fürsten, dessen Herz für sein Land und Volk warm empfindet. Im Schlosse sind die Zimmer klein, aber gemütlich, man fühlt sich hier wohl. Der König in griechischer Tracht, die Königin in fränkischer Trauerkleidung, da gerade in diesen Tagen ein naher Anverwandter gestorben war, empfingen mich beide zugleich. Der König sieht sehr jung, aber etwas blass und leidend aus; er hat lebhafte Augen und einen höchst freundlichen und liebenswürdigen Ausdruck. Das Gespräch drehte sich um Griechenland, seine Natur, Erinnerungen und Schönheit, und ich äußerte, dass ich die griechischen Berge an Farben und Formen weit schöner finde als Italiens Berge. Denselben Eindruck schienen sie auf den König gemacht zu haben. Er redete mit Geist und Lebhaftigkeit.

Ich erwähnte, wie interessant es ihm sein müsse, Athen gleichsam vor seinen Augen entstehen zu sehen; dem Fremden hier scheine es nach wenigen Wochen, als wachse die Stadt zusehends. Er fragte mich nach dem Eindrucke, den die auf Syra gelegene Stadt mache, und nach ihrem Hafen, und schien sich über den Betrieb und die Menge Schiffe, die ich dort gefunden, zu freuen.

Die Königin ist jung und schön, sie besitzt den Ausdruck der Sanftmut und Klugheit. Am meisten sprach sie von meiner bevorstehenden Reise nach Konstantinopel und der Donaufahrt, welche ihr lang und höchst beschwerlich vorkam.

Es ist ein hübscher Anblick, den König und die Königin, beide jung und lebhaft, umgeben von ihren Damen und Herren, in griechischer Kleidung den Weg über die Heide entlang reiten zu sehen; leicht erkennt das Auge die Hauptfiguren im Bilde, aber noch eine Dritte tritt hervor, ein junges Weib zu Pferde, wir kennen es schon, es ist die Tochter des Helden Marko Bozzaris, Hofdame der Königin. Mit dem roten Fez auf dem rabenschwarzen Haar folgt sie, wie Griechenlands Schönheitsgenius, ihrer jungen Königin; die langen dunklen Augenwimpern erheben sich wie Seidenfransen von den feurigen Augen; sie ist schön in ihrem Fluge auf dem schnellen Pferde, schön, wenn sie ruht, dass man ihr Gesicht betrachten kann.

Bei der Oberhofmeisterin der Königin, Frau Plüskov*), wurde ich ihr eines Abends vorgestellt; ich hörte sie nur Griechisch und Italienisch sprechen. Unter den vielen verschiedenen Bildern, die meine Erinnerung von Griechenland bewahrt, ist Marko Bozzaris' Tochter das Schönheitsbild der Landestöchter.

---

*) Frau Plüskov, geborne Witzleben, aus Holstein.

Anton Graf Prokesch von Osten (1795-1876)
nach einer Lithographie von Josef Kriehuber

13. Prokesch-Osten.

nter den Diplomaten am Hofe in Athen war mir der österreichische Minister Prokesch-Osten der interessanteste.[90] Ich kannte seine Reise nach dem heiligen Lande und einige seiner hübschen morgenländischen Gedichte; er wurde mir aber durch seine persönliche Bekanntschaft und alle Freundschaft und Aufmerksamkeit, die er mir erzeigte, doppelt interessant und lieb. Anton Prokesch ist aus seines Vaters kleinem Gute in Grätz*) geboren und zeichnete sich als Knabe durch Schwimmen und Schlittschuhlaufen aus. 1813 kämpfte er für sein Vaterland, wirkte darauf als Professor an der Kadettenschule in Olmütz, wurde später Adjutant beim Fürsten von Schwarzenberg und bald durch seine geistreichen militärischen Schriften der Gegenstand einer allgemeinern Aufmerksamkeit. Als Obristleutnant im Generalstabe kam er nach Triest, der Anblick des Meeres erweckte seine Reiselust, die griechische Nation erregte sein ganzes Interesse. Er ging nach Griechenland, Kleinasien und Konstantinopel, wo er zum Nutzen für die österreichische Seefahrt in der Levante wirkte; nachdem er aufs Neue das griechische Festland und die Inseln bereist hatte, blieb er einen Winter in Konstantinopel und ging dann über Kleinasien nach Ägypten und Nubien**), wo er mit Mehemed Ali[91] in Verbindung trat. Die Heimreise machte er über Smyrna. Mit ebenso vieler Klugheit als Strenge wirkte er gegen die mächtigen Seeräuber,

*) Am 10. Dezember 1795.
**) Von dieser Reise haben wir sein Werk: „Erinnerungen aus Ägypten und Kleinasien. 3 Bände. 1829–31", sowie: „Das Land zwischen den Katarakten des Nils. 1832".

die das ganze Mittelmeer anfüllten. 1828 leitete er, während eines Besuches bei Kapodistrias auf Paros, einen Austausch griechischer und arabischer Gefangener ein. Das Jahr darauf sehen wir ihn in Palästina*) beim Pascha von St. Jean d'Acre,[92] einem Manne, der durch seine Eigentümlichkeit, wie durch seinen festen Willen und seine Härte gleich sehr bekannt ist; mit ihm schloss er eine Übereinkunft zu Gunsten der Christen in Palästina und Galiläa.

Nachdem die Griechen frei geworden, wurde Prokesch nach Wien zurückberufen. Der Kaiser erhob ihn in den Adelsstand und gab ihm, da er sich im Osten seine ritterlichen Sporen verdient hatte, den Beinamen „Osten". 1832 lebte er in Rom, wo er als österreichischer Gesandter angestellt war, jetzt bekleidet er denselben Posten in Griechenlands Hauptstadt.

Eines der am äußersten Ende Athens gelegenen Gebäude, in der Richtung gegen die Parnesberge, zeigt uns eine einfache, aber herrschaftlich eingerichtete Villa.[93] Die Glastüren öffnen sich, man hat der ausgedehnten Heide und den hohen, ernsten Bergen den Rücken zugewendet und glaubt dann, beim Anblick der blau polierten Treppe mit dem Teppich über den Stufen, dass man sich auf einem Gute unweit der Kaiserstadt an der Donau befinde; diese Meinung wird fast zur Gewissheit, wenn man in die geschmackvollen Zimmer tritt, die modernen Schaukelstühle, die prächtigen Spiegel und Gemälde sieht. Ein liebenswürdiges, echt deutsches, herzliches Ehepaar, der Wirt und die Wirtin, begrüßen uns in deutschen Tönen. Wir sind bei Prokesch-Osten und seiner geistreichen Gattin. Hier ist Nichts, das uns fühlen lasse,

---

*) *Aus dieser Zeit haben wir die „Reise im heiligen Lande". Die „Dichtungen aus dem Morgenlande" sind zu verschiedenen Zeiten geschrieben, bald in Asien, bald in Afrika, und von einem seiner Freunde herausgegeben.*

Athen sei im Entstehen, hier steht es mit jeder Hauptstadt Europas auf gleicher Stufe.

Prokesch ist ein kräftiger, schöner Mann, mit dunklen, seelenvollen Augen; er ist ein ausgezeichneter Vorleser. Nach der Mittagstafel, als ich zum ersten Male hier eingeführt worden war, wurde er von der Gesellschaft aufgefordert, eines seiner Gedichte vorzulesen. Er versprach es, nahm aber zuerst Chamissos[94] Gedichte vor und las die von mir verfassten, welche Chamisso übersetzt hat, las sie mit solcher Wirkung, dass sie wie Musik erklangen, dass das Bezeichnende in jedem anschaulich wurde; so gelesen mussten sie gefallen. Ich war indessen durch diese Vorlesung auf die angenehmste Weise denen in diesem Kreise vorgestellt, welchen ich ein ganz Fremder war.

Von seinen morgenländischen Gedichten zeichnete sich besonders ein kleines gerade durch das Dramatische im Vortrag aus, welches entstand, als er 1826 im Monat Juni zu Pferde den Weg durch Idas Berge zurücklegte.[95] Bei meiner Abreise von Athen schrieb er es für mich ab, und ich will es hier wiedergeben:

„Den Säbel zur Seite, Geschoss in der Hand,
Durchstreif' ich mit fröhlichem Mute das Land.
Wohl haust auf dem waldigen Ida die Schar
Mildherziger Räuber voll Trotz in Gefahr,
Mit blinkenden Waffen und wieherndem Ross,
Mit Herden und Weibern und dienendem Tross.

Sie senden die Blicke weit über die Flur,
Erspähn in der Ferne des Wanderers Spur,
Behorchen der edlen Kamele Geläut',
Sind immer zu Händen so morgen als heut –
Sie lauschen am Felsen, sie lauschen im Wald,
Und treiben das älteste Handwerk – Gewalt.

Nur mutig und vorwärts! '*s ist jedwedem Land*
So mancherlei eigen – dem Weiber und Sand,
Dem anderen hohe Zypressen und Wein,
Es muss auch dem Ida sein Eigenes sein,
Homeros und Räuber und pfadloser Wald,
Und erzreicher Felsen erhabne Gestalt!"

Mir war es während des Lesens, als jagte ich selbst zwischen den steilen Bergen! Ich sah ihn mit Säbel und Pistolen bewaffnet und mit demselben feurigen Blick, womit er uns seine Schilderung vortrug; die Räuberschar spähte vom Bergpfade, die Glocken der Kamele erklangen und alles war wieder still in der großen, wilden, unwegsamen Einsamkeit.

Nicht nur frohe, geistig erquickende, in Athen verlebte Stunden verdanke ich Prokesch, sondern auch einen freundlichen Empfang in Konstantinopel und Gastfreiheit dort, von der ich später reden werde. Ihm und seiner Gattin schienen besonders meine Märchen zu gefallen, sie baten mich bald, mehrere zu schreiben. – Diese Blätter, wenn sie ihnen einst vor die Augen kommen, sollen ihnen erzählen, dass in dem Märchen meines eigenen Lebens die bei ihnen verlebten Stunden eines der mir interessantesten Kapitel ausmachen; ich finde nur, dass es gar zu kurz war.

14. Eine kleine Reise.

Bei schönem Wetter machten wir einen Ausflug nach den Marmorbrüchen in Pentelikon. Von der öden Heide am Fuße des Lykabettos und bis hinaus zu den Bergen ist die Ebene hier eine blühende Wildnis; auf dieser kurzen Strecke könnte ein Maler sich ein ganzes Buch interessanter, hübscher Skizzen sammeln.

Eine der ersten müsste das Bild von einem Khan in dem kleinen Dorf Kalandri[96] werden. Der Herd war ein Winkel des Fußbodens, die Wände mit Regalen dekoriert, worauf Wein und Speisen, Früchte und verschiedene Handelsartikel standen; aber von allen Regalen flatterten im Winde, gleich Fransen, lange Streifen von Gold- und Silberpapier. Zwei Männer musizierten, der eine schlug die Trommel, der andere blies die Flöte, sechs andere tanzten in einer langen Reihe, ein Mann mit grauen Haaren war der Chorführer, er machte die wunderlichsten Knixe. Sie tanzten drei Mal in der Stube umher, darauf aus dem Hause und die Landstraße entlang, wo eine Gruppe griechischer Weiber in ihrer malerischen Kleidung die Tanzenden betrachtete. Einige der jüngsten Mädchen hatten violette samtne Mieder, und ihre hübschen dunklen Haarflechten waren wie eine Pelzverbrämung um den kleinen roten Fez geschlungen. Die Sonne beschien die Weiber, sie mussten die Hand über die Augen halten, um die Tanzenden zu sehen; es war ein schönes Bild.

Wilde Öl-, Birnen- und Mandelbäume bildeten hübsche Gruppen zum Skizzieren. Als Vordergrund aus einer Skizze müsste dann unser Zug angebracht werden, die Fußgänger und die Fahrenden, und zwischen Letzteren zwei Schildkröten. Jeden

Augenblick sahen wir mitten auf dem Wege ein solches Tier, still liegend, wie ein Felsstück, oder sich im Schneckengang fortschiebend; ich wollte nicht, dass es überfahren werden sollte und meinte auch, man müsste ihm ein wenig in der Welt forthelfen, da der Wille gut war, und so setzte ich sie hinauf zum Kutscher; sie fuhren mit bis zum Pentelikon, vielleicht sonnen sie sich jetzt in der Ebene bei Marathon. Ich fand auch eine kleine, junge Schildkröte, nicht größer als eine Taschenuhr, ich hatte mit ihr große Pläne und nahm sie also mit mir, aber als ich später bedachte, wie sie aus einer weiteren Wanderung mit mir Hunger und Durst leiden würde, trug ich sie in ein Gebüsch von Oleander, wo die Sonnenstrahlen sich recht sammelten, und wer war froher als sie!

Wie in einem zerstörten, verlassenen Garten liegt an dem Bergabhang das Kloster Pentelis.[97] Beim ersten Anblick erscheint es als eine große, verödete Meierei; die Mauern sind geborsten und wild bewachsen, wie die Mauern bei Daphne; das Einzige, was Leben und Bewohner andeutete, war ein Volk Hühner, das in dem vordern Hofe auf dem Schutthaufen umherhüpfte. Vor der kleinen Kirche, deren Türen offen standen, sodass die Sonne auf die brennenden Lampen schien, stand ein großer Lorbeerbaum; er war in voller Blüte, so reich, so duftend. Ich war glücklich darüber; einer der Priester sah meine Freude und brach sogleich einen Zweig ab, den er mir reichte.

Ich habe ihn daheim zwischen Thorwaldsen's Büste und Oehlenschläger's[98] Portrait geteilt.*)

---

*) *Als ich bei Athen den Ort besuchte, den man des Sokrates Gefängnis nennt, – eine Kammer in die Felsenwand beim „Areopag" ausgehauen –, weilte mein Gedanke bei dem großen Dichter des Nordens, der von der dänischen Bühne herab das Publikum an Sokrates erinnert hat. Dicht am Eingang zur Höhle stand eine schöne rote Blume, ich pflückte sie und sandte sie als Brief und Gruß an Oehlenschläger.*

Das Kloster Penteli

Vor dem Kloster, den Berg hinab, erstreckt sich zwischen grünen, waldigen Hügeln ein schönes Tal mit einem frischen, rieselnden Bach, hohen Pappeln und blühenden Fruchtbäumen. Am Horizont erheben sich Moreas Berge, eine Reihe hoch über der andern in reichen Farbenverschmelzungen. Unsere Pferde grasten auf der grünen Wiese, ein großes Feuer wurde angezündet und ein ganzes Lamm an den Spieß gesteckt, ein hübscher Griechenknabe drehte es. Alles wurde zu einer Mahlzeit im Grünen bereitet, aber zuvor wollten wir Pentelikons Marmorbrüche sehen; der Weg ging zwischen Gestrüpp und Sträuchern hindurch, wo einige kleine Knaben die Kühe und Schafe des Klosters hüteten. Ringsumher krochen große Schildkröten; eine war auf den Rücken gefallen und lag in der Sonne zappelnd, ich drehte sie um und wurde ihr unbekannter Wohltäter.

Es war eine mühevolle Wanderung, immer aufwärts über große Steinblöcke, durch Gestrüpp und Dornen, aber die Marmorbrüche mussten wir sehen, den Rücken des Pentelikon mussten wir besteigen.

Oben stand ein Hirte in seinem griechischen, wollnen Pelz; er lehnte sich auf seinen langen Stab und sah hinab in das graue Tal, wo sich ein großer Grabhügel in wilder Einsamkeit erhob; das Meer und Euböas Berge begrenzten den Horizont. Ein bläulicher Rauch wirbelte von unten aus einer Hütte empor, die man nicht zur Hälfte erblicken konnte. Der Grabeshügel, welcher als eine kleine Insel zwischen dem Schilf erscheint, hat eine Berühmtheit, so groß, wie sie in der Welt existiert, und wessen ist das Grab? – Wir nennen die Ebene und der Grabhügel ist bekannt. Es ist die Ebene von Marathon.[99]

Die Ebene von Marathon

Das Dorf Kastri an der Stelle des antiken Delphi am Parnass

15. Der Freundschaftsbund.
(Novelle)

Soeben haben wir eine kleine Reise gemacht und schon verlangt uns nach einer größeren. Wohin? Nach Sparta, nach Mycene, nach Delphi! Es gibt hundert Orte, bei deren Namen das Herz von Reiselust pocht. Es geht zu Pferde die Bergpfade hinauf, durch Gestrüpp und Gesträuch; der einzelne Reisende erscheint wie eine ganze Karawane. Selbst reitet er mit seinem Agojat voraus, ein Packpferd trägt Koffer, Zelt und Proviant, ein paar Gendarmen folgen zu seinem Schutze nach. Kein Wirtshaus mit weich bereiteten Betten erwartet ihn nach der ermüdenden Tagesreise, das Zelt ist oft sein Dach in der großen, wilden Natur, der Agojat kocht einen Pilau*) zum Abendessen; tausend Mücken umschwärmen das kleine Zelt, es ist eine klägliche Nacht und morgen führt der Weg über stark angeschwollene Flüsse, sitze fest auf Deinem Pferde, dass Du nicht fortgespült wirst!

Welcher Lohn wird Dir für diese Beschwerden? Der größte, reichste! Die Natur offenbart sich hier in ihrer ganzen Größe, jeder Fleck ist historisch, Augen und Gedanken schwelgen. Der Dichter kann es besingen, der Maler in reichen Bildern darstellen, aber den Duft der Wirklichkeit, der auf ewig hineindringt und in der Seele des Beschauers bleibt, vermögen sie nicht wiederzugeben.

In vielen kleinen Skizzen habe ich versucht, eine kleine Strecke, Athen mit seiner Umgebung, anschaulich zu machen, und dennoch, wie farblos steht das gegebene Bild, wie wenig zeigt es Griechenland, diesen trauernden Schönheitsgenius, dessen Größe und Kummer der Fremde nie vergisst!

---

*) Es wird aus Hühnern, Reis und Curry bereitet.

Der einsame Hirte droben auf dem Felsen würde durch eine
einfache Erzählung einer seiner Lebensbegebenheiten vielleicht besser als ich mit meinen Bildern, demjenigen das
Auge öffnen können, der in einigen Zügen das Land der
Hellenen schauen will.

Lass ihn denn reden! sprich meine Muse; wohlan! Eine Sitte, eine hübsche, eigentümliche Sitte soll dem Hirten dort
auf dem Berge Stoff für seine Erzählung bieten, nämlich:

„Der Freundschaftsbund."

„Unser Haus war aus Lehm zusammengeklebt, aber die
Türpfosten bestanden aus gewürfelten Marmorsäulen, dort
gefunden, wo man das Haus erbaute. Das Dach reichte fast
zur Erde, jetzt war es schwarzbraun und hässlich, aber als
es gedeckt wurde, bestand es aus blühendem Oleander und
frischen Lorbeerzweigen, hinter den Bergen hergeholt. Um
unsere Wohnung war es eng, die Felsenwände strebten
schroff empor und zeigten eine kahle, schwarze Farbe; an
ihren Gipfeln hingen oft Wolken, gleich weißen, lebenden
Gestalten. Niemals hörte ich einen Singvogel, nie tanzten
die Männer hier zu den Tönen der Sackpfeife, aber der Ort
war geheiligt aus alten Zeiten, selbst der Name erinnert daran, er wird ja Delphi genannt! Die dunklen, ernsten Berge
lagen alle mit Schnee bedeckt, der höchste, der am längsten
in der roten Abendsonne schimmerte, war der Parnass, der
Bach, nahe an unserm Hause, strömte von ihm herab und
war auch einst heilig, jetzt trübt der Esel ihn mit seinen
Füßen, doch der Strom rinnt fort und wird wieder klar. Wie
ich mich jedes Flecks in seiner heiligen, tiefen Einsamkeit
entsinne! Mitten in der Hütte wurde Feuer angezündet, und

wenn die heiße Asche hoch und glühend da lag, das Brot
darin gebacken. Wenn sich der Schnee so hoch um unsere
Hütte türmte, dass sie fast verborgen war, dann schien meine Mutter am frohesten, dann hielt sie meinen Kopf zwischen ihren Händen, küsste meine Stirn und sang die Lieder,
die sie sonst niemals sang, denn die Türken, unsere Herren,
litten es nicht, und sie sang:

„Auf dem Gipfel des Olymp, in dem niedrigen Fichtenwald,
saß ein alter Hirsch, schwer waren seine Augen von Tränen;
rote, ja grüne und blassblaue Tränen weinte er, und vorüber
kam ein Rehbock: „Was ist Dir doch, dass Du so weinst,
weinst rote, grüne, ja blassblaue Tränen?" „Der Türke ist in
unsere Stadt gekommen, hat wilde Hunde zu seiner Jagd,
eine mächtige Meute!" „Ich jage sie über die Inseln!", sagte
der junge Rehbock, „ich jage sie über die Inseln ins tiefe
Meer!" – Aber ehe der Abend herabsank, war der Rehbock
erschlagen, und ehe die Nacht kam, war der Hirsch gehetzt
und tot!" –

Und wenn meine Mutter so sang, wurden ihre Augen nass,
und in den langen Augenwimpern hing eine Träne, aber sie
verbarg sie und knetete dann unser schwarzes Brot in der
Asche. Dann ballte ich meine Hand und sagte: „Wir wollen
die Türken totschlagen!" Aber sie wiederholte aus dem Lie-
de: „Ich jage sie über die Inseln ins tiefe Meer! – Aber ehe
der Abend herabsank, war der Rehbock erschlagen, und ehe
die Nacht kam, war der Hirsch gehetzt und tot!"

Mehrere Tage und Nächte waren wir einsam in unserer Hütte gewesen, da kam mein Vater; ich wusste, er würde mir
Muschelschalen von dem Golf von Lepanto[100] mitbringen,
oder gar ein Messer scharf und glänzend. Diesmal brachte
er uns ein Kind, ein kleines, nacktes Mädchen, das er unter

seinem Schafpelz hielt; es war in ein Fell gewickelt, und alles, was die Kleine besaß, als sie ohne dieses in meiner Mutter Schoß lag, waren drei Silbermünzen, befestigt in ihrem schwarzen Haar. Der Vater erzählte von den Türken, die des Kindes Eltern erschlagen hatten, er erzählte uns soviel, dass ich die ganze Nacht davon träumte. – Mein Vater war selbst verwundet, die Mutter verband seinen Arm, die Wunde war tief, der dicke Schafpelz steif von gefrornem Blut. Das kleine Mädchen sollte meine Schwester sein, sie war so schön, so glänzend klar! Meiner Mutter Augen waren nicht sanfter als die ihrigen. Anastasia, wie sie genannt wurde, sollte meine Schwester sein, denn ihr Vater war dem meinigen angetraut, angetraut nach alter Sitte, wie wir sie noch halten. Sie hatten in der Jugend Brüderschaft geschlossen und das schönste und tugendhafteste Mädchen der ganzen Gegend erwählt, ihren Freundschaftsbund zu weihen; oft hörte ich von dem hübschen, seltsamen Gebrauch.

Nun war die Kleine meine Schwester; sie saß auf meinem Schoße, ich brachte ihr Blumen und die Federn der Felsenvögel, wir tranken zusammen aus den Gewässern des Parnass und schliefen Kopf an Kopf unter dem Lorbeerdache der Hütte, während meine Mutter noch manchen Winter von den roten, den grünen und den blassblauen Tränen sang! Aber noch begriff ich nicht, dass es mein eignes Volk sei, dessen tausendfältige Sorgen sich in diesen Tränen abspiegelten.

Eines Tages kamen drei fränkische Männer, sie waren anders als wir gekleidet. Ihre Betten und Zelte hatten sie auf Pferden, und mehr als zwanzig Türken, alle mit Säbeln und Gewehren, begleiteten sie, denn sie waren Freunde des Paschas und hatten Geleitsbriefe von ihm. Sie kamen nur,

Ein Albanese (Arvanit)

um unsere Berge zu sehen, um in Schnee und Wolken den Parnass zu besteigen und die seltsamen, schwarzen, steilen Felsen um unsere Hütte zu betrachten. Sie hatten darin nicht Platz, vertrugen auch den Rauch nicht, der unter der Decke hinzog und durch die niedrige Tür drang, und schlugen daher ihre Zelte auf dem engen Platze neben unserer Hütte auf, brieten Lämmer und Vögel, schenkten süße, starke Weine ein, aber die Türken durften nicht davon trinken.

Als sie fortreisten, begleitete ich sie eine Strecke Wegs, und meine kleine Schwester Anastasia hing, in ein Ziegenfell eingenäht, auf meinem Rücken. Einer der fränkischen Herren stellte mich gegen einen Felsen und zeichnete mich und sie ab, so lebendig, wie wir dort standen, wir sahen aus wie ein Geschöpf; – nie hatte ich daran gedacht, aber Anastasia und ich waren ja wie Eins, immer lag sie in meinem Schoß oder hing auf meinem Rücken und träumte ich, dann erschien sie in meinen Träumen.

Zwei Nächte später kamen andere Leute, mit Messern und Gewehren bewaffnet, in unsere Hütte. Es waren Albaneser,[101] kühne Leute, wie meine Mutter sagte. Sie verweilten nur kurze Zeit; meine Schwester Anastasia saß auf dem Schoß des einen – als er fort war, hatte sie zwei und nicht drei Silbermünzen in ihrem Haar. Sie legten Tabak in Papierstreifen und rauchten daraus, der Älteste sprach vom Wege, den sie nehmen sollten, und war über diesen in Ungewissheit; „spucke ich in die Höhe", sagte er, „so fällt es mir ins Gesicht, spucke ich herunter, so fällt es in meinen Bart!" –

Aber ein Weg musste gewählt werden; sie gingen und mein Vater begleitete sie. Bald darauf hörten wir Schüsse – es knallte nochmals; – Soldaten drangen in unsere Hütte und nahmen meine Mutter, mich und Anastasia mit; die Räuber hätten ihren Aufenthalt bei uns gehabt, mein Vater sei ihr Führer gewesen, deshalb müssten wir fort. Ich sah die Leichen der Räuber, ich sah meines Vaters Leiche und weinte, bis ich einschlief. Als ich erwachte, waren wir im Gefängnis, aber die Stube war nicht schlechter, als die in unserer eigenen Hütte; ich erhielt Zwiebeln und harzigen Wein, den sie aus einem geteerten Sack gossen, besser hatten wir es zu Hause auch nicht.

Wie lange wir gefangen waren, weiß ich nicht; aber viele Tage und Nächte vergingen. Als wir auswanderten, war es unser heiliges Osterfest; ich trug Anastasia auf dem Rücken, denn meine Mutter war krank, nur langsam konnte sie gehen, und es war weit, ehe wir hinab an das Meer gelangten, es war der Golf von Lepanto. Wir traten in eine Kirche, die mit Bildern auf goldnem Grund strahlte; es waren Engel und so hübsch, aber mir schien doch, dass unsere kleine Anastasia ebenso hübsch sei. Mitten auf dem Boden stand ein mit Rosen angefüllter Sarg; der Herr Christus liege da als schöne Blume, sagte meine Mutter; und der Priester verkündete: „Christus ist erstanden!" Alle Leute küssten sich, jeder hielt ein brennendes Licht in der Hand, ich selbst erhielt eins, die kleine Anastasia auch eins, Sackpfeifen ertönten, Männer tanzten Hand in Hand aus der Kirche und draußen brieten die Frauen das Osterlamm. Wir wurden eingeladen, ich saß am Feuer; ein Knabe, älter als ich, umschlang meinen Hals, küsste mich und sagte: „Christus ist erstanden!" So begegneten Aphtanides und ich uns zum ersten Mal.

Meine Mutter konnte Fischernetze stricken, das gab hier an der Meeresbucht einen guten Verdienst, und wir blieben lange Zeit am Meere, – dem schönen Meere, das wie Tränen schmeckte und durch seine Farben an die Tränen des Hirsches erinnerte, denn bald war es rot, bald grün und dann wieder blau.

Aphtanides verstand ein Boot zu führen, und ich saß mit meiner kleinen Anastasia darin, es glitt auf dem Wasser wie eine Wolke durch die Luft. Wenn dann die Sonne sank, färbten sich die Berge mit tieferem Blau, eine Bergreihe erhob sich über die andere; am fernsten stand der Parnass mit seinem Schnee. In der Abendsonne schimmerte der Berggipfel, wie ein glühendes Eisen, es sah aus, als komme das Licht von innen, denn lange, nachdem die Sonne untergegangen war, schimmerte er in der blauen, glänzenden Luft; die weißen Seevögel schlugen den Wasserspiegel mit ihren Flügeln, übrigens war es hier so still als bei Delphi zwischen den schwarzen Felsen. Ich lag im Boot auf dem Rücken, Anastasia saß an meiner Brust, und die Sterne über uns schimmerten noch stärker als die Lampen in unserer Kirche. Es waren dieselben Sterne, und sie standen ganz an derselben Stelle über mir, als wenn ich in Delphi vor unserer Hütte saß. Zuletzt schien es mir, als sei ich noch dort! – Da plätscherte es im Wasser und das Boot schaukelte stark; – ich schrie laut auf, denn Anastasia war in das Wasser gefallen, aber ebenso schnell sprang Aphtanides nach und bald hob er sie zu mir empor! Wir zogen ihre Kleider aus, pressten das Wasser aus diesen und kleideten sie dann wieder an; dasselbe tat Aphtanides. Wir blieben auf dem Wasser, bis die Sachen wieder getrocknet waren, und niemand erfuhr von unserm Schreck wegen der kleinen Pflegeschwester, an deren Leben ja Aphtanides nun Teil hatte.

Der Sommer kam. Die Sonne brannte so heiß, dass das Laub der Bäume verdorrte; ich dachte an unsere kühlen Berge, an das frische Wasser in diesen; auch meine Mutter sehnte sich danach und eines Abends wanderten wir wieder zurück. Welche Ruhe, welche Stille! Wir gingen durch den hohen Thymian, der noch duftete, obgleich die Sonne seine Blätter versengt hatte. Nicht einem Hirten begegneten wir, nicht an einer Hütte kamen wir vorüber. Alles war still und einsam, nur eine Stern-schnuppe sagte: Dort oben im Himmel sei noch Leben. Ich weiß nicht, ob die klare, blaue Luft selbst leuchtete, oder ob es die Strahlen der Sterne waren; wir erkannten gut alle Umrisse der Berge. Meine Mutter zündete Feuer an, briet Zwiebeln, die sie mitgebracht, und ich und die kleine Schwester schliefen im Thymian, ohne uns vor dem hässlichen Smidraki*) zu fürchten, dem die Flamme aus dem Halse strömt, noch weniger vor dem Wolf und dem Schakal; meine Mutter saß ja neben uns, und das hielt ich für hinlänglich zu unserm Schutz.

Wir erreichten unsere alte Heimat, aber die Hütte war ein Schutthaufen, eine neue musste gebaut werden. Einige Weiber halfen meiner Mutter, und in wenigen Tagen waren Mauern aufgeführt und ein neues Dach von Oleander darüber gedeckt. Meine Mutter flocht aus Fellen und Baumrinde viele Flaschen-halfter, ich hütete die kleine Herde der Priester**); Anastasia und die kleinen Schildkröten waren meine Spielkameraden.

Eines Tages erhielten wir Besuch von dem geliebten Aphta-nides; er sehne sich zu sehr, uns zu sehen, sagte er, und blieb volle zwei Tage bei uns.

Nach einem Monat kam er wieder und erzählte, dass er mit einem Schiff nach Patras und Korfu wolle; vorher müsse er uns Lebewohl sagen; unserer Mutter brachte er einen gro-ßen Fisch mit. Er wusste viel zu erzählen, nicht allein von den Fischern unten am Golf zu Lepanto, sondern auch von Königen und Helden, die einst Griechenland beherrscht hat-ten, wie jetzt die Türken.

---

*) *Der griechische Aberglaube lässt dieses Ungeheuer aus den unaufgeschnittenen Magen geschlachteter Schafe entstehen, die auf das Feld geworfen werden.*[102]
**) *Ein Bauer, welcher lesen kann, wird oft Priester, und man nennt ihn dann „allerheiligster Herr"; die geringere Klasse küsst die Erde, die er betreten hat.*

Taufe in einem Dorf

Ich habe den Rosenstrauch eine Knospe ansetzen und diese sich in Tagen und Wochen zu einer Blume entfalten sehen; sie wurde es, ehe ich daran dachte, wie groß, schön und rot sie sei; so ging es mir auch mit Anastasia. Sie war ein schönes, erwachsenes Mädchen, ich ein kräftiger Bursche. Das Wolfsfell auf dem Bette meiner Mutter und Anastasias hatte ich selbst dem Tiere abgezogen, das von meinem Schuss gefallen. Jahre waren verronnen.

Da kam eines Abends Aphtanides, schlank wie ein Rohr, stark und braun; er küsste uns alle und wusste von dem großen Meer, von Maltas Festungswerken und Ägyptens seltsamen Gräbern zu erzählen; es klang wunderbar wie eine Legende der Priester; ich schaute mit einer Art Ehrfurcht zu ihm empor.

„Wie viel Du weißt!", sagte ich, „wie Du erzählen kannst!"

„Du hast mir doch einst das Schönste erzählt!", sagte er. „Du hast mir erzählt, was mir nie aus den Gedanken gekommen ist, von dem schönen, alten Gebrauch, dem Freundschaftsbund; dem Gebrauch, welchem zu folgen ich Lust hatte! Bruder, lass uns beide auch, wie Dein und Anastasias Vater es taten, zur Kirche gehen, das schönste und unschuldigste Mädchen ist Anastasia, die Schwester, sie soll uns weihen! Kein Volk hat doch schönere Gebräuche als wir Griechen!"

Anastasia errötete wie die junge Rose, meine Mutter küsste Aphtanides.

Eine Stunde Wegs von unserer Hütte entfernt, dort, wo auf dem Felsen lockere Erde liegt und einzelne Bäume Schatten gewähren, lag die kleine Kirche; eine silberne Lampe hing vor dem Altare.

Ich hatte meine besten Kleider angelegt, die weiße Fustanella fiel in reichen Falten über die Hüften herab, das rote Wams saß knapp, an der Quaste auf meinem Fez war Silber; in meinem Gürtel steckten Messer und Pistolen. Aphtanides hatte seine blaue Kleidung an, wie griechische Seeleute sie tragen, eine silberne Platte mit der Mutter Gottes hing auf seiner Brust, seine Schärpe war kostbar, wie nur die reichen Herren sie tragen können. Jeder sah wohl, dass wir zu einer Feier wollten. Wir gingen in die kleine einsame Kirche hinein, wo die Abendsonne durch die Türe die brennende Lampe und die bunten Bilder auf goldenem Grunde beschien. Wir knieten auf den Stufen des Altars nieder und Anastasia trat vor uns hin; ein langes, weißes Gewand hing lose und leicht um ihre schönen Formen; ihr weißer Hals und ihre Brust waren mit einer Kette alter und neuer Münzen bedeckt, sie bildeten einen ganzen Kragen. Ihr schwarzes Haar war auf dem Kopfe in einen einzigen Knoten geschlungen, welcher durch eine kleine Kopfbedeckung aus Silber- und Goldmünzen gehalten wurde, die in den alten

Tempeln gefunden worden waren. Einen schönern Schmuck hatte kein griechisches Mädchen. Ihr Gesicht leuchtete, ihre Augen waren wie zwei Sterne.

Still beteten wir alle Drei, darauf fragte sie uns: „Wollt Ihr Freunde sein im Leben und im Tode?" – „Ja!", antworteten wir. „Wollt Ihr, was auch geschehen möge, Euch daran erinnern: Mein Bruder ist von mir ein Teil; mein Geheimnis ist seines, mein Glück ist das seine; Aufopferung, Ausdauer, alles in mir gehört ihm wie mir?" Und wir wiederholten unser „ja!" Sie legte unsere Hände ineinander, küsste uns auf die Stirn und wir beteten wieder leise. Da trat der Priester aus der Tür beim Altar hervor, segnete uns alle drei und ein Gesang von den andern allerheiligsten Herren ertönte hinter der Altarwand. Der Bund ewiger Freundschaft war geschlossen. Als wir uns erhoben, sah ich meine Mutter heftig weinend an der Tür der Kirche.

Wie war es heiter in unserer kleinen Hütte und an Delphis Quellen! Den Abend vor Aphtanides' Abreise saß er mit mir gedankenvoll auf dem Abhang des Felsens, sein Arm war um meinen Leib geschlungen, der meinige um seinen Hals; wir sprachen von Griechenlands Not, von den Männern, denen es vertrauen könnte. Jeder Gedanke unserer Seelen lag klar vor uns beiden, da ergriff ich seine Hand.

„– Eines sollst du noch wissen! Eines, was bis zu dieser Stunde nur Gott und ich gewusst! Meine ganze Seele ist Liebe! Eine Liebe, stärker als die zu meiner Mutter und zu dir – – !"

„Und wen liebst du?", fragte Aphtanides, und sein Gesicht und Hals wurden rot.

„Ich liebe Anastasia!", sagte ich, – und seine Hand zitterte in meiner, er wurde blass, wie eine Leiche; ich sah es, ich begriff es, und ich glaubte, dass auch meine Hand bebte, ich neigte mich zu ihm, küsste seine Stirn und flüsterte: „Ich

In einer griechischen Kirche

habe es ihr nie gesagt, sie liebt mich vielleicht nicht! – Bruder, denke daran, ich sah sie täglich; sie ist an meiner Seite aufgewachsen, eins mit meiner Seele!" –

„Und dein soll sie sein!", sagte er, „Dein! – ich kann dich nicht belügen und will es auch nicht. Auch ich liebe sie! – Aber morgen ziehe ich fort; in einem Jahre sehen wir uns wieder, dann seid ihr verheiratet, nicht? – Ich besitze einiges Geld, es sei dein! Du musst, du sollst es nehmen!"

Still wandelten wir über die Felsen; es war spät am Abend, als wir an meiner Mutter Hütte standen.

Anastasia hielt uns die Lampe entgegen, als wir hereintraten, meine Mutter war nicht darin. Sie blickte wunderbar wehmütig auf Aphtanides. –

„Morgen gehst du von uns!", sagte sie, „wie mich das betrübt!" –

„Dich betrübt!", sagte er, und mir schien ein Schmerz darin zu liegen, groß, wie mein eigener. Ich konnte nicht reden, er aber fasste ihre Hand und sagte: „Unser Bruder dort liebt dich, er ist dir teuer? Sein Schweigen beweist gerade seine Liebe!" –

Anastasia zitterte und brach in Tränen aus; da sah ich nur sie, dachte nur ihrer, schlang meinen Arm um ihren Leib und sagte: „Ja, ich liebe Dich!" Sie drückte ihren Mund auf meinen, legte ihre Hände um meinen Hals; aber die Lampe war auf den Fußboden gefallen, es war dunkel um uns her, wie in dem Herzen des armen Aphtanides.

Vor Tagesanbruch stand er auf, küsste uns alle zum Abschied und zog fort. Meiner Mutter hatte er all sein Geld für uns gegeben. Anastasia war meine Braut und nach wenigen Tagen meine Gattin!"

16. Abreise aus Griechenland.

A m Vormittage verließ ich Athen und fuhr nach dem Piräus, obgleich das französische Dampfschiff „Eurotas", auf welchem ich einen Platz genommen, erst gegen Abend abgehen sollte. Hier war also noch Zeit zu einer kleinen Wanderung, und diese galt dem Grabe des Themistokles, welches ich schon früher einmal besucht hatte.

Vor dem Piräus erstreckt sich eine ganz kleine Halbinsel, sie begrenzt die östliche Seite des Golfs. An diesem liegt das neue Quarantänegebäude und weiter hinauf, wie schon erwähnt, ist eine Windmühle erbaut; der ganze Grund ist eine Art Travertin, und ringsumher sieht man Reste der alten Mauern. Akanthus, Zypressen, dürftiges Gras und blendende rote Blumen wuchsen hier, wo wenige Schafe grasten und ein halbtoller Hund mit wütenden Blicken und schrecklichem Geheul jeden Fremden anfuhr. Ich ging von Osten nach Westen die Halbinsel entlang.[103]

Dicht am Ufer gegen den Golf des Piräus hin steht ein ärmliches Monument aufgemauert. Es hat ganz das Aussehen eines viereckigen Schornsteins, auf welchem ein kleinerer angebracht ist, der wieder einen noch kleineren trägt. In letzterem ist eine viereckige Marmortafel von der Größe eines gewöhnlichen Papierbogens eingemauert, auf welcher man liest:

ΩΔΕΚΕΙΤΑΙ

ΟΝΑΥΑΡΧΟΣ

ΑΝΔΡΕΑΣ.ΜΙΑ

ඊλησ

1838. [104]

Das ist der Erinnerungsstein, welcher Miaulis gesetzt wurde; seine Gebeine, sagt man, wurden von der Familie heimlich von

Der Poseidon-Tempel auf Kap Sounion

hier fortgeführt. Neben dem Grabe des Helden ist ein kleineres, aber nichts deutet an, wer hier ruht; ein ganz kleines, hölzernes Kreuz ohne Farbe und Inschrift war errichtet. Auf der andern Seite der Insel, gegen den Golf von Phalerus, liegen umgestürzte Säulen aus dem gelben Gestein der Felsen gehauen, und zwischen diesen befinden sich zwei offene, ganz mit Seewasser angefüllte Gräber; eine Welle nach der andern schlägt hier herein. Diesen Fleck, dem Golf von Salamis gerade gegenüber, gibt man als das Grab des Themistokles an. Die beiden äußersten Punkte dieser kleinen Halbinsel bergen mithin die Gräber eines Helden der Vorzeit und eines der Gegenwart, Themistokles[*]) und Miaulis. Es sind Leuchttürme zweier Begebenheiten, hier den Gedanken der Fremden, die im Piräus landen, errichtet.

Die Wellen brachen sich weiß schäumend in der größeren Bucht zur Rechten, dem Golf von Phalerus, von wo aus Theseus segelte, um gegen den Minotaurus zu kämpfen; über diese Gewässer, umgeben von diesen Bergen, die mich unverändert begrüßten, ging es nach Ilium![105] – Derselbe Weg lag vor mir offen, bald sollte ich dieselben Küsten erblicken, Trojas Ebene und Idas Gebirge, die sich wie vormals mit Blumen und Laub schmücken, sich in Wolken hüllen, mit Schnee bedecken und dann durch den Schleier wehmütig auf Achilles Grabhügel schauen, das einzige Andenken des mächtigen Ilium und des weltberühmten Kampfes um ein Weib. Wie viel Neues, Großes und Unbekanntes sollte mir nicht aufgeschlossen werden! Und dennoch war ich tief betrübt, Griechenland zu verlassen, wo alles meine Seele über das Kleinliche des Alltagslebens erhob, wo jede Bitterkeit aus meiner Seele verlöscht war.

Im Piräus traf ich die meisten meiner Freunde aus Athen. Der

[*)] *Professor Ross nimmt an, dass nicht hier, sondern an der entgegengesetzten Seite des Golfs des Piräeus Themistokles beerdigt sei.*

Prediger Lüth hatte seine kleinen Kinder mit, sie streckten die Hände nach mir aus, die griechischen Diener griffen meine Hand und nickten freundlich. An Bord war Ross der letzte Däne, den ich sah, er drückte mich an sein Herz – dieser Augenblick war mir schmerzlich – „ich komme wieder nach Griechenland", sagte ich, gleichsam mich selbst tröstend; möchten es prophetische Worte gewesen sein![106]

Nun war ich allein zurückgeblieben, auf der Küste flatterten die Taschentücher der Damen; jeder Abschied war vorbei; da wurde mir noch ein Empfehlungsbrief gebracht, er war von Prokesch-Osten an den einflussreichen Baron Stürmer,[107] österreichischen Internuntius in Konstantinopel. Prokesch selbst war heute Morgen nach Theben gereist. Seine geistreiche, liebenswürdige Frau schrieb mir zum Lebewohl einige Worte und bei diesen lag eine Abschrift von ihres Gatten herrlichem Gedicht, „Gebet in der Wüste". Sonnenleitner, Attaché bei der österreichischen Gesandtschaft in Griechenland, ein junger Mann von poetischem Sinn und persönlicher Liebenswürdigkeit, war der Überbringer; er war einer von den vielen Deutschen, die sich an mich in Athen mit Liebe anschlossen; oft habe ich seiner gedacht und sende ihm hier wieder meinen Gruß.

Als er fort war, befand ich mich unter lauter Griechen, Armeniern und asiatischen Juden, die Schiffsmannschaft ausgenommen. Bei Sonnenuntergang sollten wir segeln; ich war sehr angegriffen, die See ging stark. Es war mein Wunsch, während der ganzen Fahrt bis Syra schlafen zu können, wie ich dieses früher von Syra bis nach dem Piräus getan; ich legte mich daher in meine Koje und schlief. Erst beim Klirren der Ankerketten, mit denen ich lärmen hörte, erwachte ich, in der See war durchaus keine Bewegung. Eilig warf ich den Mantel um und lief auf das Verdeck, um die Stadt auf Syra zu sehen; ich kam hinauf, sah aber – den Piräus, die Berge Hymettos und Parnas; erst in der Morgenstunde segelten wir ab, der Kapitän hatte auf königliche Depeschen gewartet, die erst jetzt eingetroffen waren. Es war vier Uhr morgens.

Die Sonne ging auf und flammte mit jeder Stunde in größerer Kraft, ein großer Regenschirm nach dem andern ward aufgespannt; die ganze Gesellschaft bildete die malerischsten Gruppen. Auf einer Lafette saß eine Griechin und stillte ihr kleines Kind; ein älteres Mädchen, ärmlich gekleidet, aber schön und besonders reinlich, lehnte sich an die Kanone. Die Männer rauchten Papierzigarren und bewunderten die Damaszenerklinge eines Arabers. Man fragte mich, ob ich ein Bayer sei, und als ich sagte, ich sei ein Däne, wurde ich wieder als ein Amerikaner begrüßt.

In dem starken Sonnenschein traten schimmernd die weißen Marmorsäulen des Tempels auf Cap Colonna hervor, die Ruinen Suniums.[108] Seevögel umflatterten die graue, öde Küste.

Zea dehnte sich vor uns aus, und bald sahen wir Syra mit seiner kahlen Felsenwand. Wir mussten um die ganze Insel, das Meer eröffnete sich; hier war ich gewesen, hier war ich nicht mehr fremd.

Das Dampfschiff, mit dem ich nach Konstantinopel wollte, war noch nicht angelangt; ich zog daher ins Hôtel de Grèce. Kaum eine Stunde später sagte mir der Wirt, es seien griechische Soldaten hier, die mich nach dem Rathause abholen sollten; die Obrigkeit wolle mit mir sprechen! – Was konnte diese wollen? Ich folgte zwei Trabanten und kam in ein dunkles, hässliches Gebäude,[109] wo eine obrigkeitliche Person mich in strengem Tone und schlechtem Italienisch fragte, ob ich einen Pass hätte? Ich zeigte diesen dem Manne; er las und las; aber der Pass, in Kopenhagen ausgefertigt, war französisch und dänisch geschrieben, und keine dieser Sprachen verstand er.

„Wir sollen einen Deutschen hier anhalten und nach Athen zurücksenden!" sagte der Mann, „ich verstehe Ihren Pass durchaus nicht, aber ich glaube, Sie sind ein Deutscher und gerade der, den wir suchen; Sie müssen daher nach Athen zurück".

Ich suchte ihm den Inhalt meines Passes zu erklären, aber er wollte mich nicht verstehen. „Nun wohl!" sagte ich und zog meinen in Athen erhaltenen Empfehlungsbrief an den griechischen Minister in Konstantinopel, Chrystides, früheren Gouverneur auf Syra, dem ich aufs Beste empfohlen worden war, hervor. [110] „Ist es Ihnen gefällig zu lesen, wer ich bin?" –

Der Mann nahm den Brief, und sogleich wurde er die Höflichkeit selbst und machte viele Entschuldigungen; man begleitete mich mit großer Artigkeit nach dem Hôtel, wo ich den Russen, der auf der Reise von Konstantinopel geplündert worden war, noch ebenso erzürnt wie früher antraf. Er verwünschte den Orient und alle Poeten, welche die Reiselust erweckten, dorthin zu gehen.

Kap Sounion, das äußerste Vorgebirge Attikas

Der Orient.

─────────────

*„Der Fremde muss in Konstantinopel vor
allen Dingen Bazare besuchen, denn das heißt mit einem
Male in die ungeheure Stadt eintreten. Man wird durch
den Anblick, die Pracht
und das Getümmel überwältigt;
es ist ein Bienenstock, in den man tritt, aber jede Biene
ist ein Perser, ein Armenier, ein Ägypter, ein Grieche.
Orient und Okzident
halten hier großen Markt. Ein solches
Gedränge, eine solche Verschiedenheit
der Trachten, solche Menge von Handelsartikeln bietet
keine andere Stadt dar."*

H. C. Andersen

17. Ein Sturm auf dem Archipelagus.

n früher Morgenstunde ruderte ich aus Syras Hafen an das französische Kriegs-Dampfschiff Rhamses, welches von Marseille kam und über das Mittelmeer eine höchst stürmische Reise gehabt hatte. Der Sturm hatte sich nicht recht gelegt, er pfiff im Tauwerk, die Wogen wälzten sich gegen die Schiffswand.

Hier erscholl ein Schreien und Rufen der Griechinnen, Juden und Jüdinnen, die bis Smyrna mitreisen wollten. Sie alle mussten, ehe sie an Bord kommen durften, ihr Billet vorzeigen, aber dieses war entweder in einem Knoten des Taschentuches verwahrt, der nicht aufgelöst werden konnte, oder einem Verwandten gegeben, der sich in einem andern Boote befand, sodass sie in einer schrecklichen Verlegenheit waren, und der Matrose, welcher an der Fallreepstreppe Wache hielt, streckte seine Hellebarde gegen jeden aus, der nicht sogleich sein Billet vorzeigte. Eine dicke Griechin brüllte besonders ganz entsetzlich.

Die armen Deckpassagiere wurden auf einen für sie abgeteilten Platz des Schiffes getrieben, eine Wache behielt sie im Auge, die Disziplin auf dem Dampfschiffe Rhamses*) schien sehr streng.

Wir segelten gerade an der Küste von Tenos hin, welche angebaut und fruchtbar aussah. Ein Dorf liegt neben dem andern; eines derselben ist von beträchtlicher Größe mit einer hübschen Kirche, ringsumher erstreckten sich

---

*) In Athen hörte ich nur zwei französische Dampfschiffe als bequem für die Passagiere loben, und das waren gerade die, auf denen ich vorher gewesen war: Leonidas und Lykurg.

Weinpflanzungen und bestellte Äcker; drei Bergreihen erheben sich über einander. Wir segelten der Felsenwand so
nahe, dass ich die Brandung im Schiffe zu spüren glaubte;
immer stärker wogte die See, es war, als ob der Sturm aus
den Bergen auf Tenos komme. Ein offnes Meer lag vor
uns mit ebenso weißem Schaum wie schwarzen Wellen!
Schon spritzte das Wasser bis in die Mitte des Schiffs,
die armen Deckpassagiere mussten bis zum Schornsteine
flüchten, immer näher rückten sie dem Steuerruder. Keiner
hinderte sie jetzt, die Matrosen hatten andere Dinge in
Acht zu nehmen; Segel wurden aufgezogen, aber ebenso
schnell sanken sie wieder, die Kommandopfeife ertönte,
es war ein Rufen, ein Lärmen, eine Seekrankheit und ein
Jammer, der beständig zunahm. Noch hielt ich mich auf
dem Verdecke, obgleich das Schiff zu wiederholten Malen,
gleich einem Schlitten auf einer Rutschbahn, die großen,
langen Wellen hinabfuhr. Die griechischen Weiber fielen
sich um den Hals und heulten, die Kinder lagen wie halbtot
auf dem Verdeck, und die Wellen schlugen über das ganze
Schiff, sodass jeder triefend nass wurde, dabei wurden wir
von Möwen umkreist; sie sahen aus, wie das beflügelte
Stundenglas des unsichtbaren Todes; jede Planke im Schiffe krachte, wir fuhren wie von den Sternen in die Tiefe und
wieder hinauf zu den Sternen.
Endlich gelangte ich in meine Koje. Alles rasselte, alles
krachte; ich hörte des Steuermanns Pfeife, das Kommando
der Offiziere, die Luken, welche geschlossen wurden, die
Stangen, welche zerbrachen, die See, die über das Schiff
schlug, sodass es anhielt, während jede Planke ächzte.
Dicht neben mir rief einer die Madonna und alle Heiligen
an; ein anderer fluchte. Ich glaubte sicher, dass wir sterben

Schwere See auf dem Archipelagus

müssten, und als ich mir dies recht deutlich vorstellte, fühlte ich mich ruhiger; mein Gedanke weilte bei allen meinen Lieben in Dänemark. „Wie viel ist für mich geschehen und wie wenig habe ich getan!" Dies war die Sorge, die mein Herz belastete. Ich dachte an meine Freunde. „Gott segne und erfreue sie!" war mein stilles Testament. „Lass mich in einer andern Welt wirken, was ich hier nicht vollführte! Alles, was man an mir schätzte, war Dein! Alles hast Du mir gegeben! – Dein Wille geschehe!", und ich schloss die Augen. Der Sturm sauste über das Meer.

Das Schiff bebte, wie ein Sperling im Wirbelwinde; aber ich schlief, schlief ein aus körperlicher Ermüdung und auf die Fürbitte eines guten Engels.

Als ich erwachte, hörte ich zwar den Wellenschlag gegen das Schiff, aber dieses glitt so ruhig dahin, wie ein schaufelnder Schwan; wir waren in Smyrnas Golf. Ich sowohl wie die griechischen Damen hatten gewiss erwartet, in einer andern Welt zu erwachen, und dies war ja auch der Fall. Ich stand auf dem Verdecke und vor mir lag eine andere Welt: Asiens Küste.

18. Smyrna.

Die See in Smyrnas ausgedehnter, tiefer Bucht sah grüngelb wie eine Quarantäneflagge aus. Asiens Ufer erinnern hier an diejenigen Siziliens, aber sie sind weit üppiger; solche Fruchtbarkeit habe ich nie zuvor gekannt; die Sonne brannte aber glühend heiß! Ich sah den Weltteil, dessen Anblick auch Moses vergönnt war, den Weltteil, wo Christus geboren wurde, wo er lehrte und litt; ich sah die Küsten, von denen Homers Gesänge über die Welt ertönten.[111] Das Land des Ostens, die Heimat der Märchen sollte ich betreten.

Wir kamen an einer Schanze vorbei; die ganze Küste zur Rechten war mit reichen Olivenhainen bedeckt. Mitten in diesen lag ein großes Dorf mit rotbraunen Häusern, blühenden Obstbäumen und einem frischen Rasen.[112] Ein natürlicher Park mit Laubbäumen und hohen Zypressen schloss sich den Olivenwäldern an. Gerade vor uns lag Smyrna.

Die meisten Häuser sind braun, die Dächer rot und spitz, wie im Norden. Fast vor jedem Hause waren Zypressen gepflanzt und diese standen hoch, wie unsere Pappeln in unzähliger Menge, so weit die Stadt sich ausdehnte; weiße schlanke Minaretts, die ersten, welche ich sah, überragten die hohen, dunkeln Zypressen. Im östlichen Teile der Stadt, gegen den Golf hinab, wo die fremden Konsuln wohnen,[113] wehten auf hohen Stangen die Flaggen aller Nationen; hinter der Stadt erhebt sich ein grüner Berg mit einem kleinen Zypressenwalde und zu oberst die Ruine eines zerstörten Forts.

Der Hafen war von Fahrzeugen angefüllt; mehrere Dampfschiffe lagen hier, auch ein türkisches, dessen rote Flagge mit

dem Halbmonde flatterte; ein Boot mit verschleierten Türkinnen ruderte dahin; diese weißen vermummten Gestalten er-
innerten mich an die römischen Leichenprozessionen.

Wir gingen vor Anker; ich ließ mich ans Land setzen.

Mir war es also beschieden, Asiens Küste zu betreten!
Meine Seele war von großen Erinnerungen erfüllt, und das
Erste, was meinem Auge begegnete, war ein französischer
Theaterzettel. Hier war nämlich eine französische Truppe;
man spielte heute Abend: „La reine de seize ans" und „Les
premières amours". Die Königin Christine von Schweden
liebte es sehr umherzuschwärmen; aber das hätte sie sich
wohl nicht träumen lassen, dass sie sich auf einem Theater
in Asien vor Türken und Griechen zeigen sollte.[114]

Ich ging in die nächste Straße, ein Gässchen würde man es
bei uns nennen; eine Menge schmaler und dunkler Straßen
liefen von ihm aus; der Nachbar gegenüber konnte bequem
von seinem Fenster aus der Dose des andern eine Prise nehmen. Die Häuser von Fachwerk oder bloß aus Brettern gebaut, sind nicht sehr hoch. In der Hauptstraße, wo ich ging,
waren die meisten Erdgeschosse offene Boutiquen aller Art.
Die Straße führte in Krümmungen durch die ganze Stadt
und endigte in dem höher gelegenen Teile am Bazar.[115]

Man sagt, um der Pest zu entgehen, müsse man sich hüten,
mit jemandem in Berührung zu kommen, aber das ist eine
Unmöglichkeit, wenn man durch die Hauptstraße Smyrnas
will; diese ist zu eng und das Gedränge zu groß. Ich begegnete ganzen Scharen von Weibern, in lange Mousselinschleier
gehüllt, sodass nur die Nasenspitze und die dunkeln Augen
zu sehen waren; dort kamen Armenier in langen blauen und
schwarzen Talaren, mit großen schwarzen Hüten von der
Form eines umgestülpten Topfes mit rundem Boden auf dem

Smyrna (Izmir) Mitte des 19. Jahrhunderts

völlig kahlgeschornen Kopfe, geputzte Griechen, schmutzi-
ge Juden, gravitätische Türken, die ihre Tabakspfeifen von
einem Burschen vor sich her tragen ließen. Hoch auf dem
Höcker eines Kamels war eine Art Kalesche mit bunten Gardinen aufgehängt und hinter diesen guckte ein verschleierter
weiblicher Kopf hervor. Ein barfüßiger Beduine, den Kopf
in seinem weißen Burnus fast verborgen, ging mit raschen
Schritten, wie der vermummte Löwe der Wüste durch das
Gedränge. Ich begegnete einem halb nackten schwarzen
Knaben, der mit einem Stocke zwei große Strauße vor sich
her trieb; sie sahen aus, wie abgenutzte Koffer auf Stelzen,
denen ein blutiger Schwanenhals angeheftet ist; es waren
zwei hässliche Tiere, aber sie machten Effekt in dem Gemälde. Einzelnen Boutiquen entströmte ein Duft von Moschus
und Myrrhen: andere prangten mit Früchten, Pomonens Füll-
horn kann nicht reicher sein![116] Die Kleidungsstücke aus drei
Weltteilen gewährten den buntesten Anblick. Alle Mund-
arten brauseten hier durcheinander: Arabisch, Türkisch, Griechisch, Italienisch, ja, wollte man sie sämtlich aufzählen, es
würde ein ganzes Register werden.

Mitten im Gedränge deutete mein Begleiter auf einen fränkisch
gekleideten Herrn; „dort ist der dänische Konsul, Herr Jongh!",
sagte er. Ich stellte mich ihm sogleich als Däne vor, und bald
wanderten wir Arm in Arm durch die lange Straße. Durch Zufall
hatte ich mithin sogleich denjenigen in Smyrna getroffen, an den
ich als Däne mich am Besten halten konnte. Herr Jongh musste
indessen noch in derselben Stunde mit einem türkischen Dampfschiffe, dessen Schnelligkeit er lobte, nach Konstantinopel reisen; in Pera wollten wir uns wieder treffen.[117]

In einem entlegenen Teile der Stadt, von wo der Landweg
ins Innere des Landes zu führen schien, war ein türkischer

Khan. Vor diesem lagen große Polster und Binsenmatten, auf welchen sich eine Menge Türken in bunten Kaftanen und Turbanen ausstreckten, ihre Pfeife rauchend. Große Wagen, Stuhlwagen gleichend, wurden von weißen Ochsen gezogen, die mit Metallplatten, roten Schnüren und Quasten behängt waren. Ein Wagen war ganz mit verschleierten Weibern angefüllt, die dicht aneinander gedrängt auf dem Boden des Wagens saßen, den ein dicker, alter Türke fuhr. Sie waren gewiss schön! Ja, hinter manchem Gitter in jeder Straße saß gewiss eine kleine Versammlung von Houris,[118] aber sie waren, wie der türkische Dichter singt: „verborgen, wie die Rubinen im Juwelenschrein, wie das Rosenöl in der Flasche, wie der Papagei im Bauer!" Selbst die Negerin verbarg, dass „die Nacht sich über ihren Körper ergossen", und dass „das Haar eine Finsternis sei, ruhend auf einer Finsternis!"

Eine Karawanenbrücke bei Smyrna

19. Eine Rose vom Grabe Homers.

n allen Gesängen des Orients ertönt die Liebe der Nachtigall zur Rose; in den schweigenden, sternenhellen Nächten bringt der geflügelte Sänger seiner duftenden Blume eine Serenade.

Nicht weit von Smyrna unter den hohen Platanen, wo der Kaufmann seine beladenen Kamele treibt, die stolz ihren langen Hals erheben und plump auf einen Boden treten, der heilig ist, sah ich eine blühende Rosenhecke; wilde Tauben flogen zwischen den Zweigen der hohen Bäume und ihre Flügel schimmerten, indem ein Sonnenstrahl über sie hinglitt, als wären sie von Perlmutter.

In der Rosenhecke war eine Blume unter allen die schönste, und dieser sang die Nachtigall ihren Liebesschmerz, aber die Rose schwieg, kein Tautropfen lag, wie eine Träne des Mitleids, auf ihren Blättern, sie beugte sich mit dem Zweige hinab über einige große Steine.

„Hier ruht der Erde größter Sänger!", sagte die Rose, „aber seinem Grabe will ich duften, auf dieses meine Blätter streuen, wenn der Sturm sie abreißt! Iliums Sänger wurde Erde in dieser Erde, der ich entsprieße! – Ich, eine Rose vom Grabe Homers, bin zu heilig, um für eine arme Nachtigall zu blühen!"

Und die Nachtigall sang sich tot!

Der Kameltreiber kam mit seinen beladenen Kamelen und schwarzen Sklaven; sein kleiner Knabe fand den toten Vogel und beerdigte den kleinen Sänger in dem Grabe des großen Homer; und die Rose bebte im Winde. Der Abend kam, dichter zusammen faltete die Rose ihre Blätter und träumte: – „Es war ein schöner, sonnenheller Tag; eine Schar fränkischer Männer nahte, sie hatten eine Pilgerreise nach Homers Grabe gemacht. Unter den Fremden war ein Sänger aus Norden, ans der Heimat der Nebel und des Nordlichts; er brach die Rose ab, presste sie fest in ein Buch und führte sie so mit sich in einen andern Weltteil, in sein fernes Vaterland. Die Rose welkte aus Kummer und lag in dem engen Buch, das er in seiner Heimat öffnete und sagte: ‚Hier ist eine Rose von Homers Grabe!'"

Das träumte die Blume, und sie erwachte und zitterte im Winde; ein Tautropfen fiel von ihren Blättern auf das Grab des Sängers. Die Sonne ging auf und schöner als zuvor glühte die Rose; der Tag wurde heiß, sie war in ihrem warmen Asien. Da wurden Fußtritte hörbar, fremde Franken kamen, wie die Rose sie im Traum gesehen, und unter den Fremden war ein Dichter aus dem Norden, er brach die Rose ab, drückte einen Kuss auf ihren frischen Mund und führte sie mit sich zur Heimat der Nebel und des Nordlichts.

Als eine Mumie ruht nun die Blumenleiche in seiner Iliade, und wie im Traum hört sie ihn das Buch öffnen und sprechen! „Hier ist eine Rose von Homers Grabe!"[119]

20. Ein kleiner Vogel
hat davon gesungen.

Wir segelten wieder aus Smyrnas Hafen, an dem duftenden, grünen Wald, den ewigen Erinnerungen vorbei. Neue Passagiere waren an Bord gekommen. Wer ist der arme Grieche, der hinter uns auf den rostigen, eisernen Ketten des Ankers sitzt? Er ist jung und hübsch, aber sehr ärmlich gekleidet. Er kommt nicht von fern her, seine schlechte Lehmhütte steht, wo einst der berühmteste Tempel prangte, der Tempel, welcher von Gold und Elfenbein strahlte; er ist ein Hirte von Ephesus.[120] Kennt er die großen Erinnerungen, die sich an seine Heimat knüpfen, an den Fleck, wo er zwischen Steinen sein schwarzes Brot in der heißen Asche bäckt? Sein Vater hat ihm ein Märchen erzählt, die Marmortrümmer im Grase haben dessen Wahrheit bezeugt und ein kleiner Vogel hat davon gesungen.

Unter dem Berge zwischen grünen Hügeln liegt Neu-Phocäa; begrüßt doch unser Schiff, ihr grünen Zweige, es kommt von Frankreich, von Marseille, der Stadt, die von Phocäas Kindern gegründet wurde. Ihr seid zu jung, ihr grünen Zweige, dergleichen zu wissen, dennoch wisst ihr es! Ein kleiner Vogel hat davon gesungen.[121]

Du stürmisches Meer, warum wogst du so? Der Himmel ist wolkenfrei, die Sonne geht rot und groß unter. Asiens dreifache Bergreihe atmet Größe und Ruhe! Ruhe auch Du, stürmisches Meer, und träume von alten Erinnerungen! Der Neumond am Himmel scheint ein dünnes Boot von Gold zu sein, das eine Glaskugel trägt, er hängt an einem unsichtbaren Bande an dem funkelnden Abendstern, dessen Strahlen hinabdeuten auf Mitylene.[122] Welcher Abend! Doch schon im Norden dachte ich an einen solchen. Ein kleiner Vogel hat davon gesungen!

Es ist Nacht, die Wellen schlagen gegen das Schiff, das ungestört seine Fahrt fortsetzt; nun sind wir im Schutz, aber wo? Wer kann schlafen unter den berühmten Küsten der Erinnerung! Wir stehen auf dem Verdeck, die Sterne der Nacht beleuchten Tenedos[123] und Asiens Küste! Hoch auf dieser hebt sich, als wäre es ein Spielzeug, eine Reihe von Windmühlen, die Flügel drehen sich, eine Ebene eröffnet sich uns vom Meere bis zu den Bergen. Der Steuermann deutet auf einen dunklen Punkt, einen Riesenhügel auf der Ebene und spricht: „Achilles."[124] Du ausgedehnte, einsame Heide mit ärmlichen Hütten und einem strauchbewachsenen Grabe, kennst du deine Berühmtheit? Nein, du bist zu alt! Deine großen Erinnerungen hast du vergessen: Hektor und Achilles, Ulysses und Agamemnon! Die Ida-Ebene, die Troja trug! Du kennst Dich selbst nicht mehr; der Fremde fragt dich nach deinen Erinnerungen und du antwortest: „Ich glaube es!" Die Sterne wissen, wo Ilium[125] stand, wo Athene den Helden beschützte! Ich erinnere mich dessen nicht, aber ich habe es gehört. – Ein kleiner Vogel hat davon gesungen!

21. Die Dardanellen
und das Marmormeer.

In der Morgenstunde segelten wir in die Dardanellen, den Hellespont der Alten. Auf europäischer Seite lag eine Stadt, die nur einen Gott geweihten Tempel, aber desto mehr Tempel für den Magen zu haben schien, denn es standen hier nur ein Minarett, aber fünf Windmühlen; gegen die Stadt hinauf lag eine stattliche Festung, eine ähnliche auf asiatischer Seite; der Abstand zwischen beiden schien nur zwischen einer halben und ganzen Seemeile zu betragen. Beide Küsten zeigten abschüssige Ufer mit Kiessand und flachen, grünen Feldern. Auf europäischer Seite lagen in einigem Abstand voneinander jämmerliche, steinerne Hütten, wo Fenster und Türen nur Löcher in der Mauer waren; hie und da wuchs ein Pinienstrauch, und auf dem einsamen Pfade längs dem Strande wanderten einige Türken. Auf asiatischer Seite sah es freundlicher und sommerlicher aus; hier erstreckten sich grüne Felder mit laubreichen Bäumen.

Vor uns lag in Asien Abydos, in Europa Sestos,[126] zwischen welchen Leander über den reißenden Strom schwamm, der ihn von Hero trennte. Im Sturm verlosch die brennende Lampe, welche die Liebe hielt, im Sturme wurde ein brennendes Herz kalt, wie Eis. [127] Byron machte als Kunststück dieselbe Schwimmfahrt*).

Der Abstand zwischen den Ufern der beiden Weltteile kommt mir hier nicht groß vor, ich unterschied wenigstens mit bloßen Augen jeden einzelnen Strauch und jeden Menschen, aber die Durchsichtigkeit der Luft trug viel dazu bei; beide

---

*) *Der Abstand zwischen den Dardanellenschlössern wird auf 750 Klafter angegeben.*[128]

kleine Städte haben braune Dächer, hohe schlanke Minaretts und vor jedem Hause einen grünen, blühenden Garten.

Der Strom war unserem Dampfschiffe entgegen, aber mit ungefähr 200 Pferdekraft kommt man schon in der Welt durch. Wir steuerten hinüber gegen Asiens Küste, zu der großen Stadt der Dardanellen, auf deren Festung eine Kanone dicht neben der andern lag, ohne uns zu begrüßen.[129] Europäisch gekleidete Soldaten, doch mit dem roten, hohen Fez, guckten durch die Schießscharten. Um unser Dampfschiff kreuzten Boote mit Türken und Türkinnen. Alle Schiffe ringsum führten die Flagge mit dem Halbmonde, selbst das an uns vorbeifahrende Dampfschiff war türkisch. Das Verdeck desselben war von Muselmännern und ihren verschleierten Weibern angefüllt, das Großsegel aufgezogen. Wind und Strom waren ihnen günstig, der Rauch wirbelte dick und schwarz aus dem Schornstein, und das Schiff mit seinen bunten Passagieren schoss in eilender Fahrt zwischen den grünen Küsten dahin. Ein Teil unserer Gesellschaft verließ uns hier, aber neue Gäste kamen statt ihrer, über hundert, lauter Türken mit dem Fez oder Turban, bewaffnet mit Pistolen und Gewehren. Ein Offizier, vielleicht einige zwanzig Jahr alt, hatte sein ganzes Serail mit; die Frauen und ihre Bedienung nahmen, als sie ankamen, ein ganzes Boot ein. Ich stellte mich an die Treppe, wo sie zu uns heraufstiegen; drei Frauen, drei schwarze Sklavinnen, zwei Kinder und ein Aufwärter machten die ganze Familie aus. Die Frauen zogen sogleich den Schleier vor das Gesicht, selbst die schwarzen Sklavinnen verbargen ihre nächtlichdunkle Schönheit. Ihr Aufwärter, wie der Herr selbst in militärischem Rock gekleidet, den Fez auf dem Kopfe und Pantoffeln über den Stiefeln, breitete am Bord bunte Polster ans; auf diese lagerten sich die Frauenzimmer mit dem Rücken gegen uns und das Gesicht gegen das Geländer gerichtet. Alle trugen gelbe Saffianstiefel und über diese rote Pantoffel, weite, seidene Beinkleider, einen kurzen, farbigen Rock, eine kegelförmige Haube mit schwarzer Verbrämung und einen großen, weißen Mousselinschleier, der Brust, Hals, Kinn und Mund bedeckte und über den Kopf bis zu den Augenbrauen herabhing. Nase und Augen waren solchergestalt frei; die langen dunklen Augenwimpern hoben den Glanz der schwarzen Augen, das Weiße derselben war bläulich. Der Mousselin schmiegte sich so fest an und war so durchsichtig, dass man die Gesichtsformen deutlich erkannte; nur wenn sie alt und hässlich werden, wie ich später in Konstantinopel erfuhr, ist der Schleier von dichterem Stoff; man sieht Form, Farbe, die roten Lippen und glänzend weiße Zähne, wenn sie lachen; die jüngste der Frauen war sehr hübsch. Ehe wir absegelten, mussten alle Türken, die wir am Bord hatten, ihre Pistolen und Gewehre abschießen: es knallte lustig und das Echo von Abydos und Sestos gab jeden Knall zurück. Alle Waffen wurden auf einen Haufen in die Mitte des Schiffes gelegt, welches in wenigen Minuten vom Bugspriet bis zum Steuerruder, über das ganze Verdeck mit bunten Polstern und Teppichen belegt war, auf welchen sich die vielen asiatischen Gäste lagerten. Einige rauchten Tabak, andere tranken Kaffee und wieder andere öffneten den Schaft ihres Dolches, in welchem Tintenfass und Schreibfeder waren; sie setzten nun lange, türkische Notizen auf, aber ob diese in Versen oder Prosa waren, werde ich nicht verraten.

Dicht am Schornstein lagen noch vier Säcke mit Kohlen; auf einem von diesen saß ein junger, lustiger Türke, in einem dunkelblauen, pelzverbrämten Überwurf und mit einem prächtigen Shawlturban. Er improvisierte Verse und erzählte Geschichten, umlagert von einer ganzen Schar, welche lachte und ihm Beifall zurief. Hier war eine Lustigkeit, ganz verschieden von der Vorstellung, die ich mir von den gravitätischen Türken gemacht. – Der Kapitän und einige Franken standen auf dem Räderkasten und beschauten die Küste. Ein Kirchhof mit weißen Monumenten lag auf europäischer Seite, man konnte glauben, es sei eine große Bleiche. Auf asiatischer Seite war lieblicher Lenz. Ich setzte mich zu den Türken, die dem Improvisator lauschten, und diese zeigten mir, wie viel bequemer ihre Kleidung, als die meinige sei, um sich nieder zu legen; die Beinkleider umschlossen die Knöchel fest, aber gegen das Knie hinauf waren sie sehr weit, ebenso bequem saßen ihre Wämser. Ich schenkte dem jungen, erzählenden Türken einige Früchte, er dankte mit einem frohen, freundlichen Gesicht; seine Augenwimpern waren dunkel und lang, aber die Augen hellblau; es lag ein gutmütiger und doch schelmischer Ausdruck darin. Er ergriff sein Schreibzeug, riss aus einer Brieftasche ein Stück Papier und schrieb, indem er mir oft zunickte und lächelte; er überreichte mir darauf das Blatt mit einem türkischen Vers. Ich zeigte diesen einem Franken, der Türkisch verstand, und er übersetzte ihn mir. Dort stand „der Name des jungen Türken; er reiste nach der Walachei, um prächtige Pferde zu kaufen, aber vorher wollte er Stambul sehen! Er machte die Reise mit dem ausgezeichneten Dampfschiff Rhamses und auf diesem hatte er mich getroffen, der so weit her kam, als dreimal nach Mekka".

Ich dankte ihm für den Vers und er bat mich, ihm einige Worte in meiner Sprache zu schreiben. Ich schrieb ihm einen kleinen dänischen Vers und dieser wurde von ihm und seinen Kameraden nach allen Seiten gedreht, so wie ich sein türkisches Gedicht nach oben und unten wendete.

Später stellte ich mich an den Schiffsrand, wo die türkischen Weiber saßen, ich wollte die Küste sehen, aber ich sah auch die Frauenzimmer; sie aßen und hatten deshalb den Schleier vom Munde entfernt; sie betrachteten auch mich. Die Jüngste und Hübscheste schien ein heiteres Gemüt zu besitzen, sie machte sicher über mich ihre Bemerkungen und flüsterte diese einer älteren zu, die mit größtem Ernst beobachtete und nur mit einem Kopfnicken antwortete. Während dieses gegenseitigen Betrachtens kam ein junger Türke und ließ sich mit mir in ein Gespräch auf Französisch ein; im Verlauf desselben sagte er in halbscherzendem Tone, dass es gegen die Sitte des Landes sei, die Damen ohne Schleier zu sehen; schien es mir doch auch, dass der Ehemann mich mit ernsten Blicken betrachtete! Seine älteste, kleine Tochter bediente ihn mit Pfeife und Kaffee, die kleinere lief zwischen ihm und den Frauen hin und her. Will man sich bei den Eltern in Gunst setzen, muss man sich mit ihren Kindern abgeben, das ist eine Klugheitsregel. Ich wollte das kleinste der Mädchen ergreifen, ihr Obst geben und mit ihr scherzen, aber sie war wie ein wildes Reh, flog sogleich zu einem der schwarzen Mädchen, klammerte sich an dieses und verbarg sich bis an das Gesicht unter dem langen Schleier; dort lachte das kleine, muntere Kind und streckte den Mund wie zu einem Kusse hervor, schrie dann laut und stürzte darauf zum Vater. Die ältere Schwester, ungefähr sechs Jahre alt und besonders hübsch, war zahmer, eine niedliche, kleine, unverschleierte Türkin, mit roten Saffianpantoffeln über ihre gelben Stiefeln, hellblauen, seidenen Beinkleidern, die in weiten Falten die Beine umschlossen, einer rotgeblümten kurzen Tunica und einem schwarzen Sammetkleide darüber, welches bis unter die Hüften herabreichte; ihr Haar hing in zwei langen Flechten über die Schultern, Goldmünzen glänzten darin, und auf dem Kopfe saß eine kleine Haube von Goldstoff. Sie forderte ihre kleine Schwester auf, die Früchte anzunehmen, welche ich ihr bot, aber diese wollte nicht; ich ließ den Diener Eingemachtes bringen und bald waren das ältere Mädchen und ich die besten Freunde. Sie zeigte mir ihr Spielzeug, ein tönernes Trinkgefäß, das wie ein Pferd geformt war, hinter jedem Ohr saß ein kleiner Vogel; hätte ich Türkisch sprechen können, so würde ich sogleich ein Märchen darüber gedichtet und es ihr erzählt haben. Ich setzte sie auf meinen Schoß, sie legte ihre kleinen Hände an meine Wangen und sah mir vertraulich und zärtlich in die Augen, dass ich zu ihr sprechen musste. Ich sprach Dänisch, und sie lachte, dass ihr das Herz im Leibe hüpfte, nie hatte sie eine so sonderbare Sprache gehört, sie glaubte gewiss, es sei türkisches Kauderwelsch, welches ich ihretwegen zusammensetze. Ihre feinen, kleinen Nägel waren, wie die der andern Frauen, ganz schwarz bemalt, ein schwarzer Strich ging mitten durch das Innere der Hand. – Ich deutete auf diesen und sie nahm eine ihrer langen Haarflechten, legte sie in meine Hand, um in dieser einen ähnlichen Strich zu bilden, und winkte darauf der jüngern Schwester, welche mitsprach, aber immer in gehöriger Entfernung. Der Vater rief und indem er mich mit dem freundlichsten Gesicht mit seinem Fez auf fränkische Weise grüßte, sagte er der Kleinen einige Worte ins Ohr; sie nickte klug, nahm eine Tasse Kaffee aus der Hand des Dieners und brachte mir diese. Eine große türkische Pfeife wurde mir präsentiert, aber da ich keinen Tabak rauche, nahm ich nur den Kaffee und legte mich auf das Polster neben den freundlichen Mann, dessen kleiner Tochter Herz ich schon gewonnen hatte. Das hübsche Kind hieß Zuleika, und ich kann mit Wahrheit sagen, dass, indem ich von den Dardanellen ins Marmormeer segelte, ich einen Kuss von der Tochter Asiens erhielt.

Zur Linken lag die Stadt Gallipoli;[130] sie hatte ein sonderbar düsteres Aussehen, ganz den Charakter einer Stadt des nördlichen Schwedens, wenn ich die weißen, hohen Minaretts ausnehme. Alle Häuser – vor jedem derselben war ein kleiner Garten – hatten spitze, rote Dächer, ganz wie im Norden und alle sahen finster und altmodisch aus, mit rotbemalten, hölzernen Altanen und Erkern; die ganze Stadt hatte etwas Düsteres und Verfallenes. Mehrere Gebäude hingen über die See hinaus, wo starke Wellen wogten. Es wehte schneidend kalt, nirgends auf der ganzen Reise im Süden brachte das Meer einen so eisigen Wind als hier, ich glaubte den Marmor zu fühlen. Auf asiatischer und europäischer Seite war ein Leuchtturm erbaut; niedrige, aber wilde und nackte Felsen erstreckten sich gegen Gallipoli, darauf kamen flache grüne Felder; auf Asiens Küste erhoben sich mehrere Reihen Berge hinter einander. Strom und Wind waren uns entgegen, das Marmormeer sah dunkel und schäumend aus, die Wellen schlugen gegen den Vorderteil des Schiffes und bespritzten die Türken, die dort Platz genommen hatten. Einer von diesen wurde von einer mächtigen Welle überschüttet, er schüttelte nun seinen roten Mantel ab und nahm seine drei Kopfbedeckungen ab, von denen die äußerste mit Wasser angefüllt war. Allen Türken wird bekanntlich ihr Haar abgeschoren, bis auf einen langen Zopf, an welchem der Engel des Lebens sie am Jüngsten Gericht aus dem Grabe herausziehen wird. Dieser trug zuerst eine weiße Nachtmütze, darüber wieder einen kleinen, roten Fez und wieder über diesem einen größeren mit seidener Quaste.

Ich fühlte mich seestark, aber der Wind war unerträglich kalt, wie im Norden. Bald erblickten wir die Küstenländer nicht mehr, weder von Europa noch von Asien; rasch steuerten wir gerade auf die Marmorinsel[131] zu, die sich malerisch und großartig inmitten dieses unruhigen Meeres erhebt. Nach dem Mittagessen waren wir unter ihren Küsten; hier war der Seegang geringer; die Sonne, im Untergehen begriffen, beleuchtete die schöne Insel mit ihren grünen Bäumen und schimmernd weißen Marmorfelsen. Ich dachte an „Tausend und eine Nacht", und obgleich es kalt war, fühlte ich mich hier nach den Orten jener wunderbaren Märchen versetzt; ich glaube, es würde mich nicht sehr gewundert haben, wenn das kleine Pferd aus Ton mit den Vögeln hinter den Ohren Leben bekommen und sich in ein großes Pferd verwandelt hätte, das mich und die kleine Zuleika hätte tragen können und mit uns zur Marmorinsel hinübergeflogen wäre, wo sie, wenn wir die Erde zwischen den Myrten berührten, eine erwachsene Jungfrau geworden wäre, lieblich, wie sie es als Kind war, und glühend wie die Sonne, die ihre Strahlen in ihre schwarzen Augen gelegt hatte; aber das Tonpferd wurde nicht belebt und es geschah kein Flug. Die See wogte immer stärker; ich musste mich in meine Koje legen, obgleich es erst halb acht Uhr abends war. Das kalte Marmormeer presste das Schiff, dass es in seinen Rippen krachte, es war, als ob die Planken auseinander gehen sollten. Die Zeit schlich mit Schneckengang; jedes Mal wenn ich auf die Uhr blickte, war der Zeiger kaum eine halbe Stunde fortgerückt; o das wird eine lange Nacht werden! – Und da schlief ich, während das Schiff über den Schaum des mare di marmora – hintanzte!

22. Ankunft in Konstantinopel
und Pera.

ährend der ganzen Nacht war ein stürmisches Regenwetter gewesen; in der Morgenstunde kämpfte der Sonnenschein gegen Wolken und Nebel, hinter uns wälzte das Marmormeer seine dunkelgrünen, schäumenden Wogen, aber vor uns sahen wir, gleich einem von der Phantasie erbauten Venedig, das ungeheure Konstantinopel, das Stambul der Türken. Schwarze Zypressen und lichtgrüne Laubbäume schauen arabeskenartig zwischen diesem Steinmeere dunkelroter Gebäude hervor, wo die Kuppeln der Moscheen mit goldnen Kugeln und Halbmonden wie Noah-Archen ruhen und die hohen, säulenähnlichen Minaretts mit ihren spitzen Türmen hundertweise gegen die grau bewölkte Luft emporstreben.

Der Bosporus war nicht zu sehen, Asiens gebirgige Küste verschmolz mit der Europas. Das Sonnenlicht fiel wie ein strahlendes Sturzbad auf eine Partie des großen Zypressenhains, den asiatischen Kirchhof der Türken, von welchem man sagt, seine Oberfläche sei so groß, dass er Konstantinopel mit Getreide versehen könnte, und seiner Leichensteine seien so viele, dass mit diesen neue Mauern um die Stadt aufgeführt werden könnten*).

Wir segelten gerade unter den alten Mauern hin, die gänzlich mit dem ersten Gebäude verschmolzen, welches wir hier erblickten: der Festung „die sieben Turme", turkisch Iedi Kulelev genannt.[132] Manches Erdbeben hat dieses Gebäude erschüttert, aber keines es überwältigt. Ein Laubwerk von Epheu und wilden Pflanzen hing um die Mauer

---

*) *Das Vorgebirge hier bei Skutari ist der Ort, wo nach der Mythe Io landete, als sie, in eine Kuh verwandelt, vor Juno floh.*[133]

herab. Trübe und düster lag diese bewohnte Ruine, das Schafott der Kriegsgefangenen, in deren Hofe der Blutbrunnen die Häupter der hier hingerichteten Staatsverbrecher verschlingt.

Von den sieben Türmen, an dem Garten des Serails vorbei, welches die Spitze des goldnen Hornes*) bildet, erstreckt sich längs dem Meere unter den Mauern der Stadt ein Weg; kleine Häuser und hängende Gärten befinden sich neben diesem, türkische Knaben liefen oben schreiend und spielend umher.

Unterhalb des Gartens des Serails wurde der Weg schmaler, aber die Mauer höher und ganz weiß, mit schwebenden, kleinen Häusern, deren vergitterte Fenster von Gold und Silber glänzten; der ganze Garten und die Mauern lagen feenhaft, ja träumend da. Das alte Serail ist ein dunkelrotes, recht ansehnliches Gebäude, aber etwas plump gegen die übrige Umgebung **); das neue Serail sieht freundlich und einladend aus, ringsum prangen prächtige Kioske, wo kostbare Marmorsäulen die zierlichen, vorspringenden Dächer tragen.

Wir fuhren um das goldne Horn herum, am Leanderturme ***) vorbei und lagen nun im Hafen, der sich tief hinein bis zu den süßen Wassern +) erstreckt. Zur Linken begrüßte uns

---

*) *Konstantinopel ist völlig in der Form eines Füllhorns erbaut und hat daher den Namen: „das goldne Horn".*[134]

**) *Auf dem Platze, wo Byzas die dem Neptun und der Aphrodite geweihten Tempel aufführte, ließ Konstantin der Mutter Gottes und der heiligen Barbara Kirchen erbauen. Wo jene Tempel und Kirchen standen, ist jetzt das Serail; eine den Christen heilige Quelle sprudelt aus dem Garten durch die Mauer.*[135]

***) *Die Türken nennen ihn den „Mädchenturm" und verbinden damit die Geschichte einer griechischen Prinzessin, die von ihrem Vater hier gefangen gehalten, aber von dem arabischen Helden Heschan befreit wurde. Heutzutage wird er als Leuchtturm benutzt.*[136]

+) *So nennen die Franken das reizende Tal, welches die nördliche Seite des Hafens begrenzt und für die Bewohner Konstantinopels und der Vorstädte ein Vergnügungsort ist.*[137]

Die Festung Yedikule an den Landmauern von Konstantinopel

Konstantinopel, zur Rechten Galata und das höher gelegene Pera, dessen runder Turm hoch in die Luft ragt, wo die
Wolken ziehen.[138] Große Fahrzeuge bildeten einen Masten-
wald in dem breiten Golf. Ein Gewimmel von Booten, die
meisten lang und schmal, wie die Kanus der Wilden, flog
pfeilschnell vorüber. Ruderknechte und Passagiere lagen am
Boden. Es war ein Schreien, Rufen, Sausen und Summen,
gegen welches der Lärm in Neapels Hafen mir fast wie eine
Leichenfeier vorkam. Alte gelbbraune Türken, mit großen,
bunten Turbanen und nackten Armen, schrien einander in den
Mund, schwangen die Ruder und luden uns ein, in ihr Boot zu
steigen. Ich ließ mein Gepäck hineinwerfen, stieg selbst nach,
und nun ging es mit kräftigen Ruderschlägen nach der Küste,
die mit Booten und kleinen Fahrzeugen besetzt war; über diese ging der Weg ans Land. Wir standen auf der Schiffbrücke.
Ich bot dem Ruderer eine Silbermünze, deren Wert ich selbst
noch nicht recht kannte; er schüttelte den Kopf, zog aus seiner
Tasche eine ganz kleine Münze hervor und zeigte mir diese,
indem er versicherte, dass ihm keine höhere Bezahlung zu-
komme. So ehrlich sind die Türken; während meines hiesigen
Aufenthalts erhielt ich täglich Beweise davon. Die Türken
sind das gutmütigste, ehrlichste Volk auf der Welt.
Ein rotbrauner, muskelkräftiger Araber erbot sich, meine
Sachen zu tragen, schnell schlang er eine Schnur um den
Koffer, den Nachtsack und das Hutfutteral, warf die Last
auf seine Schultern und wanderte fort, indem er beständig
nickte, wenn ich das Hôtel nannte, wo ich wohnen wollte.
Wir kamen in gekrümmte Straßen, wo jedes Haus eine
Boutique mit Gemüse, Brot, Fleisch oder Kleidern war;
uns begegneten Leute von den Nationen aller Weltteile.
Der Weg führte durch Galatas enges Tor nach Pera. Keiner

fragte nach einem Passe*). Die Straße führte steil bergauf, war ebenso schmal und hatte ebenso schlechtes Pflaster, als die in Galata. Wir kamen an einer Wache vorbei, einige junge gelbbraune Burschen in engen blauen Beinkleidern und Wämsern, mit weißem Bandelier und rotem Fez, lagen fast auf dem Bauche längs der Straße und sprachen ihr Gebet; ein Stundenglas stand an ihrer Seite.

Unter Peras Turme, in den Gräben, lagen enthäutete, blutige Pferde; wir kamen an türkischen Kaffeehäusern vorbei, das Springwasser plätscherte in der offenen Stube. Das Kloster der drehenden Derwische,[139] mit goldnen Inschriften aus dem Koran in der Mauer über dem Tore angebracht, lag auf unserm Wege durch die Hauptstraße, welche sehr schmal ist; die Häuser haben zwei oder drei Stockwerke und an allen findet man Erker. Die Nebenstraßen sind noch enger, die Gebäude scheinen sich oben zu berühren, im Regen bedarf man hier kaum eines Schirms.

Welches Gewühl! Und mitten darin tanzte ein bulgarischer Bauer mit roter Mütze auf dem Kopfe, jämmerlichen Sandalen an den Füßen und übrigens in einem Schafpelze, er tanzte wie ein Bär, der auf den Hinterfüßen springt, ein anderer Bulgar blies den Dudelsack dazu. Lastträger schleppten große Marmorblöcke, die an Stangen hingen, sechs bis acht braune muskelkräftige Kerle hatten angefasst, sie schrieen fortwährend ihr „aus dem Wege!" Armenische Priester mit flatterndem Trauerflor an den Hüten begegneten uns; nun ertönte ein summender Gesang, ein junges griechisches Mädchen wurde begraben, sie lag in ihrer gewöhnlichen Kleidung und mit unbedecktem Ge-

---

*) Dasselbe war bei meiner Ankunft in Griechenland der Fall. Dagegen wurde bei meiner Abreise im Piräus mein und jedes Passagiers Koffer untersucht, ob wir keine Statuen oder Säulen wegführten.

sicht in dem offenen Sarge, welcher mit Blumen geschmückt war, drei griechische Priester und zwei kleine Knaben mit brennenden Lichtern schritten voraus.

Welches Gedränge! Welches Getümmel! Bunte Wagen, die wie kleine aus Kartenpapier verfertigte Häuser aussahen, vorn und hinten vergoldet und mit langen, flatternden Gardinen, durch welche verschleierte Weiber guckten, rumpelten über das unebene Steinpflaster. Pferde und Esel, mit Balken und Planken beladen, welche hinter ihnen auf der Straße schleiften, bahnten sich einen Weg durch das Gedränge.

Endlich waren wir bei dem Hôtel de France, bei Herrn Blondel, und gleich innerhalb der Türe deutete alles auf europäische Einrichtung und Bequemlichkeit. Französische und italienische Aufwärter sprangen die Treppe auf und ab. Gemütliche Zimmer öffneten sich und an der Table d'hôte aß man, wie in jedem guten Hôtel in Europas großen Städten. Es war eine sehr bunte Gesellschaft. Die meisten Franzosen, welche von Reisen in Kleinasien zurückkehrten, hatten ihre asiatische Tracht beibehalten, in der sie dort am sichersten waren[*]), einige preußische Offiziere aber, angestellt in der Armee des Sultans, trugen türkische Uniformen und den hohen Fez. Der Lärm von der Straße schallte zu uns herauf. Die Sackpfeifen der Bulgaren ertönten, ein näselnder Gesang der armen unverschleierten Weiber von den Bergen überschrie wieder diese Töne, und dazu brauste die lärmende Janitscharenmusik der türkischen Soldaten, die vom Manöver zurückkamen; ich kannte diese Melodie, es war – die Galopade aus Aubers Oper: „Der Maskenball".[140]

---

[*]) *So traf ich hier den Franzosen Achille Laurent.*[141]

Einfahrt ins Goldene Horn, den Hafer von Konstantinopel

Der Große Bazar

23. Die Bazare*.

Der Fremde muss in Konstantinopel vor allen Dingen Bazare besuchen, denn das heißt mit einem Male in die ungeheure Stadt eintreten. Man wird durch den Anblick, die Pracht und das Getümmel überwältigt; es ist ein Bienenstock, in den man tritt, aber jede Biene ist ein Perser, ein Armenier, ein Ägypter, ein Grieche. Orient und Okzident halten hier großen Markt. Ein solches Gedränge, eine solche Verschiedenheit der Trachten, solche Menge von Handelsartikeln bietet keine andere Stadt dar.

Wenn man von Pera in einem Boote über den Golf nach Konstantinopel gefahren ist, führt die Straße zu den Bazaren beständig aufwärts, eng, krumm und winklig. Das Erdgeschoß der Häuser an jeder Seite gleicht den hölzernen Buden unserer Märkte; man sieht gerade in die Werkstätten der Schuhmacher und Schreiner hinein. Man glaubt mitten durch Küchen und Bäckereien zu gehen, so kocht, bäckt, dampft und duftet es auf dem Herd und in den Öfen der offenen Häuser. Brot und Speisen aller Art sind ausgestellt.

Nun stehen wir vor dem Großen Bazar, von welchem schmale, halbbedeckte Straßen ausgehen; eine Abteilung hier bietet Kräuter und Früchte aller Art dar, sowohl frische als eingemachte; eine andere Abteilung enthält Schalentiere und Fische in den verschiedensten Farben und Formen; von Boutique zu Boutique sind über die Straße große Segel oder Teppiche als Dach gezogen. Das Straßenpflaster ist schlecht und mitten in der Straße fließt die Gosse.

---

*) *Besestan, das heißt „bedeckter Markt", werden hier die Bazare genannt. Es gibt hier eigentlich drei, die Nebenstraßen können als Vorhallen betrachtet werden.*[142]

159

Eine lange Halle, größtenteils von Brettern und ganz mit Pfeifenköpfen, Pfeifenröhren und Mundstücken aus Bernstein angefüllt, führt in die Bazare, die aus dicken, feuerfesten Mauern aufgeführt sind. Es ist eine ganze Stadt mit einem Dach darüber; jede Nation hat hier ihr Quartier, die Juden, die Ägypter und andere mehr; jeder Handelszweig und jedes Gewerbe seine Straße, die Schuhmacher eine, die Sattler eine und so fort bis ins Unendliche. Jede Straße ist ein Gewölbe mit Blumen und Inschriften aus dem Koran bemalt; das Licht fällt von oben herein. Boutique ist an Boutique geklebt und scheint ein umgekehrter Kasten zu sein, in deren Hintergrunde in die dicke Mauer hinein eine Öffnung gehauen ist, welche die Waren aufnimmt, die nicht zur Schau gelegt sind.

Das Quartier der Ägypter: Missr-tschars-chussi, scheint eine durch zwei Straßen sich erstreckende Apotheke zu sein; alle Gewürze Indiens und Arabiens, alle Heilkräuter und kostbare Farben hauchen ihren vermischten Duft aus. Ein gelbbrauner Ägypter in langem Talar steht hinter dem Tische, er sieht aus, wie man das Bild eines Alchimisten malt.[143]

Ein anderes Gewölbe gleicht der Vorhalle zu einer Rüstkammer für die ganze Welt; hier ist der Bogengang der Sattler: Sättel und Zügel aus Saffian und Büffelleder, von den ausgearbeitetsten und künstlichst genähten bis zu den einfachsten und fast plumpen, hängen hier an den Wänden und liegen auf Tischen und dem Fußboden ausgebreitet.

Ein anderer Bogengang ist der der Juweliere; Goldketten blinken, Armbänder funkeln, kostbare Ringe, teure Juwelen blenden das Auge.

Nun gelangt man zu lauter Parfüms, hier duftet es von Rosenöl, hier werden Moschusbeutel verkauft, Räucherwerk und duftende Rattenschwänze. Wir gehen in die nächsten

Bogen und sehen lauter Stiefel und Schuhe, in allen Farben, allen Formen, Pantoffel, die mit Perlen und echten Stickereien prangen. Ein Bogengang zieht sich hier dicht vorbei, in diesem sind lauter Manufakturwaren, Mousseline, Taschentücher gestickt mit großen Goldblumen, prächtige Stoffe. Das nächste Gewölbe blinkt von Waffen, Damaszenerklingen, Dolchen, Messern, Gewehren und Pistolen.

Es ist höchst interessant, die charakteristische Weise zu beobachten, in der jede Nation sich zeigt. Der Türke sitzt ernst und gravitätisch mit der langen Pfeife im Munde, der Jude wie der Grieche sind geschäftig, rufen und winken. Inzwischen bewegt sich das bunte Menschengewühl durch diese, einander kreuzenden Wölbungen, die Perser mit rauhen, spitzen Mützen, die Armenier mit umgekehrten, kegelförmigen, schwarzen Hüten, die Bulgaren in Schafpelzen, die Juden mit einem zerlumpten Shawl um den schwarzen, hohen Turban, geputzte Griechen und verschleierte Weiber; das ist ein Gedränge! Und mitten durch dieses reitet noch gravitätisch ein vornehmer Türke, der weder rechts noch links sieht.

Auf ein des Abends gegebenes Signal entfernen sich Käufer und Verkäufer. Wächter, denen es übertragen ist, in dem Bazar zu wachen, schließen alle Eingänge, und öffnen sie erst wieder am nächsten Morgen zu einer bestimmten Zeit; die Verkäufer finden dann ihre Läden ganz so, wie sie sie verließen. Am Tage wird die einzelne Bude nicht anders verschlossen, als so, dass der Eigentümer ein Netz vorhängt oder ein paar Bindfäden kreuzweise vorzieht; keiner wagt dort etwas zu stehlen.

Die prächtigen Kaufläden des Palais Royal sind gegen Konstantinopels Bazar nur eine reich geschmückte Grisette gegen die Tochter des Orients in ihren reichen Stoffen, das Haar von Rosenöl und Myrten duftend.[144]

Das Innere der Hagia Sophia

24. Eine Wanderung
durch Konstantinopel.

Wir haben die Bazare gesehen, das Herz des alten Stambul; wir wollen nun eine kleine Wanderung machen und beginnen mit dem, was man früher für die Christen „verbotene Wege" nannte. Zuerst geht es zum Sklavinnenmarkt*), dann zu einer der Moscheen; jetzt erhält man die Erlaubnis leicht, doch belaufen sich die Geschenke, welche an die verschiedenen Beamten gegeben werden müssen, durch deren Hände diese Erlaubnis wandert, auf eine nicht unbedeutende Geldsumme. Aber unter den Fremden in Pera ist oft ein Gesandter oder ein reicher Mann, der gern diesen Tribut erlegt; der Lohndiener weiß immer, wenn sich eine solche Gelegenheit darbietet, und dann schließt man sich dem an, der die Erlaubnis hat, welche immer auf die Person mit Gefolge lautet.

Wir gehören demnach jetzt zum Gefolge eines reichen Amerikaners; aber wir müssen zu Pferde steigen, das nimmt sich pompöser aus, und der Türke sieht sehr auf Pomp und Pracht. Ein paar reitende Soldaten begleiten den Zug.

Nicht weit von dem Großen Bazar gelangt man auf einen Platz von hölzernen Gebäuden umgeben, die eine offene Galerie bilden; das vorspringende Dach wird von rohen Balken getragen; drinnen, längs der Galerie, sind kleine Kammern, wo die Handelsleute ihre Waren haben, und diese Waren sind Menschen, schwarze und weiße Sklavinnen. [145]

Nun sind wir auf dem Platze: die Sonne scheint, Binsenmatten sind unter den grünen Bäumen ausgebreitet. Dort sitzen

---

*) *Außer diesem Markt soll sich noch einer in Topschana befinden und einer für männliche Sklaven in der Nähe der „sieben Thürme".* [146]

Der Frauensklavenmarkt oder Avrat Pazarı

und liegen Asiens Töchter; eine junge Mutter stillt ihr Kind, diese beiden will man nicht trennen; auf der Treppe zur Galerie sitzt eine vierzehnjährige Negerin, sie ist fast ganz nackt, ein alter Türke betrachtet sie, er hat eines ihrer Beine in die Hand genommen, sie lacht und zeigt die glänzend weißen Zähne.

Verhülle nicht die hübschen, weißen Weiber, du alter, hässlicher Kerl, die wollen wir gerade sehen, schiebe sie nicht in den Bauer, wir werden ihnen nicht, wie du glaubst, mit bösen Augen schaden.[147]

Sieh! Ein junger Türke mit feurigem Blick! – Vier Sklaven folgen ihm, zwei alte Jüdinnen handeln mit ihm; es sind schöne Circassierinnen[148] angekommen, er soll sie tanzen sehen, singen hören und dann wählen und kaufen! – Er könnte uns eine Schilderung des Sklavinnenmarkts geben, wie wir es nicht vermögen; er folgt den alten Weibern, um die Houris der Erde zu beschauen! Und wie sehen diese aus? – Der türkische Dichter Ibn Katib hat von den himmlischen gesungen, von diesen dürfen wir vielleicht hören, und uns erinnern, dass er das Bild von den irdischen lieh.[149]

Höre, was Houri bedeutet:
Schwarz von Augen, weiß von Wangen,
Außer Augenbrau'n und Wimpern,
Wie die Perle in der Muschel,
Siebzig Farben, wie die Pfauen,
Sind sie Paradiesesrosen,
Schämen sich ob ihrer Weiße,
Sind besieget Zucker, Rosen,
Von dem Moschusstaub der Füße,
Wie zwei Gattungen Rubinen,
Jene Marmor, die Krystallen;
Diese trinken lange Züge.
Hüllte Licht den ganzen Erdkreis,
Würde man die Allmacht preisen,
Unter dem das Aug' sie schauet;
Kennen sie nicht Mondeswechsel,
Kennen auch nicht was der Neid;
Keinen Mann, als nur den ihren.
In dem Angesicht, im Auge;
Was unmöglich zu begreifen.
Jahre alt sein für und für,
Und der Sultan der Propheten
Wie kein Auge sie gesehen,
Nichtmaltausend Sclavinnen
Stehen Jeglichem zu Dienst;
Wie er's in der Welt gethan.
Bei dem Kopf und bei den Füßen,
Aber ohne Instrumente
Was der Mensch dort wird genießen,
Sondern Hymnen schallen dort.

(Hammer-Purgstall)

Aber wir tun wohl am besten, von Ibn Katib und Konstantinopels Sklavinnenmarkt fortzureiten.

Wir halten bei der Sophienkirche an;[150] es ist ein schwerfäl-
liges, unregelmäßiges Gebäude. Konstantin der Große ließ
sie erbauen und der heiligen Weisheit weihen: Aja Sophia.
Seltsame Reliquien wurden hier verwahrt: der samarita-
nische Brunnen, drei Türen, mit Brettern von der Arche
Noahs beschlagen; die Posaunen der Steinengel sollen der
Sage nach bei Jerichos Belagerung gebraucht worden sein.
Verschwunden sind diese Kuriositäten; Aja Sophia sank
zwei Mal durch die Flammen, ein Mal durch Erdbeben;
doch immer erhob sie sich prächtig wieder. In Ramazans
Nächten, wenn die fast flache Kuppel mit strahlenden Strau-
ßeneiern erleuchtet ist und die ganze Gemeinde in bunter
Pracht auf ihrem Antlitz niedergeworfen liegt, träumt die
Kirche von Kaiserkrönungen, Vermählungen, Synoden und
Kirchenversammlungen, sie träumt von jener Schreckens-
nacht, da ihre Pforte gesprengt und die christlichen Altäre
entheiligt wurden. „Es ist kein Gott, außer Gott und Mohamed ist sein Prophet!", hört sie noch, wie sie es von den
Lippen des Kaisers Mohamed in jener Nacht hörte, da sie
in eine Moschee verwandelt wurde. – Welche wunderbaren
Träume! Die Geschichte ganzer Menschengeschlechter regt
sich darin. Träumst Du vielleicht auch von der Zukunft, Aja
Sophia? Hast Du eine Ahnung, derjenigen verwandt, die
sich beim Volk drinnen regt? Sollen die verwischten Kreuze
der Christen an der Türe wieder erneuert werden? Soll der
Altar aus der Ecke, die gegen Westen liegt, genommen werden und wieder seinen Platz gegen Osten einnehmen? Der
Muselmann deutet auf eine zugemauerte Tür in der Kirche
oberster Galerie und flüstert eine Sage aus jener Nacht: „Ein

christlicher Priester wurde hinter dieser Tür vor dem Altare niedergehauen; einst, wenn die Christen hier Herren werden und Ismaels Geschlecht nach Asien zieht, welches schon seine Toten aufnimmt, wird jeder Stein aus dieser Tür fallen und der christliche Priester dort wieder stehen und die Messe aussingen, in der er unterbrochen wurde, als der Todesstreich ihn traf. Nach beendigter Messe verschwindet der Tote und durch die Kirche hallen die Hymnen der Christen."

Es ist seltsam hier zu gehen, von Bewaffneten gefolgt, von den Betenden mit zürnenden Blicken betrachtet, als wären wir verdammte Geister.

Prächtige Säulen erheben sich. Die acht aus Porphyr standen einst unter der Kuppel des Sonnentempels in Baalbek, die grüne ist vom Dianentempel in Ephesus hergeführt.[151]

Unter der Kuppel liest man in Buchstaben von sechs Ellen Länge eine Inschrift aus dem Koran: „Gott ist das Licht des Himmels und der Erde!"

Sieh uns nicht so böse an, du alter Priester, dein Gott ist auch unser Gott! Der Tempel der Natur ist unser gemeinschaftliches Gotteshaus, Du kniest gegen , wir gegen Osten! – „Gott ist das Licht des Himmels und der Erde!" – Er erleuchtet jeden Geist und jedes Herz.

Wir verlassen die Aja Sophia; eine kurze Straße führt uns auf den Almeidan,[152] den größten und schönsten Platz in Konstantinopel. Einst jedoch war er weit prächtiger, denn hier war der Hippodromus, den Konstantin mit Säulen schmückte. Hier prangten die stolzen ehernen Pferde, welche jetzt ihren Platz in Venedig über dem Eingange der

---

*) *Sie kamen von Athen nach Chios, darauf nach Konstantinopel und wurden von hier nach Venedig geführt. Napoleon ließ sie nach Paris bringen; jetzt sind sie wieder in Venedig.*

Markuskirche*) haben; hier stand die kolossale Herkulesstatue, an welcher jeder Finger den Umfang eines Menschen hatte. Nur drei Denkmäler der Vorzeit findet man noch hier.

Das nächste ist eine kleine Säule, welche von drei verschlungenen kupfernen Schlangen gebildet wird, sie war einst in Delphi das Fußgestell für den Dreifuß des Orakels. Die Türken betrachteten sie als einen Talisman des griechischen Reiches, und daher hieb Mohamed der Zweite mit seiner Streitaxt den einen Schlangenkopf ab, die Engländer stahlen die beiden andern, türkische Knaben machten nun den erzgrünen Rest zur Zielscheibe ihres Wurfs.

Wenige Schritte von hier erhebt sich ein Obelisk aus Porphyr mit Hieroglyphen bedeckt; er kam über Athen aus Ägypten, unverändert steht er, als würde er von Ägyptens unsichtbaren Gottheiten beschützt.

Das dritte Denkmal ist eine viereckige Säule aus mächtigen Steinen; sie drohet den Umsturz, es ist Konstantins Säule; einst war sie mit vergoldeten Kupferplatten bekleidet, jetzt sieht man nur die eisernen Ringe, die jene zusammenhielten.[153]

Das sind die Reste von der Pracht des Hippodroms! Dennoch ist dieser Platz der schönste in der Stadt; seine Ausdehnung und Sultan Achmeds Moschee blenden unser Auge![154] Hinter der glänzend weißen Mauer mit den goldnen, vergitterten Fenstern erheben sich hohe Platanen und Zypressen, drinnen plätschern Springbrunnen bei den vergoldeten Grabsäulen. Es ist ein kleiner Hain, wo bunt gekleidete Muselmänner und Frauen still wandeln; breite Treppen führen zu Achmeds Moschee hinauf, wo alles Marmor ist, selbst die sechs hohen Minarette; sie erheben ihre Balustraden, eine über der andern, prunkend mit ausgehauenen Geländern; Goldkugeln funkeln

auf den Kuppeln, der Halbmond schimmert auf den Minaretts. Es ist ein schöner Anblick!

Und doch gehen wir fort. Eine krumme, kleine Straße führt
uns zu einem phantastischen Gebäude, wo Alles Marmor und
Gold ist; sieh' wie es glänzt in der blauen, durchsichtigen
Luft! Platanen, Zypressen und blühende Rosenhecken bilden
einen kleinen Garten hinter den mit prächtigen Fenstern und
künstlichen Bildhauereien verzierten Mauern. Das Gebäude
selbst ist gewiss das Schlafgemach der Fata Morgana; es ist
so hell und luftig, obgleich aus Marmor erbaut, bunt verziert
strahlen Säulen, Dach und Karnies.[155] Wir steigen die Treppe
hinauf, die um das Gebäude führt; wir schauen hinein durch
die großen Scheiben zwischen einem goldnen Gitter und erblicken das Innere eines runden, luftigen Hauses; das Auge
wird von morgenländischer Pracht geblendet! Ist das die
Brautkammer des ersten Paschas des Landes? – Nein – es ist
ein Grab! Es ist das Grab des Sultans Mahmud.*) In der Mitte
steht sein Sarg mit bunten, kostbaren Shawls bedeckt; sein
reicher Turban, von Juwelen funkelnd und mit einer Feder,
die von Strahlen geflochten zu sein scheint, ist auf den Sarg
gelegt, wo sein Haupt ruht. Im Kreise ringsum stehen kleine
Särge, jeder umschließt eins seiner Kinder, eines seiner Lieben, alle sind unter reichen Teppichen verborgen. Zwei Priester sehen zu uns herauf und erheben drohend die Hand: „Der
Christ darf das Grab eines Gläubigen nicht sehen!", sagen
sie; Weihrauchgefäße werden geschwungen, der bläuliche
Rauch steigt im Sonnenglanz gegen die prächtige Decke.

Über Mahmuds Sarg, als man ihn hierher gebracht hatte,
wurde ein Zelt gespannt. Reichen und Armen war der Zutritt

---

*) *Abdul Medschid's Vater.*[156]

Das Hippodrom (At Meydanı)

vergönnt, alte Männer weinten, so sehr war er geliebt, er, der die Janitscharen stürzte, fränkische Disziplin und Kleidung einführte. Um das Zelt erhob sich indessen das Gebäude, welches wir jetzt erblicken; erst als die Kuppel sich wölbte, als oben der Halbmond im Sonnenglanz schimmerte, wurde das Zelt über dem von Tränen benetzten Sarge weggenommen.

Nun aber sind wir vom Wandern und Beschauen müde; Morgen ist auch ein Tag, dann gehen wir zum Karawanserei, dem mächtigen Steinkoloss, der die reichen Waren der Städte Asiens umschließt, wir gehen zu der prächtigen Wasserleitung,[157] wo die Schlingpflanzen zwischen den großen Quadersteinen hängen, wir besuchen ein türkisches Bad*), ja wir erproben es vielleicht.

Seht, das ist für heute unsere Wanderung durch Konstantinopel!

---

*) *Die Badehäuser haben Kuppeln, wie die Moscheen; in diese fällt das Licht durch große Glasglocken. In dem ersten Saal, wo man sich entkleidet, ist eine Fontäne, längs der Wand sind Divans. Durch ein mehr erwärmtes Zimmer tritt man in den Badesaal, der aus Marmor mit hohen Säulen erbaut ist; der Fußboden ist erwärmt, sodass man auf hölzernen Pantoffeln gehen muss; heiße Dämpfe erfüllen den Saal.*

Der Bosporus mit dem Leanderturm

25. Der Tanz der Derwische.

E s ist hinreichend bekannt, dass die Türken, das heißt nämlich der rohe Haufe der Nation, alle Geisteskranken für vom göttlichen Geiste Inspirierte ansehen. Deshalb haben die Wahnsinnigen in den Moscheen ihren Platz, die schrecklichen Isaui sind ein Gegenstand der Ehrerbietung und Ehrfurcht. In einen Zustand, wie diese, geraten die Derwische durch ihren Tanz; er ist eine wahre Selbstmarter; eine Art berauschende Wurzel, an der sie saugen, erhöht die Wildheit.

Die Derwische, welche ihr Kloster in Skutari haben, werden „Ruhanis", d. h. „die Heulenden" genannt; die Derwische in Pera haben den Namen „Mewlewis", d. h. „die Drehenden"; sie tanzen gewöhnlich donnerstags und freitags. Ich habe diese Tänze gesehen und will versuchen, eine Schilderung von ihnen und dem Eindruck zu geben, den die ganze Zeremonie in ihren Klöstern auf mich machte.[158]

Ein Reisender, mit dem ich nach Skutari hinübersegelte, um die Derwische zu sehen, bereitete mich durch seine Erzählungen von den verwandten Tänzen der Isaui darauf vor. Der Reisende kam von Tripolis,[159] wo, wie auf der ganzen afrikanischen Küste, sich in allen Moscheen unter einer Art Wache ganze Scharen dieser Geschöpfe befinden. An einem gewissen Tage des Jahres wird bekannt gemacht, dass die Isaui durch die Straßen tanzen werden, dann verschließt jeder seine Türe und kein Christ oder Jude wagt sich hinaus, er könnte sonst, wenn er diesem wilden Zuge begegnete, obgleich derselbe unter Bedeckung ist, lebendig zerrissen werden. Hunde, Katzen, alle Geschöpfe, denen sie begegnen, zerreißen sie und verschlingen die blutigen Stücke.

„Ich war gerade im vorigen Jahre an diesem Tage der Tollen in Tripolis", sagte der Fremde, „und hatte auf dem flachen Dache des Hauses unseres Konsuls einen Platz; in der ganzen Straße waren alle Pforten und Türen fest verschlossen. Der Zug näherte sich; eine Schar stark bewaffneter Soldaten zu Pferde umringte die Rasenden, die bis auf einen Gürtel fast ganz nackend waren, ihre langen schwarzen Haare hingen um die Schultern herab. Sie machten seltsame, kleine Sprünge und stießen ein wildes Geheul aus, indem sie fortwährend ihren Kopf bald vor, bald zurückwarfen, sodass das lange Haar bald das Gesicht verbarg, bald es in schrecklicher Wildheit umflatterte. Das scheußliche Geschrei wurde mit einer Musik von Handtrommeln und Sackpfeifen begleitet, und indem sie vorwärts sprangen, griffen sie oft auf die Straße hinunter, nahmen dort die losen Kieselsteine und schnitten sich mit diesen tiefe Wunden in die Brust und Arme. Vor dem Hause, auf dem wir standen, hatten wir um die Wildheit der Isaui zu sehen, einen maurischen Diener eine lebendige Ziege anbinden lassen. Sobald die Schar ankam, war dem Mauren befohlen, das Tier zu töten; er stieß ihm seinen Dolch in den Hals und sprang hinter die Türe. Die Ziege zappelte in ihrem Blut und in demselben Augenblick drängten sich die heulenden Isaui heran; einer von ihnen steckte seine Hand in die blutige Wunde, hob mit Geheul die Ziege empor, zerriss sie und schleuderte die blutigen Eingeweide gegen des Hauses Maucr. Die ganze Schar stürzte sich über das Tier und verschlang es buchstäblich mit Haut und Haar!"

Während dieser Schilderung setzten wir über den Bosporus. Ich gebe das hier Erzählte wieder als das Präludium, welches meine Phantasie für das Kloster und die Tänze anregte, die ich dort sehen sollte.

Wir waren in Skutari;[160] diese Stadt zählt gegen 100.000 Einwohner, wird aber nur als eine Vorstadt Konstantinopels angesehen. Hier ist alles altmohammedanisch, hier wohnen die orthodoxen Türken, wenn man sie so nennen darf. Einige stark bewaffnete, halbnackte Araber trieben ihre beladenen Kamele vom Ufer durch die Straßen, hinaus gegen den großen Kirchhof; sie begannen eine lange Reise. Wir folgten ihnen nach einem entlegenen Teil der Stadt, wo wir vor einem ärmlichen, unbedeutenden Hause Halt machten, soviel ich mich erinnere, aus Fachwerk erbaut; dieses ist das Kloster der Derwische.

Die Tür war noch nicht geöffnet, wir kamen zu früh und gingen daher in die nahe gelegenen türkischen Kaffeehäuser, die an den meilenweit sich ausdehnenden Zypressenwald grenzen, in welchem die Toten ruhen. Vor den Kaffeehäusern, unter grün belaubten Bäumen, saß eine Menge Türken, Militär- und Zivilpersonen; einige von ihnen waren hier, um an den Tänzen der Derwische Teil zu nehmen, oder gleich uns, sie anzusehen. Hier saß ein hässlicher alter Zwerg, ein eifriger Ruhanis, sagte man, ich würde ihn bald unter den Tanzenden erblicken. Er sollte sehr reich sein und zwölf schöne Frauen in seinem Serail haben; sein kleiner Sohn war mit ihm im Kaffeehause, ein hübscher Knabe, schon ebenso groß wie der Vater.

Endlich öffnete sich die Tür des Klosters. Wir gingen hinüber und traten in ein breites Vorgemach, welches mittels eines halb aufgehefteten, wollenen Teppichs in zwei Teile getrennt war. Jeder musste seine Schuhe oder Stiefel ausziehen, und diese wurden dann hinter den Vorhang gestellt.

Mein Begleiter, der Reisende, der in Tripolis gewesen, nahm ein paar Saffianpantoffel aus seiner Tasche hervor, zog diese über die Stiefel und ging so hinein, aber die Türken sahen ihn zornig an und sprachen unter sich. An meinen Beinkleidern waren Stege angenäht, sodass es schwierig war, die Stiefel auszuziehen; aber da man der Sitte des Landes folgen oder dies letztere meiden soll, nahm ich schnell ein Messer, zerschnitt die Stege und spazierte wie die Türken auf den Socken. Ein alter Mann mit einem Turban klopfte mir auf die Schulter, nickte freundlich und sagte etwas, was mein Dolmetscher mir übersetzte: Ich sei ein guter Mensch, der die Religion achte und verdiene ein Türke zu sein. „Gott erleuchte Dich!", waren seine letzten Worte.

Ich trat nun in den Tempel selbst, wenn er so genannt werden kann. Er bildete einen viereckigen Saal, oben mit dicht vergitterten Galerien für die Frauenzimmer, unten rings mit einer Schranke von ungehobelten Brettern; in der Mitte war der Tanzplatz, der für den Augenblick mit rot, weiß und blau gefärbten Häuten bedeckt war. Auf diesen lag auf dem Bauche eine Menge Derwische, gekleidet wie gewöhnlich die Türken, doch waren hier auch viele in der neu eingeführten Tracht, mit militärischen Röcken und hohem, großem Fez. Sie berührten mit ihrer Stirn den Fußboden; bisweilen erhoben sie den Kopf, aber schnell, als erschrecke sie etwas, schlugen sie ihn wieder hinunter. Ich stand in bloßen Strümpfen auf dem kalten Steinboden und setzte abwechselnd den einen Fuß auf den andern, um sie warm zu halten; es war nicht angenehm.

An der mittelsten Wand hingen in Rahmen große türkische Inschriften und Bilder, welche Gebäude vorstellten; auch Tamburins, Becken und eiserne Geißeln mit scharfen Spitzen, um sich die Haut zu zerfetzen. In der Mitte war, wie in den türkischen Moscheen, eine Nische, die als Altar diente,[161] und vor dieser stand ein Priester in blauem Talar, grünem Turban und mit einem langen, weißen Barte, er schwang ein Räucherfass; und stieß mit einem sonderbaren Gurgellaut einige türkische Worte aus. Nun begannen einzelne Stimmen im Chor einen Gesang; ich sage einen Gesang, aber das ist für dergleichen nicht der rechte Ausdruck; es waren Laute, die etwas so eigentümlich Wildes hatten, die in verschiedenen Rhythmen abwechselten, eine Art Scala, ein wunderlicher Gurgellaut, ganz wie ein Wilder mit musikalischem Gehör, nachdem er zum ersten Male eine große Bravour-Arie gehört, auf seine Weise den künstlichen Gesang nachahmen würde. Es war mehr Grausen erregend, als eigentlich unharmonisch.

Nachdem die Derwische mehrmals den Fußboden mit der Stirn berührt hatten, erhoben sie sich, küssten die Hand des Priesters und stellten sich nun im Halbkreis längs der Schranke, vor welcher die Zuschauer standen.

Der Tanz begann. In demselben Augenblicke kam ein Mensch, das Schauderhafteste, was ich bisher gesehen, zwei Derwische von Pera, an ihren hohen, schirmlosen Filzhüten kenntlich, begleiteten ihn. Er war ein Eremit aus der Umgegend Medinas, wie mein Dolmetscher sagte. Nie habe ich einen Menschen gesehen, dem der Wahnsinn so aus den Augen leuchtete als diesem. Die andern Tanzenden hatten ihre Turbane und Feze vor die Nische gelegt und jeder eine weiße Filzkappe aufgesetzt. Mit einer solchen trat auch der Eremit herein, schwarzes, struppiges Haar hing ihm lang über Rücken und Schultern; er trug einen weißen Mantel, auf welchem aus rotem Zeug zwei geflügelte Pferde genäht waren; er stellte sich mitten in den Halbkreis. Alle standen, als wenn die Füße festgenagelt wären, aber eine

Dampfmaschine die andern Glieder in Bewegung setzte; jedes Glied bewegte sich zu gleicher Zeit in derselben Richtung, zuerst nach vorn, dann zurück, nun rechts, dann links, und Alles unter einem Gesang oder Herplappern, wie man es nennen will, erst langsam, dann in immer schnellerem Tempo, sowohl der Gesang, als die Bewegung; die Tanzenden gerieten dabei in wilde, fast unschickliche Stellungen. Zwei junge Türken saßen hockend vor dem Halbkreis und leiteten den Gesang, der beständig mit einer einförmigen Betonung der dritten Silbe stieg. Mohameds ganzes Geschlecht gingen sie durch, von Abdallah bis Mohamed, und der Chor antwortete: „La illah! illallah!" Es klang zuletzt wie ein dumpfes Geheul, ein Schnarchen oder Todesröcheln. Einige waren totenbleich. Andere sahen aus wie Blut, allen strömte der Schweiß vom Gesichte herunter. Der Eremit warf seinen großen Mantel ab und stand nun da in einer roten wollenen Bluse mit langen Ärmeln, die bis über die Hände reichten, und mit bloßen Füßen; bald geriet er in Raserei und zerriss die enge Bluse, mit den nackten Armen schlug er gegen die Brust. Eine seiner Hände war verdorrt, wahrscheinlich hatte er sie einst selbst verstümmelt; sein Mund war eine blutige Wunde; beide Lippen waren vor Kurzem abgeschnitten und es sah aus, als ob er lachend die weißen Zähne zeigte, es war ein schrecklicher Anblick! Sein Mund sprang blutend auf, seine Augen rollten, seine Stirnadern schwollen. Immer gewaltsamer wurde der Tanz und doch wich keiner einen Zoll breit von seinem Platze. Die Tanzenden schienen nicht Menschen, sondern Maschinen zu sein, sie sprachen nicht ferner Worte aus, diese verloren sich in kurz ausgestoßenem Geheul: Jehova; klang wie Je-hu! Von dem Übrigen verstand man am deutlichsten

Ja-med! (o hilf!). Es war wie ein Stöhnen des Todes, es war furchtbar! Und je mehr ich die Tanzenden ansah, desto mehr fühlte ich mich in ein Irrenhaus zwischen Tolle versetzt. „Ja-hu! Ja-hu!", tönte es wild heulend.

Mein Begleiter flüsterte mir zu: „Um des Himmels willen, lachen Sie nicht, wir wären unglücklich, sie würden uns ermorden." – „Lachen?", antwortete ich, „o, ich bin dem Weinen nahe! Es ist erschütternd, es ist grässlich! Ich halte es nicht länger aus!"

Eilig suchte ich den Ausgang und in demselben Augenblick fiel ein Paar der Tanzenden zu Boden. Auf der Straße hörte ich noch das wilde Geheul: Ja-hu! Ja-hu!"

Wie schön, wie warm war es nicht draußen in dem hellen Sonnenschein! Das leichte Boot, dünn, wie ein Span, fuhr von Asiens Küste nach Europa, über starke Strömungen, an Schiffen und Booten vorbei; der kleinste Stoß und wir wären umgeschlagen, aber daran dachte ich nicht, wir kamen aus der Wohnung des Schreckens, hier war Alles Natur und Lebenslust.

Tags darauf besuchte ich die Mewlewis, die drehenden Derwische in Pera; diese haben ihre eigene Tracht und ein luftiges, hübsches Kloster. Alles zeigt, dass sie einen höhern Rang einnehmen als die Ruhanis. In Peras Hauptstraße, neben dem Kirchhofe, ist der Eingang zum Kloster; im Hofe stehen einige hohe Zypressen. Das Kloster selbst ist vom Tempelgebäude abgesondert, in welchem sie tanzen.

Ein alter Armenier begleitete mich hierher. Der Hof war von Frauen angefüllt, den Tempel selbst dürfen diese nicht betreten. Durch die offnen Fenster des Klostergebäudes sah ich mehrere junge Derwische sich im Runddrehen üben.

Die Wache haltenden Soldaten winkten uns, als wir im Hofe stehen blieben; aber unsere Stiefel mussten wir ausziehen. Darauf wurden wir in die rund um den Saal laufende Galerie geführt, die mit Matten belegt war. Hier war alles reinlich und hübsch, die Aussicht durch die offenen Fenster nach Skutari und den fernen asiatischen Bergen trug wohl das ihrige zur Schönheit bei; jedes Fenster bot ein prächtiges Panorama dar.

Die Galerie, in welche ich eintrat, war ganz von Türken angefüllt, aber als sie mich, einen Fremden, sahen, machten alle Platz und drängten sich zur Seite, damit ich recht nahe an die Schranken kommen könnte. Ich musste hier wie überall die Höflichkeit der Türken loben.

Nun begann die Festlichkeit. Eine Schar Derwische trat herein; sie waren sämtlich barfuß und jeder in einen großen dunkelgrünen Mantel gehüllt; ein weißer Filzhut, gewiss eine Elle hoch und ganz ohne Rand, bedeckte den Kopf. Einer der Ältesten, mit langem, weißem Bart, stellte sich in die Mitte des Saals, verschränkte die Arme und sprach ein Gebet von einer leisen eintönigen Musik begleitet, zwei Tönen einer Flöte und fortwährend nur einem und demselben Ton aus der Trommel; es klang fast wie das einförmige Plätschern einer Quelle; alle andern Derwische umkreisten langsam den Alten.

Nun warfen sie ihre Mäntel ab und standen da in einem offenen, dunkelgrünen Wams mit langen, engen Ärmeln und einem langen Rocke vom nämlichen Zeuge und gleicher Farbe, der bis an die Knöchel hinabreichte und in großen Falten um ihre Beine fiel; sie breiteten die Arme aus und drehten sich immer nach derselben Seite in die Runde; ihr Rock umgab sie wie ein Trichter.

Mitten im Kreise drehten sich zwei Derwische beständig auf demselben Flecke, beständig nach einer Richtung; um diese wieder die andern in wirbelndem Tanz. Der Älteste mit dem langen Barte spazierte ruhig zwischen den Äußersten und den beiden in der Mitte. Der Tanz sollte den Lauf der Planeten vorstellen.

Von einer geschlossenen Galerie über uns ertönte ein leiser, einförmiger Gesang. Trommeln und Pfeifen fuhren in ihrer einschläfernden Musik fort, die Tanzenden blieben ununterbrochen in ihrem Runddrehen immer nach einer Seite, immer in demselben Takte; sie sahen völlig aus wie leblose Automaten; nicht eine Miene veränderte sich, aber sie waren totenblass.

Bei einem starken Schlag auf die Trommel standen sie plötzlich still, wie von einem Blitze getroffen, und murmelten ein kurzes Gebet; die eintönige Musik begann von Neuem und wieder drehten sich alle nach derselben Seite wie vorher; man schwindelte beim Anblick, sie drehten und drehten sich, nun schwankte einer, da ertönten Pfeifen und Trommeln in schnellerem Tempo, und der Schwankende wirbelte noch rascher in der Runde, immer wilder, immer schneller, es war nicht auszuhalten! Eine ganze Stunde währte dieser Tanz, aber er hatte nichts Grausenerregendes, er konnte fast graziös genannt werden, man musste nur vergessen, dass es Menschen waren, und glauben, dass es Puppen seien. Der Tanz, vereinigt mit der schwachen eintönigen Musik, gab dem Ganzen den Charakter eines stillen Wahnsinns, der mehr rührte als erschütterte. Erbaulich konnte die ganze Handlung kaum genannt werden, sie kam mir wie eine Art Ballett vor, wogegen der Tanz der Derwische in Skutari in meiner Erinnerung als das Bild eines Tollhauses stand.

Straßenszene in Tophane

26. Eine türkische Skizze.

Wenn man von Pera zu den Zypressen des Kirchhofs hinabsteigt, gelangt man in ein kleines Viertel, welches wohl zu Galata gerechnet werden muss, obgleich es außer seinen Mauern liegt. Hier ist eine echt türkische Straße, in der die Einwirkung der neueren Zeit noch nicht zu spüren ist. Sie geht etwas krumm, ihre Breite ist nicht größer, als dass ein bepackter Esel gerade durchkommen kann, sie ist nicht gepflastert und scheint nach einem Regenwetter ein schlammiger Bach zu sein, in den Pfähle eingerammt sind, über welche ein Brett gelegt ist. Alle Häuser sind aus Holz und haben zwei Stockwerke. Das unterste zeigt einen offenen Laden ohne Fenster und Türe, und hier sitzt auf dem erhöhten Fußboden der Türke mit seiner langen Pfeife, ringsum hängen seine Waren. In bunten, langen Kleidern, oft mit herrlichem Gesicht und Bart, sitzen die alten Türken da. Hier hört man kein Gespräch, jedes Haus könnte als hölzerner Schuppen vor einem Wachsfigurenkabinett gelten, die Wachsfigur draußen vor der Bude ist der Eigentümer selbst. Eine Schar herrenloser Hunde beißt sich mitten in der Straße, ein anderer Schwarm zerrt an einem toten Tier. Ich gebe das Bild, wie ich es sah. Fünf, sechs kleine Türkenknaben, so gut wie nackt, der eine wenigstens hat nur einen Turban auf, hüpfen mit wildem Geheul um ein totes Pferd, welches, da das Fell abgezogen ist, ganz blutig in einer Straßenecke liegt und alle vier Beine in die Höhe streckt, der nackte Kleine steigt hinauf, reitet auf dem blutigen Tiere und springt dann umher; es ist ein sonderbarer Anblick! – Aber findet sich in diesem ganzen Unwesen kein poetischer

Strahl? Ich antworte: Ja. Denn ich erinnere mich der großen Weinstöcke, die an einzelnen Häusern ihre dicken Stämme an der Holzwand empor strecken und sich wie eine Laube über die Straße zum Hause des Nachbarn breiten, das sie mit ihrem Grün schmücken. – Ich erinnere mich der dicht vergitterten, höheren Etage, die die Weiber umschließt und sie dem Blicke des Fremden verbirgt. Hier ist Poesie! Der Türke selbst, der Opiumesser, der dort in roten Beinkleidern und schreiend gelbem Kaftan mit grünem Turban sitzt, ist ein lebendiges Gedicht. Er sitzt mit übereinander geschlagenen Beinen, halbgeöffneten Augen und zitternden Lippen da, mein Auge liest die zitternden Blätter, die hingehauchte Schrift und diese lautet so:

„Sieh, wie die Weinrebe sich schlängelt! Ihr Blatt ist grün, wie mein Turban, ihr Saft rot, wie mein Blut! – Aber Saft und Blut soll sich nicht vermischen, hat der Prophet gesagt! – Wein trinken ist eine Sünde, Wein ist für Christen und Juden! Aber die Opiumwurzel ist Salomons Ring. Sie wird in meinem Munde weit besser als Wein, sie wird ein Berg mit Sonnenschein und Trauben. Jede Sorge verduftet! Ich fühle mich so frisch, ich werde so froh, ich werde ganz ausgelassen, ich segle und schwebe! Der Prophet weiß, was ich tue! Ich umarme meine Frau, ich umarme zehn, zwölf! – Ich lehne mein Haupt an die Marmorbrust, einen Marmor, der von Feuer und Flammen wogt, man wird selbst zu Flammen! Jeder Nerv ist ein Blitz! Er knistert, er knistert! Allah ist groß!"

27. Der Kirchhof bei Skutari.

ie Türken betrachten sich als Fremdlinge in Europa; sie wollen daher in ihrem Vaterlande ruhen, und das ist Asien, bei Skutari ist Konstantinopels größter Kirchhof.[162] Auf die Stätte, wo einer begraben ist, legen die Türken niemals einen andern Leichnam, das Grab des Toten ist seine Heimat, und die muss heilig gehalten werden; auf solche Weise muss der Umfang des Kirchhofes sehr schnell wachsen; der, bei Skutari, erstreckt sich meilenweit. Für jedes neugeborene Kind wird eine Platane, für jeden Verstorbenen eine Zypresse gepflanzt: Der Kirchhof bei Skutari ist daher ein ausgedehnter Wald, von Wegen und Pfaden durchschnitten. Hier sind die reichsten Grabmonumente, die größte Abwechslung unter den Erinnerungssäulen für die Toten. Auf den Gräbern, die mit einem flachen, großen Steine bedeckt werden, ist mitten in diesem eine Vertiefung angebracht, worin sich das Regenwasser sammeln kann. Die herrenlosen Hunde löschen hier ihren Durst, und der Türke, welcher es sieht, findet darin ein Zeichen, dass der Verstorbene in Mohammeds Paradies selig ist.

Dicht nebeneinander stehen, wie die Stoppeln auf einem abgemähten Acker, unter den hohen Zypressen die Grabsteine der Toten, in jedem ist ein Turban oder ein Fez ausgehauen. Man erkennt leicht, wo der Derwisch und der Türke von dem echten, alten Glauben ruht, und wo das neue, halb europäische Geschlecht zur Ruhe gebracht ist. Auf den Steinen steht mit goldner Inschrift der Name und Stand des Toten; eine sinnreiche Grabschrift spricht von der Vergänglichkeit des Lebens, oder fordert auf, für die Toten zu beten. Wo die

Frauen ruhen, sieht man nur ein mit Gold geschmücktes Lotusblatt ausgehauen, kein Wort spricht von ihnen – auch im Tode ist das Weib verschleiert, dem Fremden unbekannt.

Kein Zaun umschließt diesen Wald mit den Gräbern der Toten, einsam und still ist es hier unter den mächtigen Zypressen. Die breite Landstraße führt über die umgestürzten Grabsteine. Der Araber treibt seine Kamele vorbei, der Klang der Glocke am Halse des Tieres ist der einzige Laut in dieser großen Einsamkeit.

Still, wie die Toten unter den Zypressen, liegt das Marmarameer vor uns und zeigt uns seine schönfarbigen Inseln*); die größte dort erscheint wie ein kleines Paradies mit wilden Felsen, Weingärten, Zypressen-, Platanen- und Pinienwäldern! Welche Herrlichkeit, gesehen von dem Garten der Toten! Diese Herrlichkeit war der Verbannungsort der gestürzten Kaiser, Prinzen und Prinzessinnen des byzantinischen Reichs. In den Klöstern auf diesen Inseln mussten sie als arme Mönche und Nonnen seufzen. Besser ist es bei den Toten! Das Vergängliche schläft dort ohne Träume, das Ewige strebt zu Gott!

Welche Stille zwischen diesen Gräbern unter den Zypressen! An dem mondhellen Abend wollen wir hier wandern. Welch' dunkle Bäume! Nacht schlummert über den Gräbern; welch' leuchtender Himmel! Ihm entströmt das Leben!

Über dem unebenen Wege bewegt sich ein weiß und ein rot strahlender Punkt, als wären es glänzende Rosen; es sind nur zwei Papierlaternen; ein alter Türke hält sie in seiner Hand, indem er durch den Garten der Toten reitet. Er denkt nicht an die Toten, nein, die Lebenden sind in seinen

---

*) *Die Prinzeninseln.*[163]

Der große Friedhof bei Skutari (Üsküdar)

Gedanken. Die hübschen, munteren Weiber in der gemüt-
lichen Heimat, wo er bald seine Glieder auf dem weichen
Polstern strecken, den heißen Pilau essen und seine Pfeife
rauchen wird, während die jüngste der Frauen seine Wangen
streichelt und die anderen ihm ein „Schattenspiel" zeigen,
eine lustige Komödie, wie die Türken sie im Hause haben,
mit Karagöf und Hadschi Aiwat*). Unter den schwarzen
Zypressen zwischen den Gräbern denkt der Alte ans Leben –
und das Leben ist Genuss.

Wieder ist es still! – Nun hört man Schritte, – keine Laterne
leuchtet, kein Pferd trabt vorbei – ein Bursche, feurig und
stark, schön wie Ismael selbst, als er sein erstes Weib ans
Herz drückte, kommt dort, er kommt mit demselben Gedanken. Der Mond beleuchtet sein strahlendes Gesicht, er
wünscht in der Liebe zu wechseln, wie dieser, er wünscht
sein Nest in jedem Hause, in jedem Strauche zu bauen –!
Wie das glühende Leben wandert er über die Gräber der
Toten zu einem nächtlichen Stelldichein. Welche Gedanken
fliegen durch seine Seele! Ja, das ist ein Türke!

Still ist es im Garten der Toten! Still in der Hütte beim Marmarameer, aber drinnen begegnen sich die Lippen zweier,
wie sich die Muschelschalen begegnen, die die Perle der
Liebe verschließen.

---

*) _Die Türken haben das ihnen von China gebrachte Schattenspiel; die
Hauptpersonen in diesem sind - Karagöf (Harletin), Hadschi Aiwat
(Pantalon), der in Versen und mit Sentenzen spricht, und Hopa-Thelepis
(Petitmaitre)._[164]

28. Mohameds Geburtstag.

Am vierten Mai ist das Geburtsfest des Propheten.[165] Schon am Abend vorher begann die Feier und unleugbar der hübscheste Teil derselben. Dass es gerade Mondschein war und das osmanische Polizeigesetz, selbst unter diesen Umständen, jedem, der nach Sonnenuntergang ausgeht, gebietet, ein Licht in einer Laterne zu tragen, wenn er nicht arretiert werden will, sah ich nicht für das Glücklichste an; aber ich musste mich darein fügen, denn weder der Mondschein noch das Polizeigesetz ließen sich ändern. Ein junger Russe, Aderhas und ich, schlossen uns aneinander an, und ohne einen Begleiter, nur mit Licht in einer großen Papierlaterne versehen, wanderten wir fort, um die Illumination zur Ehre des Propheten zu betrachten.

Wir gingen durch eine Nebenstraße Peras und es lag ein Anblick vor uns, so großartig, phantastisch und schön, wie man ihn im Norden nur in einem wunderbaren Traum sehen kann. Von der Häuserreihe, wo wir standen, und tief gegen die Meeresbucht hinab, erstreckte sich ein Kirchhof, das heißt ein Zypressenhain mit großen, dichten Bäumen, rabenschwarze Nacht ruhte darin. Über unebene Hügel, immer abwärts, unter hohen Bäumen, schlängelt sich der Fußsteig, den der Fuß des Menschen und der Huf des Pferdes gebahnt haben, bald eng zwischen Grabmonumenten, bald über umgestürzte Grabsteine.[166] Hier und da bewegte sich eine rote oder blaue Laterne, die bald verschwand und bald wieder aus dem schwarzen Grunde sichtbar ward. Einsam liegen einzelne Häuser auf dem Kirchhofe, das Licht schimmerte aus den oberen Fenstern oder wurde auf dem offenen Altan getragen.

Über die Wipfel der Zypressen schien blau, wie eine Damaszenerklinge, der Golf, mit Schiffen angefüllt. Zwei von diesen,
die größten, waren aufs reichste mit brennenden Lampen geschmückt, sie strahlten um die Stückpforten, den Bord und Mast,
sie hingen im Tauwerk und verwandelten dieses in ein strahlendes Netz. Gerade vor uns lag die Stadt selbst, das ausgedehnte,
große Konstantinopel mit seinen unzähligen Minaretten, alle
umwunden, von einem Kranze aus Lampen. Noch war die Luft
rot von der sinkenden Sonne, aber so klar und durchsichtig, dass
Asiens Berge, der ewig schneebedeckte Olymp sich mit allen
seinen gebrochenen Linien wie eine silberweiße Wolke hinter
der prächtigen Stadt zeigten.[167] Das Mondlicht schwächte den
Glanz der Lampen nicht, sondern hob nur die Minarette hervor,
die wie weiße Stängel mit kolossalen Feuerblumen erschienen;
die kleineren trugen einen Strahlenkranz, die größeren zwei und
die größten drei, einen über dem andern.

In unserer Nähe war kein Mensch zu sehen; es war einsam
und still; wir wanderten zwischen den Zypressen hinab, eine
Nachtigall flötete dort ihren kräftigen Gesang, und die Tur-
teltauben girrten in der Bäume Nacht. Wir kamen an einem
kleinen Wachthause vorbei, aus Planken aufgeführt und rot
bemalt; ein kleines Feuer war zwischen den Grabsteinen davor angezündet und Soldaten umlagerten dasselbe. Sie waren
europäisch gekleidet, aber Gesichtszüge und Farbe sagten,
dass sie Ismaels Geschlecht, Kinder der Wüste, wären.[168] Mit
den langen Pfeifen im Munde lagen sie und lauschten einer
Erzählung. Diese handelte von Mohameds Geburt, die Nachtigall übersetzte es uns, sonst hätten wir es nicht verstanden.
„La illah il allah!"*) In der Stadt versammelten sich die

---

*) *Es ist kein Gott außer Gott.*

Blick von den Petits Champs des Morts in Pera nach Alt-Stambul

Kaufleute des Handels wegen; dorthin kamen indische und persische, ägyptische und syrische. Im Tempel Kaaba hatte jeder sein Götzenbild, und ein Sohn des Geschlechtes Ismael bekleidet eine der höchsten Würden, nämlich die, die Pilgrimme zu sättigen und ihren Durst zu löschen. In seiner Frömmigkeit wollte er, wie Abraham, seinen Sohn opfern, aber die Wahrsagerin hieß den schönen Abdallah leben, und hundert Kamele wurden für ihn geopfert. La illah il allah! – Und Abdallah erwuchs und wurde so schön, dass hundert Mädchen aus Liebe zu ihm starben. Die prophetische Flamme leuchtete von seiner Stirn, die Flamme, die vom Schöpfungstage an verborgen von Geschlecht zu Geschlecht ging, bis der Prophet geboren wurde, Mohamed, der Erste und Letzte. Die Wahrsagerin Fatime sah diese Flamme und sie bot hundert Kamele für seine Umarmung, aber er drückte Emina an seine Brust, und in derselben Nacht verschwand von seiner Stirne die prophetische Flamme und brannte unter Eminas Herzen. La illah il allah! – Neun Monate vergingen und nie hatten der Erde Blumen so süß geduftet, als in diesen, nie waren die Früchte auf den Bäumen so saftig geschwollen; da erbebten die Felsen, der See Sava sank in die Erde, die Götzenbilder stürzten im Tempel und die Dämonen, die den Himmel bestürmen wollten, fielen wie Millionen Sternenschnuppen von dem Lanzenschwinger gestürzt: denn Mohamed, der Prophet, wurde in dieser Nacht geboren! „La illah il allah!"

Diese Erzählung übersetzte uns die Nachtigall, denn die Nachtigall versteht Türkisch ebenso gut wie unsere Sprache. Wir gingen unter Peras Turm, hinaus zum Kloster der drehenden Derwische, und ein größeres Panorama zeigt sich. Das ganze Marmormeer und Asiens Berge lagen vom Mondlichte

bestrahlt, und als Mittelgrund erhob sich Skutari, dessen Minarette mit Lampen strahlten wie die Konstantinopels; hier
trat besonders die Sophienmoschee mit ihren vier und die
Ahmed-Moschee mit ihren sechs Minaretten hervor,[169] jede
mit zwei oder drei funkelnden Sternenkränzen. Sie schienen des Serails Garten zu begrenzen, der sich, dunkel wie
eine sternenlose Nacht, hinab gegen den Bosporus erstreckte. Kein Licht zeigte sich in den Gebäuden der Sultaninnen
längs dem Ufer, aber da, wo das goldene Horn endigt, war ein
Flammenschwert aufgepflanzt, das seinen roten Schein über
das Wasser warf. Unzählige kleine Boote, jedes mit roten,
blauen oder grünen Papierlaternen, flogen wie Feuerfliegen
zwischen den Ländern der beiden Weltteile. Alle großen
Kriegsschiffe strahlten von Lampen, man sah jedes Schiff,
Tauwerk und Stangen, alles war wie mit feurigen Konturen
gezeichnet, Skutari und Stambul schienen durch das strah-
lende Wasser und die bunten Feuerfunken verbunden. Es war
die Stadt der Märchen, die Stadt der Phantasie, ein magisches
Licht war über das Ganze ausgegossen, nur auf zwei Punkten
lag geheimnisvoll die Nacht: in Asien auf dem großen Kirchhofe hinter Skutari, in Europa auf dem Garten des Serails. An
beiden Orten waren Nacht und Träume, die Träume der toten
Helden sind bei den Frauen des Paradieses, in der Nacht des
Serails träumt man von denen der Erde, und sie sind jung und
schön, wie ihre himmlischen Schwestern.

In Peras Straßen war ein Gewimmel von Griechen, Juden
und Franken, jeder mit seiner Laterne oder seinem Lichte,
es war ein orientalischer Moccoli, aber die Trachten waren
weit korrekter, reicher und bunter, als in Roms Corso am
letzten Karnevalsabende. Vor den Palästen der fremden Minister brannten Lampen, in Pyramiden aufgestellt oder in

einem großen M den Namen des Propheten andeutend. Um neun Uhr ertönten Kanonenschüsse von allen Schiffen, es donnerte wie während der heftigsten Seeschlacht, alle Fenster zitterten, Schuss folgte auf Schuss, die Geburtsstunde des Propheten verkündend.

Ich schlief während des Schießens ein und erwachte zeitig unter demselben Donner. Lustige Musik von Rossini und Donizetti klang durch die Straßen, die Truppen marschierten fort, um zwischen dem Serail und Achmeds Moschee aufgestellt zu werden, wohin sich der Sultan in großer Prozession begeben wollte.

Der dänische Konsul, Romani, ein Italiener, kam mich abzuholen. Ein junger Türke, mit Pistolen im Gürtel und zwei lange Tabakspfeifen tragend, ging vor uns her; ein alter Armenier in dunkelblauem, flatterndem Kaftan und seinem schwarzen, vasenförmigen Hut auf dem geschorenen Kopfe, trug unsere Mäntel nach, und so schritten wir durch Peras Hauptstraße hinab nach Galata.[170] Die Diener stiegen in ein Boot, wir beide in ein anderes, und nun ging es über den Golf, pfeilschnell zwischen hundert andern Booten hindurch, deren Ruderknechte gegenseitig schrien und riefen, damit der eine das leichte Fahrzeug des andern nicht in den Grund bohre. Am Landungsplatz in Konstantinopel bildete die Masse der Gondeln eine große schaukelnde Brücke, über die wir hüpfen mussten, um die feste Erde zu erreichen, die mit halbverfaulten Balken und Brettern eingefasst ist. Das Gedränge war groß, bald aber gelangten wir in eine breite Seitenstraße. Hier waren viele Leute, aber dennoch Platz! Große Scharen verschleierter Weiber nahmen mit uns denselben Weg, und bald befanden wir uns unter den Mauern des Serails, die gegen die Stadt sehr hoch sind und wie alte Festungsmauern aussehen. Hier und da ist ein Turm mit einer kleinen eisernen Tür, die nie geöffnet worden zu sein scheint; Gras und Schlingpflanzen hingen um die Angeln. Große, alte Bäume streckten ihre blätterreichen Zweige über die Mauern; man konnte glauben, es sei die Grenze des verzauberten Waldes mit der schlafenden Prinzessin. Vor der Sophienmoschee, zwischen der großen Fontäne[171] und dem Eingang zum Serail, wählten wir unseren Platz. Von hier aus hat die Sophienmoschee mit ihren vielen Kuppeln und Anbauen etwas, das uns an eine große Blumenzwiebel erinnert, welche um sich her viele kleine Zwiebeln angesetzt hat. Die Terrassen im Vordergrunde waren mit türkischen Weibern und Kindern angefüllt, die schimmernden, weißen Schleier gaben dem Ganzen etwas Festliches. Die Fontäne hinter uns ist die größte und schönste in Konstantinopel. Bei dem Namen Fontäne stellen wir uns im Allgemeinen ein Bassin vor, worin der Wasserstrahl plätschert. So sind sie aber nicht in der Türkei; eine richtigere Vorstellung erhält man davon, wenn man sich ein viereckiges Haus denkt, dessen Wände ganz pompejanisch bunt sind; der weiße Grund ist mit roten, blauen und vergoldeten Inschriften aus dem Koran übermalt, und aus kleinen Nischen, in denen Messingschalen angekettet sind, rieselte das geweihte, frische Wasser, womit der Muselmann zu bestimmten Stunden des Tages sich Gesicht und Hände wäscht. Das Dach ist ganz chinesisch und bunt bemalt oder vergoldet. Die Taube, der heilige Vogel der Türken, nistet hier; hundertweise flogen sie über unseren Kopf, von der Fontäne nach der Sophienmoschee und wieder zurück. Ringsum lag eine Menge türkischer Kaffeehäuser, alle aus Holz und mit Altanen, fast wie die Häuser in der Schweiz, aber bunter und weniger haltbar; kleine Baumpflanzungen befanden sich vor jedem und alle waren mit Tabak rauchenden und Kaffee trinkenden Türken angefüllt, die in ihren bunten Kaftans, einige mit Turbans, andere mit Fez, sozusagen die Häuser drapierten und die Gärten schmückten. Zwischen der Fontäne und dem großen Tore, das in den vorderen Hof des Serails führt, waren außerdem aus Brettern zwei lange Gerüste auf Tonnen und Tischen errichtet, eins höher als das andere und beide mit Polstern und Teppichen belegt, worauf sich verschleierte Türkinnen aus der niedrigsten Klasse hinstreckten.

Alte Türken, Perser und einige fränkische Fremde, deren unverschleierte Weiber Gegenstand der allgemeinen Betrachtung waren, hatten auf dem höheren Teil des Gerüstes Platz. Jetzt kamen mehrere Regimenter türkischer Soldaten, alle europäisch gekleidet, mit engen Beinkleidern und kurzen Wämsern, das weiße Bandelier kreuzweise über Brust und Schultern, sämtlich mit rotem, steifem Fez auf dem Kopfe. Die Garde nahm sich sehr gut aus, sie hatte neue Uniformen, steife Halsbinden mit Halskragen und trug heute zum ersten Mal, wie ich hörte, weiße Handschuhe; dagegen sahen andere Regimenter ganz abscheulich aus; ich will nicht davon sprechen, dass sich in diesen alle Gesichtsfarben fanden, sowohl weiß als braun und pechschwarz, aber es waren sowohl lahme als klumpfüßige Soldaten darunter. Die europäische Uniform war ihnen zu eng, und daher hatte ein großer Teil die Naht am Ellbogen aufgeschnitten oder einen langen Schnitt in die Beinkleider vor dem Knie gemacht, damit sie sich freier bewegen könnten, aber hierdurch ragte ein ganz nackter Ellbogen hervor, und während des Marsches kam das rote oder kohlschwarze Knie beständig zum Vorschein ans den blauen Beinkleidern. Besonders exzellierte hierin ein Regiment, welches ich das barfüßige nennen möchte, denn einige hatten nur einen Stiefel und einen Schuh, andere dagegen gingen ganz barfuß in Pantoffeln, und diese wieder von verschiedener Farbe. Unter klingendem Spiel zogen sie alle ins Serail, und nachdem sie vor dem Sultan defiliert hatten, kamen sie zurück und stellten sich in Gliedern an beiden Seiten der Straße auf. Äthiopier und Bulgaren standen nebeneinander, der Beduine wurde der Nachbar des Hirtensohnes von den Balkangebirgen.

Um zehn Uhr sollte die Prozession beginnen, aber es wurde gegen zwölf, ehe es dem Sultan gefiel, sich vom Serail fortzubegeben; die Sonne brannte mit Sommerwärme. – Eine Tasse Kaffee nach der andern wurde getrunken, das Brettergerüst fiel ein paar Mal zusammen und alle Türkinnen lagen auf einem Haufen! Es war ein langes Warten. Bis vor wenigen Jahren war es noch Sitte, auf diesem Platze die Köpfe derer, die im Hofe des Serails enthauptet waren, den Hunden vorzuwerfen; jetzt sah alles friedlich aus. Junge Türken, die ein wenig Französisch oder Italienisch konnten, ließen sich in ein Gespräch mit uns und den andern Franken ein, ja, sie zeigten die größte Bereitwilligkeit uns zu erklären, was unsere Aufmerksamkeit erregen konnte. Unten vor den Mauern des Serails breitete sich das sonnenbeleuchtete Marmorameer mit weißen Segeln aus und Asiens Berge schimmerten mit ihrem schneeigen Gipfel hoch oben in der klaren, blaugrünen Luft. Diesen grasähnlichen Schimmer der Luft hatte ich nie zuvor gesehen; ein junger Türke, der, wie er mir erzählte, am Ufer des Euphrat geboren war, sagte, dass der Himmel dort oft mehr grün als blau strahle. Nun ertönte der Kanonenschuss im Garten des Serails, die Prozession nahm ihren Anfang. Voran kam ein Musikchor zu Pferde; selbst der Beckenschläger und der Tambour ritten; die Zügel hingen dem Tiere lose um den Hals, während die Becken in der Sonne glänzten; nun kam die Garde, die sich in Wahrheit ebenso gut ausnahm wie irgend eine Garde in den christlichen Staaten; hierauf führte man eine Schar prächtiger

Pferde, alle ohne Reiter, aber mit herrlichen Schabracken geschmückt, roten, blauen und grünen, und alle wie übersät mit
Edelsteinen![172] Die Pferde schienen auf ihren feinen, kräftigen
Beinen zu tanzen, stolz erhoben sie den Hals mit der langen
Mähne; die roten Nüstern bebten wie das Blatt der Mimose,
und in den Augen leuchtete eine verständige Seele. Eine Schar
reitender, junger Offiziere folgte, alle insgesamt europäisch
gekleidet, in Röcken und mit Fez; Militär- und Zivil-Beamte,
alle in derselben Art gekleidet, folgten diesen, darauf kam der
Großwesir des Reiches, ein Mann mit einem großen, weißen
Bart.[173] An verschiedenen Stellen waren Musikchöre aufgestellt, eins löste das andere ab, man spielte namentlich Stücke
aus Rossinis „Wilhelm Tell"; plötzlich verstummten diese und
der Lieblingsmarsch des jungen Sultans begann. Derselbe ist
von Donizettis Bruder komponiert, der hier als Kapellmeister
angestellt ist.[174] Der Sultan kam; vor ihm her führte man einen
Zug arabischer Pferde mit noch prächtigeren Schabracken, als
die, welche wir vorher sahen. Rubinen und Smaragden bildeten Schleifen an den Ohren der Pferde, die Zügel aus Saffian
waren mit funkelnden Steinen übersät, Sattel und Decken mit
Perlen und Juwelen bestickt! Es war eine Pracht, als sähen wir,
was der Geist der Lampe, Aladdin, geschaffen. Umringt von
einer Schar junger Männer, alle zu Fuß und schön, als wären es
die Weiber des Orients, die sich ohne Schleier hinauswagten,
jeder mit einem grünen Federfächer in der Hand, saß auf einem prächtigen, arabischen Pferde der junge neunzehnjährige
Sultan Abdul-Medschid. Er trug einen grünen, über der Brust
zugeknöpften Rock und war ohne Schmuck, wenn man einen
großen Juwel und eine Paradiesvogelfeder ausnimmt, die auf
seinem rotem Fez befestigt waren. Er sah sehr blass und mager
aus, hatte leidende Züge und heftete seine dunklen Augen fest

Sultan Abdülmecid nach seiner Inthronisierung („Schwertumgürtung") 1839

auf die Zuschauer, besonders auf die Franken. Wir zogen unsere Hüte und grüßten; die Soldaten riefen laut: „Der Kaiser lebe!" Aber er machte nicht die kleinste Bewegung zu einem Gegengruß. „Weshalb grüßt er uns nicht?", fragte ich den jungen Türken an meiner Seite, „er sah ja, dass wir die Hüte abnahmen!" – „Er betrachtet Sie!", antwortete der Türke, „er betrachtete Sie sehr genau!"

Damit sollten wir uns begnügen, es war so gut als der beste Gruß. Ich sagte dem Türken, dass alle fränkischen Fürsten mit entblößtem Haupte unseren Gruß erwiderten. Dies kam ihm wie ein Märchen vor.

Paschas und andere Große des Reichs folgten nach; fränkische Offiziere in türkischen Diensten und darauf eine Menge Bedienung, Türken und Türkinnen schlossen den Zug. Es ward ein Gedränge, ein Gewühl! Halbnackte Straßenbuben mit verschossenen Turbans, alte Bettelweiber, mit Lumpen verschleiert, aber in Pantoffeln aus Saffian und bunten Beinkleidern, drängten sich schreiend durch das Gewühl. Allahu Akbar!*) brüllten sie, wenn die Soldaten ihnen den Gewehrkolben entgegenstreckten. Die ganze Straße war ein bunter Fluss von Fezen, Turbanen und Schleiern, und an beiden Seiten bewegten sich, als die Schilfgewächse dieses Flussufers, die blinkenden Bajonette. Überall wo die Franken die aufgestellten militärischen Reihen passieren wollten, kamen sogleich Offiziere und machten mit der größten Artigkeit Platz; sie trieben ihre Glaubensbrüder auf die Seite, und diese starrten auf die geehrten Franken, indem sie den Ausruf wiederholten: Allah Ekber!

---

*)   *Gott ist groß!*

29. Besuche und Abschied.

In Athen war ich mit mehreren Briefen an Personen versehen worden, die mir meinen Aufenthalt in Pera sehr angenehm machten. Besonders muss ich den österreichischen Internuntius, Baron von Stürmer, den griechischen Minister Christides und unseren dänischen Konsul, den Italiener Romani, nennen.[175]

Von Mauern umschlossen und mit einem großen, schönen Garten, wo man zwischen Rosen und Zypressen die Aussicht über die niedriger gelegene Stadt, den Bosporus und das Marmorameer hat, liegt die Residenz des österreichischen Ministers, die aus mehreren Gebäuden besteht.[176] Hier in den erleuchteten Zimmern, die alle europäischen Bequemlichkeiten, allen Luxus darbieten, fühlte man sich heimisch. Deutsche, französische und englische Zeitungen und Journale lagen ausgebreitet; es wurde gesungen und musiziert, einen großen Teil der diplomatischen Welt und mehrere interessante Familien lernte ich hier kennen, und die Stunden vergingen schnell. Wenn wir indessen in der Nacht aufbrachen, hatte der Heimweg etwas Eigentümliches. Im Korridor warteten die Diener mit Portechaisen für die Damen, die Herren wurden mit Fackeln durch die Straßen begleitet oder jeder trug seine Laterne mit Licht.[177]

Bei Ali Effendi und dem kaiserlichen Dolmetscher Saphet, welche beide in dem Gebäude wohnen, das den Namen „die hohe Pforte" führt, sah ich zum ersten Male das Innere eines türkischen Hauses.[178] Auf den Treppen und in den langen Gängen, die mit Binsenmatten bedeckt waren, wimmelte es von europäischen und asiatischen Muselmännern, sowie von armen Weibern mit Bittschriften in den Händen, dazwischen gingen Soldaten mit kurzen schweren Säbeln. Jeder Ankommende musste zuerst Schuhe oder Stiefel aus- und Pantoffel anziehen. Vor den Eingängen, die mit langen Teppichen bekleidet waren, hielten bewaffnete Diener Wache; in dem Zimmer erstreckte sich längs den Wänden ein Diwan, dieser war das vorherrschende Möbel. Ali Effendi unterhielt sich mit mir über Lamartines[179] Reise im Orient und fragte mich, ob ich meinen hiesigen Aufenthalt und den Eindruck, den Konstantinopels Anblick auf mich gemacht, schildern würde. Ich sagte ihm, ich hielte die Lage der Stadt für die schönste in der Welt, sie übertreffe weit die Neapels, aber wir hätten im Norden eine Stadt, die viel Verwandtes mit Konstantinopel darbiete; und ich beschrieb ihm Stockholm, welches von der „Mosebakke" aus gesehen etwas von dem Anblick hat, den Konstantinopel vom Peraturm hinaus, gegen die süßen Wasser zeigt. Der Teil von Stockholm, welcher Södermalm genannt wird, zeigt uns rot bemalte, hölzerne Häuser, Kuppeln auf den Kirchen, Fichten und Hängebirken, alles ist türkisch, nur die Minarette fehlen. – Im Verlaufe des Gesprächs fragte er mich, wie viele Tagereisen Stockholm von der Hauptstadt meines Vaterlandes entfernt liege, und sprach über die Verschiedenheit der Sprachen in diesen beiden Städten. Saphet Effendi war weniger gesprächig, aber höchst aufmerksam und, wie es schien, ganz europäisiert. – Dicker Kaffee und Pfeifen mit gutem Tabak wurden präsentiert; ich, der ich niemals Tabak rauchte, musste aus Höflichkeit eine Pfeife in den Mund nehmen, das war das einzige Unangenehme in „der hohen Pforte".

Romani erzählte mir, dass ich in Pera einen Landsmann

202

habe, einen Schuhmacher aus Kopenhagen; er sei verheiratet und ansässig und heiße Langsch, ein ganz dänischer Name, wie er sagte. Ich verneinte Letzteres, bat ihn aber, mich dahin zu führen. Wir kamen in eine der besuchtesten Straßen von Pera; dort hing über einer Tür ein echt dänisches Schild mit einem großen Stiefel und darunter stand der Name „Lange". Wir traten in die Werkstatt.

„Guten Tag! Ich treffe hier wohl einen Landsmann?", sagte ich, und sogleich sprang der Mann von seinem Stuhle auf, mit einem vor Freude strahlenden Gesichte. Ich drückte seine Hand und bald waren wir in dänische Begebenheiten vertieft; er erzählte mir, dass er vor neun Jahren Dänemark verlassen habe, durch ganz Ungarn und die Walachei gewandert sei, lange in Galacz gearbeitet und sich dort mit einem walachischen Mädchen verheiratet habe.[180] Vor wenigen Jahren waren sie hierher nach Pera gezogen, wo sie ihr hinreichendes Auskommen hatten. Er hielt Gesellen, konnte sogar eine kleine Summe zurücklegen, um einmal nach Dänemark zu reisen und wieder nach der Türkei zurückzukehren, wo es ihm so gut ging. Er bat mich, seinen Vater, der in Kopenhagen als Schuhmacher lebte, und seine Brüder und Schwestern zu grüßen.

Unser dänischer Gesandter, der Kammerherr von Hübsch, welcher in Konstantinopel geboren und immer dort gewesen ist, hat seine Wohnung in Bujukdere,[181] welches nicht weit vom schwarzen Meere liegt. Ein Besuch bei ihm wird von Pera aus immer eine kleine Reise, aber sie kann sehr bequem in einem Boote den Bosporus hinab gemacht werden. Herr von Hübsch war so aufmerksam, mich abholen zu wollen, damit ich einige Tage bei ihm zubringen könnte; aber selbigen Tags hatte der griechische Minister

Christides mich zu einem Diner eingeladen, wo ich mit mehreren Griechen zusammentreffen sollte, welches mich interessierte; den Ausflug später zu machen, erlaubten Zeit und Umstände nicht. Das österreichische Dampfschiff, welches von Konstantinopel über das Schwarze Meer mit den Dampfschiffen auf der Donau in Verbindung steht, ging gerade an diesen Tagen ab. Diese Fahrt interessierte mich in hohem Grade; ich hätte dadurch Gelegenheit erhalten, einen großen Teil von Bulgarien, der Walachei und Ungarn zu sehen. Aber in Rumeli war Aufruhr, man fürchtete, dass sich die Bewegungen auf die angrenzenden Länder erstrecken möchten.[182] In vollen drei Wochen war die österreichische Post, welche über Belgrad nach Konstantinopel geht, nicht eingetroffen, man glaubte mit Gewissheit, dass die Leute ermordet oder gefangen sein müssten. Niemand wusste hier recht Bescheid, es wurden keine Verhaltungsmaßregeln getroffen; der österreichische und russische Minister sandten Staffetten nach Adrianopel[183] und dem Balkan. Die Nachrichten, welche sie erhielten, waren höchst unvollständig, aber gewiss war es, dass die Härte und Ungerechtigkeit der türkischen Steuereinnehmer die christlichen Familien in den beiden Städten Nissa und Sophia zum Aufruhr veranlasst habe. Während des Osterfestes der Griechen waren die Türken, sagt man, in ihre Kirche gedrungen und hatten dort Frauen und Knaben geschändet, über 2000 sollten ermordet worden sein.[184]

An jedem zehnten Tage kann man von Konstantinopel die Reise über das schwarze Meer und die Donau nach Wien machen; aber so wie jetzt die Sachen standen, war zu befürchten, dass die Reise, je länger aufgeschoben, desto unsicherer würde, wenn sie dann überhaupt noch gemacht werden könnte und ich mich nicht genötigt sehen sollte, über Griechenland und Italien zurückzugehen. Im Hôtel, wo ich logierte, waren zwei Franzosen und ein Engländer, mit denen ich verabredet hatte, zusammen den Weg auf der Donau nach Wien zu machen; allein diese gaben den Plan ganz auf und wählten den Rückweg über Italien; sie sahen die Donaureise für ein ganz unsinniges Unternehmen an, und waren von Autoritäten, wie sie sagten, darin bestärkt worden; die aufrührerischen Bulgaren, meinten sie, würden kaum die österreichische Flagge respektieren, und würde man auch nicht getötet, setzte man sich doch hundert Unannehmlichkeiten aus.

Ich gestehe, dass ich eine höchst unruhige, schlimme Nacht verlebte, ehe ich mich bestimmen konnte; schon am Abend des nächsten Tages musste ich an Bord, wenn ich mit dem Schiffe fort wollte. Furcht vor den vielen Gefahren, die nach der Aussage aller bevorstanden, auf der andern Seite aber meine brennende Lust, etwas Neues und Interessantes zu sehen, brachten Fieber in mein Blut. Früh den nächsten Morgen ging ich zum Baron v. Stürmer, sprach mich gegen ihn aus und bat um seinen Rath. Er sagte, abends vorher sei ein russischer Kurier eingetroffen, der gerade den Teil des Landes passiert habe, durch welchen wir müssten, um von dem Schwarzen Meere die Donau zu erreichen, dass sich aber noch keine Unruhen gezeigt hätten; sowie dass zwei österreichische Offiziere, der Oberst Philippovich und Major Tratner, die beide vom Feldzuge in Syrien heimkehrten und die ich schon von den Diners hier im Hause kannte, gerade die Donaureise mit dem Schiffe zurück machen würden, das morgen früh abgehe.[185] Alle Depeschen und Briefe samt einer bedeutenden Summe Geldes, waren, da die Post nicht abgehen konnte, Philippovich übertragen, im schlimmsten Fall konnte er allen Schutz verlangen; diesen Herren konnte ich mich anschließen.

Die Reise war also nun bestimmt, und von dieser Minute an auch alle Furcht verschwunden. Zur nämlichen Stunde traf in Pera eine Nachricht ein, die augenblicklich das viele Gerede von einem Aufstande im Innern des Landes verdrängte: die traurige Nachricht, dass das Dampfschiff Stambul, das größte, welches die österreichische Compagnie besaß, heute Morgen, unter den starken Nebeln, die über dem Schwarzen Meere schweben, zwölf Meilen östlich von Amastra gegen eine Klippe gestoßen und untergegangen sei; alle Passagiere waren gerettet.[186]

Gegen Abend verließ ich Pera; vom Kirchhofe unter seinem hohen, runden Turme überschaute mein Auge noch einmal das große, wunderschöne Panorama von Konstantinopel, dem Marmorameere und dem schneebedeckten Olymp.

Es war das Dampfschiff Ferdinand I., welches mich über den Pontus Euxinus tragen sollte.[187] Es war angenehm und behaglich an Bord, und in der ersten Kajüte befand sich, außer Philippovich, Tratner und mir, nur noch ein Passagier, nämlich der Engländer Ainsworth, ein naher Verwandter des bekannten englischen Schriftstellers gleichen Namens,[188] der auf eine Expedition nach Kurdistan ausgesandt gewesen und nun zuletzt von Babylon kam.

Am Bord fand ich schon eine ganze Schar Deckpassagiere, Türken, Juden, Bulgaren und Walachen, welche es sich bequem machten, ihren Kaffee kochten und sich zum Schlafe hinstreckten; Boote umkreuzten unser Fahrzeug, Schiffe kamen und gingen. Es war eine Lebendigkeit auf dem Wasser, ein Sausen und Summen in Pera und Konstantinopel, als wenn ein Aufruhr durch die Straßen brause! Nein, von Ähnlichem kann nur das lebhafte Neapel einen Begriff geben.

Gerade über den dunkeln Zypressen des Serails stand der Mond rund und groß, aber ganz bleich in der leuchtenden blauen Luft. Die Sonne ging unter und ihre roten Strahlen fielen auf die Fenster drüben in Skutari, es sah aus, als ob dort Fackel neben Fackel angezündet sei, es blendete das Auge – aber in einem Nu waren sie ausgelöscht und der Abend senkte sich herab auf die klare Wasserfläche, die Kuppeln und Minarette. Dicht neben unserm Schiff wälzten sich große Delphine; von der Seite des Serails flogen große Gondeln pfeilschnell über den Golf, von zwölf bis zwanzig Mann gerudert, alle mit florartigen Ärmeln, die von den nackten, kräftigen Armen herabhingen; abgemessen folgten die raschen Ruderschläge, die Gondel flog wie ein Pfeil und hinten saß auf erhöhten, bunten Polstern und reichen Teppichen, die in das Wasser hinab hingen, der gravitätische Türke mit verschlungenen Armen; es war wie ein Traumbild, wie die Szene eines Märchens! Die Sterne funkelten, der Muezzin rief in hohlen, eintönigen Lauten von den Minaretten die Stunden ab.

Der Bosporus bei Hünkâr İskelesi

30. Bosporus.

Der Bosporus ist ein Fluss mit der Durchsichtigkeit des Meeres, ein Salzwasserfluss, der zwei Meere verbindet, ein Fluss zwischen zwei Weltteilen, wo jeder Fleck malerisch, jede Stelle historisch ist; hier wirbt der Orient um Europa und träumt sich der Herrscher zu sein. Ich kenne keinen Ort wie diesen, wo Kraft und Milde sich so vereinen. Die Ufer des Rheins, in aller Schönheit des Herbstes, haben doch nicht die Farben wie des Bosporus Küsten; der Rhein erscheint enge gegen das Bette dieser glasgrünen Gewässer, und doch musste ich an ihn denken, sowie an die Ufer des Mälarsees zwischen Stockholm und Upsala, wenn die warme Sommersonne zwischen den grünen Fichten und zitternden Birken scheint.

Der Wasserspiegel ist an den meisten Stellen nicht breiter, als dass man alles an beiden Küsten deutlich erblickt; in sieben Krümmungen schlängelt sich der über drei Meilen lange Strom zwischen dem Marmora- und dem Schwarzen Meere dahin, und fast in dieser ganzen Ausdehnung sieht die europäische Küste wie eine Stadt, eine einzige Straße aus, hinter welcher sich die Berge erheben, wenn auch nicht großartig, doch immer so, dass sie Berge genannt werden können, und auf diesen blüht es wie in einem Garten, einem echten botanischen Garten! Hier sind Birken, wie in Schweden und Norwegen, Buchen-Gruppen, wie in Dänemark, Pinien, Platanen und Kastanien, wie wir sie in Italien sehen, und Zypressen, kräftig und groß, wie nur der Kirchhof bei Pera und Skutari sie besitzt; mitten in diesem üppigen Grün erhebt sich die Palme mit ihrem breiten Kapitäl, eine Erinnerungssäule, die uns sagt, wo wir uns eigentlich in der Welt befinden.

Die ganze Küste scheint, wie gesagt, eine Stadt zu sein und ist doch keine Stadt! Hier wechseln Straßen und Gärten, Kirchhöfe und Weinfelder. Hier erblickt man eine Moschee mit ihren weißen, prangenden Minaretten, hier eine düstere, halbverfallene Festung, dort einen Palast, wie wir ihn uns im Morgenlande vorstellen, und hier kleine, rot bemalte, hölzerne Häuser, die von Norwegens Fichtenwäldern hergeholt zu sein scheinen.

Wenden wir nun das Auge gegen die asiatische Seite, dann ist Alles ebenso reich, ebenso abwechselnd, nur hat sie nicht diese Masse von Gebäuden, die uns darauf bringt, Europas Küste als eine unendliche Stadt zu betrachten; hier sind die Ebenen größer, die Berge höher und mehr verzweigt.

Den fünften Mai, Napoleons Todestag, sollte ich auf dem schwarzen Meere verleben! Es gibt für uns mehr Feiertage des Geistes, als die, welche der Kalender als Sonn- und Festtage bezeichnet. Unser eigenes Leben und die Weltgeschichte deutet uns einzelne an, die im Kalender nicht so hervortreten. Oft habe ich bei der Erinnerung an die Merkwürdigkeiten eines solchen Tages recht lebhaft gefühlt, wie prosaisch öde er mir vergangen war. Doch in diesem Jahre trat einer der berühmten Tage der Gegenwart recht eigentümlich und festlich vor mich hin; an seinem Morgen, um 4½ Uhr, segelte ich aus Konstantinopels Hafen, durch den Bosporus und hinaus in das Schwarze Meer.

Ich erwachte, als die Anker gelichtet wurden; eilig war ich angekleidet und trat aufs Verdeck. Alles lag in Nebel eingehüllt, aber nur einen Augenblick; er stieg mit einer wunderbaren Schnelligkeit zur Spitze von Peras Turm. Dieses, mit Galata und Topschana, lag hinter uns; die großen Kasernengebäude, die hohe Moschee in der Vorstadt Fündüklu[189] traten herrschend hervor mit der ganzen türkischen Flotte, die hier lag, kürzlich von Ägypten

heimgekehrt.[190] Wir glitten dicht an ihr vorüber; ringsum aus
allen Stückpforten steckten türkische Soldaten und Matrosen
ihre Köpfe; jeder von ihnen könnte in wenigen Minuten uns
wahrhaftere und an sich poetischere Dinge erzählen, als Pückler-
Muskau in seinen berühmten Werken;[191] aber unser Dampfschiff
war in der Fahrt, der Nebel auch, bald berührte er des Schiffes
Schornstein, bald erhob er sich, um in regenbringende Wolken
verwandelt zu werden, es war ein Leben, eine Bewegung über
uns, als ob Darius mit seinem Heer in diesen Nebelgestalten
wieder über den Bosporus ziehe. Es war Leben und Bewegung
um uns her durch Boote; die, welche von den Kriegsschiffen
kamen, waren groß und stark bemannt, andere aber, die von den
Küsten herruderten, waren dünne, zerbrechliche Gondeln, in
denen der Türke mit gekreuzten Beinen am Boden lag. Jedoch
auf unserem Fahrzeug war es still. Über das Verdeck hatten die
Türken bunte Teppiche ausgebreitet, einige schliefen, eingehüllt
in ihre gefütterten Pelze, andere tranken ihren dicken Kaffee,
oder bliesen Wolken aus ihren langen Tabakspfeifen. Der Nebel
sank und stieg, wie damals, als die Welt aus dem Chaos gebildet
wurde; bald brach die Sonne hervor, bald schien sie wieder keine
Macht zu haben; die in der Ferne liegenden Schiffe erhielten das
Aussehen von Nebelbildern, ich musste an das Totenschiff und
den fliegenden Holländer denken.

Topschana und Pera schienen mit Konstantinopel eine Stadt
auszumachen, Skutari die Vorstadt zu sein; dieses mit seinen
weißen Minaretten, rotbraunen Häusern und grünen Gärten lag
eben in dem hellsten Sonnenlicht; es ergoss sich über die ganze asiatische Küste: Man sah das lieblich hochgelegene Dorf
Kandelli,[192] den kaiserlichen Garten und die ausgedehnten Pa-
läste des Großherrn. Welcher Reichtum, welche Naturpracht
um des Bosporus Küsten! –

Wie oft, als ich ein Knabe war, segelten nicht meine Gedanken durch „Tausend und eine Nacht", und ich sah wunderbare Schlösser aus Marmor mit hängenden Gärten und kühlen Springbrunnen! Hier zeigte sich mir in der Wirklichkeit ein solches; es war der auf europäischer Seite vor Kurzem vollendete Sommerpalast, in welchen voriges Jahr Sultan Abdul Medschid als der erste Bewohner einzog. Er ist in morgenländischem Stil und großen Verhältnissen gebaut, mit Marmorsäulen und hohen Terrassen.[193]

Dies ist die Szene für das Liebesglück eines jungen, noch nicht zwanzigjährigen Fürsten; hier, um im Geiste der türkischen Dichter und mit ihren Worten zu reden, kommt der Lenz frühe und legt der Tulpe ihr rotes Gewand an, dem der Tau silberne Perlen ansetzt, und für den jungen Fürsten erheben Zypressen und Platanen betend ihre Hände, dass sie ihm während eines langen Lebens Schatten gewähren mögen! – Aber was ist ein langes Leben? Ein glückliches Leben! Und was ist ein glückliches? Ja, die Begriffe sind verschieden, ein unsterblicher Name oder der Liebe Glück?! Frage den Jüngling! Ach! Nicht jeder ist ein Alexander, der Beides gewinnen und doppelt gewinnen kann, indem er mitten im Siege stirbt.

Der Schlossgarten erstreckt sich hinab zum Dorf Kurutscheme,[194] dessen eigentümliche, hölzerne Gebäude längs dem Wasser die Aufmerksamkeit auf sich ziehen; eine Etage hängt über die andere hinaus, von Balken unterstützt, die schräg ins untere Holzwerk eingreifen. Der Pfad zwischen den Gebäuden und dem Wasser ist solchergestalt von den vorspringenden Etagen so gut wie bedeckt. Hier wohnen mehrere ältere Sultaninnen; die Fenster sind deshalb dicht mit Jalousien versehen, an denen natürlicherweise die Gucklöcher nicht fehlen, durch welche die vormals Schönen und Mächtigen aufs Wasser und

Das Palais des Said Pascha in Kuruçeşme

die fremden Schiffe hinausblicken können. Ach, jede dieser Frauen war einst ein Schönheitsgedicht, nun sind sie vergessen, und sie können sich nicht damit trösten: „Vergessene Gedichte sind neue!" Die langen, seidenen Augenwimpern, die eine Reihe Pfeile waren, welche in die Brust drangen, hängen nun, gleich Trauerweiden, über des Auges See, das Einzige, worin sich noch ein Schönheitsstern spiegelt, und sie ziehen den Schleier dichter zusammen, nur nicht vor das Auge, das darf gesehen werden und es sieht. Der Himmel weiß, welches Auge unser und unseres Schiffes Spiegel war, als wir an Kurutscheme vorbeisegelten; auch das Schiff geriet in stärkere Bewegung; der Steuermann erklärte es dadurch, dass hier die schlimmsten Strömungen im Bosporus wären.

Das reizende Tal Bebek mit seinem Lustschloss eröffnete sich uns; es wird von den dunkeln Zypressen eines Kirchhofs begrenzt.[195] Aber diese wenigen Worte geben kein Bild; das Auge muss dieses Tal sehen, welches wie ein Park in dem schönsten Sonnenlicht eine Abwechselung von Grün zeigt, wie sie auf keiner Palette gemischt wird; man muss diese Weiden sehen, deren bewegte Zweige mit ihrem Schatten auf der Erde zu spielen scheinen, diese Gruppen von Laubhölzern, unter deren schattenreichem Dach die wilde Turteltaube ihr Serail hat; diese fetten, grünen Grasebenen, wo der weiße, glänzende Ochse wie ein Marmorbild der Vorzeit steht, halb in dem hohen Grase verborgen. Hier ist Leben, Sonnenschein und Genuss, dicht nebenan ist die Grenze, der dunkle Zypressenhain mit den Toten, mit Schatten und Ruhe.

Wir glitten an dem Kirchhofe vorbei; malerische Felsen erhoben sich, wir waren an der Stelle, wo Androkles von Samos die Brücke über den Bosporus schlug, über welche Darius die Perser nach Europa gegen die Skythen führte.[196] Einer der Felsen wurde damals zu einem Thron für Darius umgeformt, von wo er den Übergang sah; keine Spur ist hiervon mehr da. Osmanische Heilige ruhen am Fuß des Felsens; heilig ist jetzt der Grund, den die wilden Heere betraten; hohe, schwarze Zypressen halten an den Gräbern Wache. Die fliehenden Vögel des Bosporus, die Seeleute nennen sie die verbannten Geister, flogen uns hier entgegen und kehrten im nämlichen Augenblick wieder um. Hier lagen auf asiatischer und europäischer Seite die mächtigen Schlösser Anatoli Hissari und Rumili Hissari,[197] die die Einfahrt beherrschen sollten, aber die Schießlöcher sind zugemauert; schon lange waren die Gebäude in Gefängnisse verwandelt; „die schwarzen Türme" heißen die Schlösser jetzt, wo tausend Christen geschmachtet haben. Das Schloss europäischer Seite ist seltsam gebaut, der Sultan Mohamed wollte, dass es seinen Namen bilden sollte, so, wie dieser mit arabischen Schriftzeichen geschrieben wird. Hundert christliche Kirchen ringsum mussten Materialien zu diesen bewohnten Ziffern geben – aber keine Freude hat in ihnen geatmet, Todesseufzer haben Mohameds Namenszug durchzittert. Fest gemauert ist Stein auf Stein; doch wird der starke Finger der Zeit diese Schrift verwischen und wo sie stand, wird die Erde auf ihre schwarze Tafel die Dichtung des Frühlings schreiben: duftende Sträucher, Gras und Blumen. Am schönsten ist hier die asiatische Seite. Hinter der düsteren Festung erstreckt sich das Tal mit „den himmlischen Wassern" ins Land, dieses unter allen Tälern am Bosporus als das schönste gepriesene, dessen Naturpracht dem Bach seinen Namen gegeben hat; aber wir glitten zu schnell vorüber, wir sahen nur so viel, als man beim Blick in die offnen Augen eines hübschen Weibes von der Schönheit ihrer Seele lesen kann.[198]

Kandiliches Große Moschee erhob sich vor uns, als sei es die Ahmed-Kirche, die von Mohameds Engeln getragen war, dass wir noch einmal uns an ihrem herrlichen Anblick erquicken sollten. Ein kleines Dorf lag fast verborgen zwischen riesengroßen Feigenbäumen, es hat von diesen den Namen: die Feigenstadt.[199]

Zwischen Linden, Tränenweiden und Platanen erhob sich amphitheatralisch Sultanje und spiegelte sich verkehrt in der stillen Wasserfläche unter der Küste. Das weiße, schlanke Minarett, welches in der Wirklichkeit nach dem Himmel deutete, und welches auf der Wasserfläche abwärts zeigte, schienen zu sagen: „Seht nicht nur das Leben im Sonnenglanz um euch her, seht es droben in den eilenden Wolken und fliehenden Vögeln, seht es im Gewimmel auf dem Wasser zwischen den beiden Weltteilen!" Und wahrlich, hier war Leben und Regsamkeit! Große Boote mit Türkinnen, in weite luftige Schleier gehüllt, setzten von einem Ufer zum andern hinüber. Gerade unter unserem Fahrzeug erhob sich eine der jüngsten Frauen in einem der Boote, sie blickte auf, und es tönte vor meinem Ohre der persische Gesang von dem Wuchs der Zeder und der Pracht der Tulpe. Wer hat nicht plötzlich in einer finstren Nacht durch einen einzigen Blitz die ganze Gegend erleuchten und alles wieder Nacht werden sehen? Aber nie vergisst man das Bild, das man sah; hier kamen zwei Blitze, jedes Auge sandte einen solchen, und dann ward es Nacht; wir sahen nicht mehr die Tochter des Orients, aber schon Jahrhunderte vor unserer Zeit hat der Dichter von ihr gesungen: „Trocknet sie ihre Locken mit dem Tuche, dann duftet es von Moschus, trocknet sie die Tränen ab von ihren Augen, dann rollt die Perle aus dem Tuche; berührt es ihre Wange, dann füllt es sich mit duftenden Rosen, und drückt sie es gegen ihren Mund, dann umschließt es eine paradiesische Frucht!" Ich blickte nach dem Boot, wir waren ihm fern; die Frauen in den weißen Schleiern schienen

Die Festung Rumeli Hisarı

Geister in dem Boote Charons,[200] und in den Gedanken lag
Wahrheit, denn was wir nie wieder erblicken sollen, ist für uns
unter den Toten. Sie hatte eine Orange ins Wasser geworfen,
diese schaukelte auf dem Strom, wie ein Erinnerungsstern an
die Begegnung. Lange Fischerboote schossen an großen Schiffen vorbei, die von dem Schwarzen Meere kamen, Russlands
Doppeladler schlug mit den Flügeln in der stolzen Flagge. Still
und auf dem Wasser schaukelnd vor einem Fischerdorf, ich
glaube Baikos,[201] lagen Hütten, die unten in ein ausgespanntes
Netz endigten, worin Schwertfische gefangen werden sollten;
ich sage Hütten, man könnte sie auch Körbe nennen; in jedem
saß ein halbnackter Fischer und besorgte den Fang.

Auf europäischer Seite näherten wir uns Therapia, in dessen
tiefem Golf einige große Schiffe lagen.[202] Ein kleines Boot
begegnete uns hier, ein alter Neger führte das Ruder. Er trug
einen wollenen Kittel, wie die Griechen, große silberne Ringe
hingen in seinen Ohren, aber auf dem Kopfe hatte er nur sein
dickes, wolliges Haar. Das Boot war buchstäblich mit Rosen
angefüllt; ein kleines Griechenmädchen, ihr dunkles Haar um
den roten Fez geflochten und mit einem großen Goldstück geschmückt, lehnte sich stehend an einen der Körbe mit Rosen,
in der Hand hielt sie eine bulgarische Handtrommel. Das Boot
schaukelte bei der verstärkten Wogenbewegung, in welche die
rasche Fahrt unseres Schiffes den Strom versetzte; das kleine
Mädchen hielt sich fester an einem der Körbe, dieser fiel mit
ihr um und ergoss seinen Strom von Rosen über ihre Brust
und ihr Gesicht. Sie erhob sich wieder und als sie sah, dass wir
sie betrachteten, schlug sie lachend auf die kleine Trommel,
warf sie darauf in den Korb und hielt eine Hand voll Rosen
vor ihr Gesicht. Das Boot, der Neger, das kleine Mädchen und
als Hintergrund Therapia mit seinen Gärten, Gebäuden und

Schiffen, war ein Gemälde, das festgehalten zu werden verdiente. Aber bei der ersten Wanderung durch eine große und reiche Bildergalerie, verdrängt ein Gemälde das andere, und der Bosporus ist ein solcher Bildersaal mit tausend Bildern, wie nur die größten Meister sie uns geben können. Ich, der ich davon erzähle, habe nur ein einziges Mal in meinem Leben von einem Dampfschiff in seiner Fahrt diese Küsten beschaut.

Eine größere, breitere Bucht, als die wir bisher gesehen, machte den Vordergrund für das nächste Bild aus. Der Sommeraufenthaltsort der Gesandten, Bujukdere, lag vor uns;[203] ich suchte unter den vielen Flaggen der Nationen, die dort flatterten, die meines Vaterlandes und entdeckte sie! Ich sah das weiße Kreuz in dem roten Grunde! Dänemark hatte sein weißes Christuskreuz in dem Lande der Türken aufgepflanzt. Die Flagge flatterte im Winde; es war, als bringe sie mir einen Gruß aus der Heimat. Mein Nachbar am Schiffsbord zeigte auf die große Wasserleitung mit den doppelten Bogen, die sich mitten in dem Grünen des tiefen Tals erhob.[204] Ein anderer erzählte von Medea, die hier gewandelt sei, wo jetzt die Seeleute ihre Boote unter die hohen Platanen hinauszogen; aber mein Auge und mein Gedanke waren nur bei der dänischen Flagge, die ich auf meiner ganzen Reise hier zum ersten Male wieder sah; Erinnerungen, die das Herz weich und sanft machten, tauchten in der Seele auf.

Welche Schönheit und Milde konnten des Bosporus Ufer uns nunmehr zeigen? – Und gleichsam im Gefühl hiervon verwandelten sie sich plötzlich in eine wilde Natur. Gelbliche, zerrissene Felsen entstiegen dem Wasser; Batterien, angelegt, um den Bosporus gegen die Streitereien der Kosaken zu schützen, vermehrten den unfreundlichen Anblick. Der Turm höher hinauf wird der Ovidsturm genannt, und die Sage berichtet, aber

Die Einmündung des Bosporus ins Schwarze Meer

fälschlich, dass hier am schwarzen Meere der Dichter gefangen gesessen hätte.[205] Der Turm ist nun eine Ruine, die, wenn die Sonne untergegangen ist, als Leuchtturm benutzt wird; große Fackeln werden angezündet, die rote Flamme leuchtet den Schiffen des Schwarzen Meeres.

Auf asiatischer Seite ist noch während einer kleinen Strecke alles üppig grün, bald aber tritt, wo die Küsten sich am meisten nähern, die wilde Felsennatur auf beiden Seiten gleich kühn hervor. In Asien endigt hier die bithynische Bergkette, in Europa die thrakische. Kein Pfad schlängelt sich nun noch längs dem Wasser, Gemsen klettern hoch auf den seltsamen Klippen. Das Schwarze Meer liegt vor uns, und auf den Spitzen der beiden Weltlande stehen Leuchttürme mit Willkommenflammen und Abschiedssternen, je nach dem Kurs des Schiffes.

Nahe am Ufer erheben sich wunderbare Felseninseln, sie scheinen gegeneinander hingeschleudert, der eine Steinblock scheint den andern zu halten. Die Sage erzählt: „Einst schwammen die Felsen, sie zermalmten die Schiffe zwischen sich, erst als die Argonauten an ihnen glücklich vorbei gesegelt waren, wurden sie gefesselt."[206]

Die Sonne beschien die nackten Steine, das Meer lag unendlich groß vor uns, wir fuhren hinaus. Die Nebel, welche während unserer ganzen Schifffahrt durch den Bosporus bald stiegen, bald sanken, aber doch nie die Ufer verbargen, fielen nun wie ein Vorhang, der vor einer prachtvollen Operndekoration herabrollt; in einem Augenblicke waren Asiens und Europas Küsten uns nicht mehr sichtbar, die Seevögel umkreisten den Schornstein des Schiffes und eilten dann wieder zurück; wir sahen nur Meer und Nebel.

Briefe von H. C. Andersen

An J. C. Hauch

Athen, den 7. April 1841

Lieber, lieber Hauch!

Aus der Stadt Minervas kommt mein Brief; ich hatte schon lange beschlossen, dass Sie von hier einen Brief haben sollten.

Wie viel Neues und Interessantes habe ich nicht erlebt, seit Sie zuletzt durch meinen Brief an Ingemann von mir gehört haben.

Ich bin gleich nach dem Karneval aus Rom abgereist und fand bei meiner Ankunft in Neapel einen Brief von daheim mit einer Anweisung auf 350 Speziestaler; ich brauchte also nicht sofort in den Norden zurückzukehren, und ich beschloss nun, nach Sizilien zu gehen; aber die Dampfschiffe gingen so kreuz und quer, dass es sich nicht anders arrangieren ließ, als dass ich entweder einen Monat in Sizilien blieb, und dazu reichte meine Kasse nicht, wenn ich nach Griechenland wollte, oder auch mich gleich nach Malta einschiffen musste.

Es war winterlich in Neapel; alle Bäume waren mit Schnee bedeckt, und doch brannte die Sonne. Ich bekam einen Fieberanfall, musste sofort zur Ader gelassen werden, und das half. Am 15. März ging ich an Bord des französischen Kriegsdampfschiffs Leonidas und war nach zweitägiger Fahrt, wobei ich die Küste von Sizilien sah – der Ätna war vollkommen mit Schnee bedeckt –, auf Malta. Hier war eine afrikanische Glut. Die Palmen wuchsen im Wallgraben, und diese Palmen waren ungefähr die einzigen Bäume, die ich auf der ganzen Insel gesehen habe; ich fuhr den ganzen Tag viel umher, sah, was dort zu sehen war, und bekam einen recht guten Eindruck von Land und Volk. Die beiden nächsten Nächte und Tage dagegen sahen wir kein Land; aber das Meer war totenstill; Delphine, große, schwarze Meerpferde, tummelten sich vor uns; es gingen wunderliche Flammen durch das Wasser, ein Phosphorleuchten, als blitzte es aus der Tiefe. Die Venus schien so klar, dass sie einen Streifen über das Wasser warf, wie bei uns daheim der Mond; mitten auf Deck saß eine seltsame Gruppe: ein Perser, ein Türke, ein Beduine und ein Maure aus Malta. Bei Kap Malia sah ich eine einsame Hütte dicht an der Brandung; dort wohnte ein griechischer Eremit, der viele Jahre lang dort gelebt haben soll. Die Fahrt durch den Archipelagus war etwas ungemütlich; ich wurde seekrank und blieb es, bis wir nach Syra kamen, der Zwischenstation zwischen Orient und Okzident. Hier sah ich die erste griechische Stadt, die meine Erwartungen weit übertraf; aber sie konkurriert auch mit Athen; sie war etwa wie Odense, vielleicht etwas kleiner. Mein Schiff sollte nach Konstantinopel, ich musste also auf Syra auf eine Schiffsgelegenheit nach Athen warten oder ein von Alexandrien eingetroffenes Schiff besteigen, das noch drei Tage in Quarantäne liegen musste, wenn es nach Piräus kam; ich wählte dies und bestieg das Schiff.

Am nächsten Morgen lagen wir schon in der Bucht von Piräus und hatten Aegina und den Meerbusen von Salamis hinter uns und den Berg Hymettos und den Parnass vor uns. So schöne Bergformationen, wie Griechenland hat, besitzt Italien schwerlich! Der Himmel kommt mir hier auch viel höher vor.

Am 24. wurde ich aus der Quarantäne entlassen und fuhr nach Athen. Vor acht, neun Jahren ruderte man über einen Sumpf hierher; jetzt führt ein schöner Weg nach Athen, auf dem viele Wagen verkehren; man sieht nur sehr wenige Kamele. – – – Man kann fast sagen, dass Athen mit jeder Stunde wächst; Häuser und Straßen schießen aus dem Schutt empor; mehrere Straßen sehen genau aus wie unsere Buden auf dem Jahrmarkt· Zelte sind ausgespannt, alle möglichen Waren sind ausgelegt, und hübsche Griechenknaben hocken dahinter und verkaufen sie, einzelne Stadtviertel sind nur Schutthaufen, und mitten in diesen sieht man ein Loch; das ist der Eingang zu einer Wohnung; man muss sich bei jedem Schritt vorsehen, denn man steht plötzlich vor einem Brunnen ohne das geringste Geländer; überall liegen Kapitelle, zerbrochene

Marmor-Basreliefe, überall stehen zerfallene Kirchen mit den bunten Heiligenbildern an den Wänden; die Türken haben jedes Gesicht zerkratzt und Christi Augen und Mund mit Kugeln durchschossen. Täglich gehe ich zur Akropolis hinauf; die Aussicht ist unvergleichlich, und der Ort selber eine zertrümmerte Feenwelt; wilde Gurken überwuchern die Stufen des Pantheons; überall liegen unbestattete Totenschädel von Türken und Griechen; überall sieht man Bomben aus der Zeit der Venezianer.

Ich bin im Kerker des Sokrates gewesen; es sind zwei schmale, viereckige Höhlen in einem Felsen in der Nähe von Athen; am Eingang wuchsen schöne rote Blumen; ich pflückte eine und dachte an Oehlenschläger; wollen Sie ihm diese Blume von mir geben? Er wird deshalb nicht über mich lachen. Sagen Sie ihm auch, dass er oft in meinen Gedanken ist und dass seine Beteiligung an dem kleinen Abschiedsfest, das meine Freunde mir vor meiner Abreise in der Heimat gaben, mich gerührt und mir wohlgetan hat. Mein besseres Ich schätzt den Dichter und den Menschen in ihm mehr, als ich auszusprechen vermag oder ihm je werde sagen können.

Ich habe hier in Athen bei Landsleuten und Fremden eine solche Gastlichkeit und ein solches Entgegenkommen gefunden, dass ich überrascht bin.

Der Hofpfarrer der Königin, Lüth, und der bekannte Doktor Ross haben beide meinen Geburtstag am 2. April gefeiert; dass der Champagner knallte, dass wir wie in einer dänischen Stadt speisten, war nicht die Hauptsache; sie haben aber etwas recht Eigentümliches zustande gebracht. Ich hatte den Tag in Delphi feiern wollen, aber der Winter ist auch hier gekommen, selbst der Hymettos ist verschneit; es war unmöglich, in diesem unwegsamen Lande eine Fahrt zu machen. Ross engagierte also zwei Rhapsoden aus Smyrna, und die sangen mir all ihre berühmten griechischen Gesänge vor, dass mir die Tränen in die Augen kamen; denn es war die ganze Geschichte des Volkes. Sie sangen von den Tagen ihres Elends, Rhigas Freiheits- und Kampflieder, von König Ottos Einzug in

*Nauplion, und endeten – das war scheußlich anzuhören – mit einem
Potpourri aus Fra Diavolo und Robert, recht als wollten sie sagen:
So kommen nun alle die französischen Melodien und löschen die
charakteristischen Gesänge aus! Pfarrer Lüth hatte einige griechische Tänzer bestellt, und ich habe all ihre Tänze zu sehen bekommen.
Kloster Daphne und Eleusis habe ich gesehen. Ich bin in den öden
Bergen gewesen, wo alles nach Thymian duftete, wo wir stunden-
lang nicht einen Menschen trafen und wo die Wolken wie ein ver-
steinerter Wasserfall an den Felswänden hingen.*

*Ich bin zum Hofgottesdienst bei der Königin gewesen; die Choräle
wurden zu Klavierbegleitung gesungen; ich fühlte eine wunderliche
Rührung dabei, wie nie daheim.*

*Eine Fahrt nach Marathon glückte nur halb; es gab Platzregen und
Sturm; so habe ich die große Ebene gesehen. Platos Akademie ist
ein steiniger Acker, der Fluss Cephisus ein Bach, über den man
hinüber springen kann. Wie malerisch das Volk, wie großartig das
Land ist! Aber es ist eine Ruine, eine Wildnis!*

*Gestern war das Freiheitsfest der Griechen, gestern war der Tag,
an dem das erste Türkenblut geflossen ist! Der König und die Königin in griechischer Tracht fuhren zur Kirche; diese ist wie eine kleine Dorfkirche bei uns. Sie standen während der ganzen Zeremonie;
über ihrem Platz wölbte sich ein Thronhimmel; Minister und Be-
amte füllten die Kirche; es war eine besondere Vergünstigung, dass
ich anwesend sein konnte; die Gesänge der Geistlichen mischten
sich mit kriegerischer Musik. Am Abend war die ganze Stadt und
die Akropolis illuminiert; unter den vielen Transparenten gefiel mir
eins am besten, nämlich ein Ziegenbock, der von einem Weinstock
fraß, mit der Unterschrift: „Ich kann bis zur Wurzel verzehrt werden, ich wachse doch wieder empor!" Alle Straßen wimmelten von
festlich gekleideten Griechen; aber außer auf den Balkonen sah
man kein einziges Frauenzimmer.*

*Ich glaube nicht, dass die Katholiken es mit dem Fasten so streng
nehmen wie die Griechen; daher ist die Osterfreude hier auch*

225

jubelnder. Man sagt mir, dass ich hier das charakteristischste Volksfest erleben werde: In der Karfreitagnacht ziehen sie mit Fackeln und der Bahre Christi durch die Straßen; am Ostertage tanzen alle jungen Mädchen durch die Stadt. Das werde ich sehen!

Es war mein höchster Wunsch, von hier nach Smyrna zu fahren, das mit dem Dampfschiff nur vierundzwanzig Stunden entfernt ist, und von da nach Konstantinopel und dann entweder auf dem Donauwege oder über Triest heimwärts; aber das kostet hundert Speziestaler mehr, als ich habe, wenn ich nicht von Triest oder Wien in fliegender Fahrt nach Hause jage, und zwar schon im Juni. Meine Quarantäne auf Syra wird, sagt man, etwa drei Speziestaler täglich kosten, dort dauert sie vierzehn Tage, später habe ich zehn ähnliche Tage in Triest. Fahre ich über Malta, so habe ich eine vierundzwanzigtägige Quarantäne, die noch teurer ist; ganz englisch! Es ist traurig; aber ich will mir den Augenblick hier nicht verderben! In acht Tagen, wenn das Wetter es zulässt, wandere ich nach Patras.

Lassen Sie mich in Wien in den ersten Tagen des Juni einen Brief von Ihnen finden; es wird mich so sehr freuen.

Sie wissen wohl aus den Zeitungen, dass die Kreter zu den Waffen gegriffen haben.

Auf einem englischen Schiff, das aus Marmaritza gekommen ist, ist die Pest ausgebrochen; acht Menschen sind schon gestorben.

Grüßen Sie Ihre liebe Frau und alle Kinder! Lassen Sie Ingemann diese Epistel lesen; er und seine Frau sind so oft in meinen Gedanken, und ich hoffe im Sommer auf der Heimreise eines Morgens nach Sorö zu kommen, um dort einen Tag lang zu bleiben und meine Lieben zu begrüßen! Gott segne und erfreue Sie, wie Sie mich erfreut haben! Wenn Sie nach Wien schreiben, so lassen Sie den Brief dort an unsere Gesandtschaft gehen oder poste restante.

Köppen in Piräus lässt Birck grüßen; ich desgleichen. Grüßen Sie bitte Lorenzen und alle in Sorö, die sich freundlich meiner erinnern. Und nun noch einmal leben Sie wohl, bis wir uns wiedersehen!

Ihr Ihnen herzlich ergebener H. C. Andersen

Nachschrift. *Ein griechisches Volkslied, das noch nicht über-*
setzt ist, habe ich von Doktor Ulrik bekommen; hier folgt es,
unverändert, aber das Original hat ein schönes Versmaß:

„Der verzauberte Liebende.
Fliegt, fliegt, schwarze Vögel, und fliegt mit Gott! Nehmt tausend
Grüße meiner Liebsten mit! Kommt ihr nach Athen, in meine Hei-
matstadt: dort steht im Hofe, dicht am Tor, ein Apfelbaum; setzt euch
in seine grünen Zweige und singt für sie, die einzige, die ich geliebt
habe; sagt ihr von mir, sie solle nicht mehr auf mich warten und
sich nicht sehnen; denn als sie in das Land kam, wo ich bin, wurde
ich ein Sklave und musste die Tochter der Witwe freien, die Tochter
der Zauberin, die den Lauf der Ströme verzaubert, dass sie nicht
fließen, die die Strömung des Meeres verzaubert, dass die Schiffe
still stehen, die die Brunnen verzaubert, dass sie nicht fließen; sie
hat auch mich verzaubert, so dass ich hier bleiben muss; gedenke
ich zu fliehen, so gibt es Regen und Schnee; kehre ich zurück zu ihr,
so scheint wieder die helle Sonne. "

Ist das nicht ein höchst poetisches Gedicht? Das Versmaß ist,
wie gesagt, schön; zum Beispiel:

„Fliegt von hier, ihr schwarzen Vögel! Fliegt, ja fliegt mit Gott!"

Am Sonntag soll ich dem König und der Königin von Grie-
chenland vorgestellt werden.

An Frau Signe Lässöe

Wien, den 20. Juni 1841

Sie und Jette Wulff waren die beiden einzigen, von denen ich hier bei meiner Ankunft in Wien Briefe vorfand; drei Monate lang konnte ich nichts von daheim hören und hatte daher unglaubliche Sehnsucht. Nun, möge Gott Sie erfreuen, wie Sie mich erfreut haben. Allerdings bin ich jetzt so gut wie zu Hause; denn ich bin ja in Wien; aber es wird doch bis Mitte August dauern, bis ich Sie von Angesicht zu Angesicht sehen kann.

Oh, glauben Sie mir, ich habe sehr oft gewünscht, Sie könnten sehen, was ich gesehen habe; ich weiß, Sie würden glücklich gewesen sein; doch nur Momente hätten Sie genießen müssen; glauben Sie mir, tausend Illusionen stürzten auch hier vor der Wirklichkeit zusammen. Sie fürchten, dass ich von der Schönheit und Größe um mich her nicht so ganz durchdrungen gewesen bin; ich glaube es doch, – wenn auch nicht so, wie Sie es möchten! Noch hat kein Buch ein wahres Bild von Griechenland und von dem, was ich vom Orient gesehen habe, gegeben. Lamartine hat sicher weit vom Schuf in aller Bequemlichkeit über die schönen Themen phantasiert, die in seinem Erinnerungsbuch lose aufgezeichnet standen. Ich bin glücklich über das, was ich gesehen habe; aber die Ausbeute ist ganz anders, als ich erwartet hatte. Sie selber würden – aber Sie sollen den Orient nur momentweise sehen!

Was die Dardanellen betrifft, so muss ich bei der Wahrheit der Schilderung bleiben, die ich Ihnen früher gegeben habe; „die von allen beschriebene himmlische Einfahrt nach Konstantinopel", wie Sie schreiben, existiert, und ich habe sie gefunden; aber es ist die Einfahrt vom Schwarzen Meer und nicht vom Marmarameer, woher ich kam, als Sie meinen Brief erhielten; doch auch die Einfahrt vom Marmarameer ist schön, obgleich sie mich nicht begeisterte;

der Himmel war dick, ein kalter Wind kam vom Schwarzen Meer,
das Ganze war großartig, hatte aber für mich etwas Unheimliches.
Doch ich darf keinen Platz mit der Schilderung des weniger Schö-
nen verschwenden, wo sich so unendlich viel Herrliches offenbart
hat. Glauben Sie, ich vergesse die nackten, versengten Inseln, wo
Homer seine Lieder sang, oder die niedere Küste im Nebel, wo
Achilles' Grab wie ein dunkler Punkt in der nebligen Luft steht, die
so oft über den Ebenen von Troja liegt, oder Griechenlands Him-
mel und Berge, die Erinnerungen, die bei jedem Schritt aufwachen?
Oh, das ist ein Bild in meiner Seele, das ich nie ganz wiedergeben
kann!

Aber ich will den Faden anknüpfen, wo ich neulich aufhörte, als ich
aus Konstantinopel schrieb! Ich bin zehn Tage dort gewesen, habe
die Tage in der Natur und im Volksgewimmel und die Abende in den
Salons der Gesandten verlebt. Der österreichische Internuntius war
besonders liebenswürdig, ebenso der griechische Gesandte Christi-
des. Während meines Aufenthaltes dort war Mahomeds Geburtstag;
am Abend vorher wurden alle Minarette mit Lampions illuminiert.
Etwas Magischeres habe ich nie gesehen! Bei Sonnenuntergang
ging ich in Pera auf die Straße; der ganze Osten war ein Purpur;
aber über mir erleuchtete schon der Vollmond die wunderbare, un-
begrenzte Luft; ich sah die Sterne aufglitzern, und zu meinen Füßen
breitete sich ein weiter Wald von riesengroßen, schwarzen Zypres-
sen mit vielen weißen Grabmonumenten aus. Alle Leute hier in der
Türkei müssen Fackeln tragen, wenn die Sonne untergegangen ist;
daher bewegten sich rote Lichter zwischen den Bäumen; über den
Gipfeln der Zypressen aber sah ich den Golf, wo alle Kriegsschiffe
mit Lampions illuminiert waren, und das blaue Meer wimmelte von
Booten, die aneinander vorbeischossen wie Frühlingsfliegen über
einem Park; und auf der andern Seite des Golfs ganz Konstanti-
nopel, wo die schimmernden weißen Minarette wie Blumenstängel
aussahen und die Lampions wie die Blumen selbst. Die Lampions
der fernsten Minarette verschwammen so in der Luft, dass ich nicht

recht wusste, ob es Sterne waren oder ein irdisches Feuer. Für die Klarheit des Horizonts kann ich keinen Ausdruck finden; aber denken Sie: Ich sah an diesem Abend den fernen Olymp drüben in Asien in seinem ewigen Schnee leuchten, als sei es eine durchsichtige weiße Wolke, die sich hinter der Stadt erhöbe. An dem Festtage selbst war ich in Konstantinopel und hatte mich vor der Tür des Serails gerade gegenüber der Sophienkirche postiert; die Soldaten waren europäisch gekleidet, ja, die Garde hatte sogar weiße Handschuhe und Kragen; ein Regiment war aber auch dabei, wo die Soldaten buchstäblich mit nackten Beinen in Pantoffeln gingen oder auch einen Schuh und einen Stiefel anhatten. Der Sultan ist etwa zwanzig Jahre und sah höchst angegriffen und leidend aus. Schöne Pferde, deren Satteldecken mit Perlen und Juwelen besetzt waren, folgten im Zuge, bei dem man etwas an Aladdin erinnert wurde. Das wahnsinnige Tanzen und Singen der Derwische vergesse ich nie; das war das Unheimlichste, was ich je gesehen habe; für so tief gesunken hätte ich die Menschheit nicht gehalten.

Aber ich will Ihnen nur schöne Schilderungen geben!

Fast alle rieten mir ab, mit dem Dampfschiff über das Schwarze Meer zu fahren und von da durch die Tatarei über Land bis zur Donau; ganz Rumelien ist in Aufruhr, die Christen werden aufs grausamste gemordet. Aber der österreichische Gesandte ermutigte mich; zwei Offiziere, die aus Syrien kamen, wollten auf diesem Wege nach Wien zurückkehren, und auch sie redeten mir zu; im Hotel aber hatten alle Fremden Angst. Ich gestehe ehrlich: Ich hatte eine schwere Nacht, voll Angst und Leiden; aber sobald ich mit mir selber im Reinen war: Ich will den Donauweg nehmen, war jede Furcht fort, und ich habe auf der ganzen Reise, die Gott sei Dank gut verlaufen ist, keine mehr verspürt. Wir waren aber nur vier Leute an Bord: die beiden Offiziere, die aus Jerusalem kamen, ein Engländer aus Babylon und ich, der Athener.

Die Fahrt von Konstantinopel nach dem Schwarzen Meer bietet so viel Schönes, dass das allein die ganze Reise lohnt; Stadt zu beiden

Seiten, und doch ein Garten, Bergland und doch eine fast seelländi-sche Natur in großem Stil. Den Lebenstrank, den Medea hier brau-te, trinkt das Auge in großen Zügen. Doch auch da hatte ich Nebel; aber er hing merkwürdigerweise so hoch, dass ich alles sah, nur den Himmel nicht; in dem Augenblick, wo wir ins Schwarze Meer hinauskamen, senkte er sich wie ein Schleier, und Europa und Asien waren meinen Augen verborgen; Asien habe ich dann nicht mehr gesehen. Dänemarks kältester, feuchtester Nebel schwebte über die-sem stürmenden Meer. Am Tage vor meiner Abreise hatte das größte Dampfschiff „Stambul" hier in solchem Nebel Schiffbruch erlitten. Wir mussten am nächsten Tage sechs Stunden still liegen, da wir gar nicht wussten, wie nahe wir der Küste waren; endlich erreichten wir Kostendsche; ein toter Storch mit ausgebreiteten Flügeln war das erste, was ich an der Küste sah; das arme Tier war über das Meer geflogen, um zu sterben! Wir übernachteten in dieser armen Tata-renstadt und fuhren am nächsten Tage mit walachischen Pferden über die unendliche Ebene, wo keine Bäume waren, keine Quellen, nur eine afrikanische Sonne. Auf der Donau lag ein Dampfschiff, und hier fanden wir alle europäischen Bequemlichkeiten; in einer deutschen Zeitung, mit der ein Kellner Messer abwischte, las ich von Bournonvilles Rede an den König im Theater.

Den Donauweg von Wien nach Konstantinopel zu nehmen, würde ich niemandem raten; es ist billig (112 Reichstaler) und dauert zehn Tage, aber dieser Weg von Konstantinopel nach Wien ist das Geist-tötendste, was ich kenne. Die Reise dauert, die Quarantäne einge-rechnet, dreißig Tage. Stellen Sie sich nun vor, dreißig Tage lang ein Ufer zu sehen, das fast immer gleich ist, fast immer so, als führe man zwischen Spargelbeeten dahin! Die ersten acht Tage vergingen recht angenehm; das Schiff wimmelte von Türken, Bulgaren und Walachen; es war ein buntes Bild, und wir beobachteten das Land aufmerksam, da wir jeden Augenblick Feinde erwarten konnten. Wir sahen manche merkwürdige Szene, so zum Beispiel, dass zwei in die Donau gestürzt wurden; der eine, ein Franke wie wir, wurde von den Türken gesteinigt; aber das Ganze war nur ein privater Zwist. Endlich kamen wir an die Militärgrenze, und wie Gefangene geführt, wanderten wir in die Quarantäne bei Orsova; dort brachten wir zehn Tage in einer sumpfigen Fiebergegend zu, wie Verbrecher in feuchte Kammern bei Gefangenenkost und Sumpfwasser eingesperrt. Wir wurden alle krank – ich habe nachher auf der ganzen Donaureise gekränkelt –, hatte furchtbare Magenkrämpfe und etwas Fieber; man hat bei uns keinen Begriff von Quarantäne, vor allem nicht von der in Orsova. Denken Sie sich jetzt, dass ich dann acht bis neun Tage lang mit 350 Menschen auf einem überfüllten Dampfschiff fahren musste. Ich bin in den letzten Nächten überhaupt nicht aus meinen Kleidern gekommen und saß krank auf einem Stuhl in der stickigen Kajüte. Das Donauufer war mir langweilig, ja, fast widerlich: immer grünes Feld oder spärlicher Wald! Ein paar Damen schwärmten für diese Pfannkuchennatur; aber Sie können mir glauben, dass ich sie nicht in Sünden sterben ließ, und um ihnen die Armut hier recht anschaulich zu machen, erzählte ich ihnen einiges von Griechenlands Natur und von den Merkwürdigkeiten des Orients, und ich glaube wohl, sie haben schließlich eingesehen, dass es noch etwas Besseres gibt als eine flache Grünkohlnatur. Aber glücklich sind die, die sich über ein grünes Blatt freuen können und nicht an der Sehnsucht kranken, unter hohen Palmen zu ruhen. Im Grunde ist es eine Sünde, ihnen das irdische Brot zu nehmen, wenn man ihnen das Himmlische nicht geben kann. Aber es ist auch schrecklich, wenn man das Preisen hört, was man selber als armselig und elend empfindet. Doch ich muss der Wahrheit treu sein: die Donau hat schöne Partien und ist im Eilmarsch höchst interessant, aber nicht für dreißig Tage! Ungarn ist ein reiches Land und erinnert an Dänemark an einem schönen Sommertage; es sind zwei Brüder; aber Ungarn erscheint als der reichere, der prächtigere; Dänemark ist ärmer, doch es hat seine zwei Prachtgewänder: das Meer und den Buchenwald. Ich habe mit angesehen, wie eine ungarische Stadt – Theben – abbrannte; die Kirche, die Straßen, alles ging in Flammen auf, als wir vorbeifuhren, und die Menschen am Ufer rangen die Hände.

Nun ich in Wien bin, habe ich das Empfinden, meine Reise ist zu Ende. Alles ist hier ja wie zu Hause; nichts, gar nichts ist neu und merkwürdig. Ich habe freien Eintritt im königlichen Theater, verkehre in mehreren Familien und habe sehr viel Gastfreundschaft gefunden; die Zeitungen erwähnen meine hohe Anwesenheit, und ich bin wieder gesund; aber doch habe ich keine Ruhe, hierzubleiben; gen Norden geht es, und wie gesagt, Mitte August klopft es an Ihre Tür, und ein Sohn mehr begrüßt Sie in Ihrer Stube; einige von Ihren Söhnen treffe ich wohl! Es betrübt mich, dass Frederik fort ist. Ich hätte ihm vieles zu erzählen, was ihm vielleicht doch nicht uninteressant wäre; grüßen Sie ihn, den lieben, begabten Menschen, denn ich habe ihn lieb. Ludwig, Christian, Thorald und Viggo bin ich wirklich in meinem Herzen ebenso gut, und ich bitte Sie, jedem meine herzlichsten Grüße zu bestellen. Dina können Sie auch sagen, dass ich oft an sie gedacht habe, und zwar nicht in einem Theater.

Sie fragen mich, was ich schreibe! Ich schreibe mein Tagebuch und meine Briefe; das ist wirklich schrecklich viel! Zu dichten ist mir unmöglich! Ich fühle keinen Trieb und habe auch keine Kraft dazu; aber das kommt wohl. Als ich damals in Italien war, ging es mir ja fast ebenso, und damals war ich doch jünger. Holst dagegen hat viele Gedichte geschrieben. Ich kann nicht! Aber mein Ahasverus hat mich im ewigen Rom und auf dem Schwarzen Meer wundersam erfüllt. Oft, wenn ich gerade dachte, ich hätte diesen Schatz gehoben, dann versank er, wie Schätze versinken, und zwar jedes Mal tiefer! Oh, es gibt Augenblicke in meinem Leben, wo ich, bei dem ewigen Gott, vielleicht der wenigst eitle von allen Menschen bin; aber seltsamerweise spricht man nicht gern von der Erkenntnis seiner geistigen Armut. Vielleicht schreibe ich den Ahasverus doch. Was meine Reise betrifft, so hatte ich beschlossen, nicht ein Wort darüber zu schreiben, aber nachdem ich den Orient gesehen habe, fühle ich mich doch irgendwie dazu getrieben. Es wird wohl ein

Buch werden; „Orientalische Abende" kann man es nennen; aber etwas sehr Gutes wird aus dem Buch nie; denn ich fühle, dass ich Heiberg darin angreifen muss, und ich kann auch verwunden, selbst ihn, wenn ich will, und so etwas sollte man doch im Grunde nicht tun.

Ich höre, dass in den dänischen Zeitungen gestanden hat, ich sei tot; davon haben Sie in Ihrem Brief nichts geschrieben; da man mich tot gesagt hat, sterbe ich also nicht so bald.

Leben Sie nun wohl und lassen Sie es sich gut gehen! Das kleine Geschenk für Sie aus Asien ist nicht aus Glas; möge es heil und ganz bleiben. Es duftet nach dem Orient, denn das muss es.

Ihr kindlich ergebener H. C. Andersen

Wollen Sie bitte den beiliegenden Zettel gleich an Jette Wulff geben; vielleicht bekommt sie die beiden letzten Briefe zu lesen.

Am selben Tage, als ich Ihnen aus Konstantinopel über das schlechte Wetter schrieb, wurde es plötzlich Sommer, asiatischer Sommer in all seiner Pracht, und das blieb so bis zur ungarischen Grenze; hier in Wien haben wir nur neun Grad Wärme; ich leide unter der Kälte.

In Wien habe ich ein Werk über Konstantinopel mit dreißig Ansichten gekauft; durch dieses und durch meine Erzählung werden Sie eine Art Vorstellung von der Stadt bekommen.*

---

*) *Anmerkung: Es könnte sich hierbei gut um das Werk „Konstantinopel und seine Umgebungen malerisch und geschichtlich dargestellt" handeln, das 1841 bei Julius Wunder in Leipzig erschien (siehe auch Vorwort auf Seite 7).*

Anmerkungen

[1] [15] Theresianer: Theresianischer Karmel, 1568 von der Hl. Theresia von Avila (1515-1582) und Johannes vom Kreuz (1542-1591) gegründeter Reformzweig des Karmeliterordens. Auch bekannt als Unbeschuhte Karmeliten (span. Descalzos).

[2] [16] Tycho Brahe (1546-1601):dänischer Astronom.
Bertel Thorvaldsen (1770-1844): dänischer Bildhauer, bedeutender Vertreter des Klassizismus; lebte überwiegend in Italien, vor allem in Rom.

[3] [16] „La Dame blanche", Oper von François-Adrien Boïeldieu, 1775-1834, Hauptwerk der französischen Opéra comique. Die zitierte Arie heißt eigentlich „Quel plaisir d´être soldat!" („Welche Lust Soldat zu sein" und nicht „matelot", Matrose).

[4] [19] Vilhelm Nicolai Marstrand, 1810-1873, dänischer Maler und Zeichner.
„Nur ein Geiger" (Kun en Spillemand), Andersens dritter Roman, 1837 (dt. 1847).

[5] [20] Navarin oder Navarino (Ναβαρίνο, auch Ναυαρίνο): Hafenstadt und Bucht in der Südwestpeloponnes (Messenien) an der Stelle des antiken Pylos (Πύλος). In der Seeschlacht von N. am 20.10.1827 schlugen die vereinigten Flotten Großbritanniens, Frankreichs und Russlands die osmanische. Die Schlacht war ausschlaggebend für den weiteren Verlauf des griechischen Unabhängigkeitskrieges.

[6] [22] Arkadien (gr. Ἀρκαδία): Gebiet in der Zentralpeloponnes; seit der Spätantike Inbegriff der idyllischen, pastoralen Landschaft und beliebtes Thema der bukolischen Literatur.

[7] [22] Morea (gr. Μωρέας oder Μωριάς, auch Μοριάς): mittelalterlicher Name der Peloponnes. Angeblich leitet er sich vom mittel- und neugriechischen Wort für den Maulbeerbaum ab (μορέα, μουριά), der im Mittelalter für die Seidenindustrie in großer Zahl dort angebaut wurde. Andersen selbst verweist weiter unten auf die Ähnlichkeit der Halbinsel mit einem Maulbeerblatt. Jakob Philipp Fallmerayer (1790-1861) leitet den Namen hingegen von slaw. „More", Meer, ab.

[8] [22] Lecedämon, Lakedaimon (Λακεδαίμων): antiker Name des spartanischen Staates. Offenbar setzt Andersen ihn hier fälschlich mit Messenien gleich, das nur vorübergehend zum spartanischen Staatsgebiet gehorte.

[9] [23] Eurotas (Εὐρώτας): Fluss in Lakonien, an dessen Ufer Sparta liegt.

[10] [23] Phönizier: antikes Seefahrer- und Händlervolk, das im heutigen Libanon ansässig war und rund ums Mittelmeer zahlreiche Kolonien gründete.
Pelasger (Πελασγοί): vorgriechische Urbevölkerung Griechenlands.

[11] [23] Kap Matapan: mittelalterlicher Name des Kaps Tainaron (Ταίναρον), der Südspitze der Halbinsel Mani (Μάνη) und der gesamten Peloponnes sowie des griechischen Festlandes.

[12] [23] Mainotten: Bevölkerung der Mani (Maniaten, Μανιάτες); Andersens Ableitung des Namens Mani von μανία, Raserei, dürfte aber schwerlich zutreffen.
Lykurg (Lykourgos; Λυκοῦργος): legendärer Gesetzgeber von Sparta.

[13] [23] Cerigo: Italienischer Name der Insel Kythera (Κύθηρα). Gemeinsam mit Zypern gilt sie als Geburtsort der Liebesgöttin Aphrodite.

[14] [24] Cap Malio: Kap Malea bzw. Maleas (Μαλέας; auch Καβομαλιάς): Vorgebirge der lakonischen Halbinsel und südöstlichster Punkt der Peloponnes zwischen Ionischem und Myrtoischem Meer (Ägäis).

[15] [24] Die Felseninsel Velopoula (Βελοπούλα) oder Parapola (Παραπόλα) – auf alten Karten Belapola – im Myrtoischen Meer zwischen Milos und der Peloponnes.

[16] [26] Die Inseln des Westkykladenbogens von Süden nach Norden: Milos (Μήλος), Sifnos (Σίφνος), Serifos (Σέριφος) und Kythnos (Κύθνος; alte Bezeichnung Thermia – Θερμιά –, nach den warmen Quellen dort).

[17] [26] Andersen bezieht sich hier auf die Tropfsteinhöhle von Antiparos, die bereits vor der Befreiung Griechenlands so berühmt war, dass sie u. a. Kant in seiner „Kritik der Urteilskraft" (1790) erwähnt.

[18] [26] Ariadne (Ἀριάδνη): Tochter des kretischen Königs Minos und der Pasiphaë. Floh mit dem Athenischen Prinzen Theseus, nachdem dieser mit ihrer Hilfe („Ariadnefaden") den Minotaurus erschlagen hatte, nach Naxos, wo Theseus sie jedoch sitzen ließ. Später wurde sie die Braut des Weingottes Dionysos.
Mänaden (Μαινάδες): Mythologisches weibliches Gefolge des Dionysos bzw. tatsächliche Anhängerinnen des Dionysoskultes. Das Wort bedeutet „die Rasenden"; sie verfielen während der Kulte in ekstatische Raserei.
Dia: Der heutige Berg Zas (Ζας; 1.001 m), was sich noch stets von „Zeus" ableitet.

[19] [27] Die Hauptinsel der Kykladen, Syros (Σύρος), deren 1823 unterhalb der alten katholischen Siedlung Ano Syra gegründete Haupt- und Hafenstadt Ermoupolis (Ερμούπολις) bis zur Fertigstellung des Kanals von Korinth 1893 der wichtigste griechische Handelshafen war.

[20] [27] Das Castel Sant'Elmo auf dem Vomero oberhalb von Neapel. Mit „Schloss des Bischofs" meint Andersen offenbar die katholische Bischofskirche St. Georg in Ano Syra.

[21] [27] Foustanella, Φουστανέλα: Der Faltenrock der Männertracht auf dem griechischen Festland (sowie der Nationaltracht Albaniens).

[22] [30] Alphonse de Lamartine, (1790-1869), französischer Dichter, Schriftsteller und Politiker. Bereiste 1832/33 den Orient und verarbeitete seine Eindrücke zu der 1835 erschienen Reisebeschreibung „Souvenirs, impressions, pensées et paysages pendant une voyage en Orient", die Andersen gelesen hatte.

[23] [30] Gemeint sind die christlichen albanischstämmigen Bewohner Zentral- und Südgriechenlands, die sog. Arvaniten (Αρβανίτες).

[24] [33] „Am Anfang schuf Gott Himmel und Erde." (Genesis, 1, 1).

[25] [35] Themistokles (Θεμιστοκλῆς; ca. 525-459 v. Chr.). Athenischer Staatsmann und Feldherr. Baute den Hafen von Piräus und die athenische Flotte aus. Führte die Athener in der siegreichen Seeschlacht von Salamis (480 v. Chr.).

[26] [39] Khan: Orientalische Herberge mit Hof, der von Ställen und Lagerräumen gesäumt war, über denen die Quartiere lagen; auch Han (gr. χάνι).

[27] [40] Der große Olivenwald (Ἐλαιών) zwischen Athen und Piräus, bis in die Türkenzeit Quelle des Reichtums der Athener, stellt sich heute als unansehnliches Gewerbegebiet mit zahlreichen Industrien und Speditionen dar. An ihn erinnert noch der heutige U-Bhf. „Eläonas" (Ελαιώνας).

[28] [40] Der dorische Tempel des Hephaistos auf der Agora von Athen (415 v. Chr. geweiht), wegen der Metopenreliefs, die an den Längsseiten die Taten des Theseus

zeigen, auch als Theseion (Θησεῖον) bekannt, ist der besterhaltene klassische Tempel des griechischen Festlandes. Er überstand die Zeiten als dem Hl. Georg geweihte orthodoxe Kirche. Nach der Befreiung Griechenlands wurde hier 1834 das erste Museum Athens eingerichtet.

[29] [40] Die Odos Ermou (Οδός Ερμού) wurde zwischen dem westlichen Zugang zur damaligen Stadt am Kerameikos und dem späteren königlichen Schloss (heute Parlament) in ost-westlicher Richtung durch die Athener Altstadt getrieben. Als wichtigste Geschäftsstraße, die sie noch stets ist, ist sie dem Gott des Handels Hermes gewidmet.

[30] [42] Ludwig Ross (1806-1859), deutscher Archäologe und 1837-43 erster Professor für Archäologie an der neugegründeten Athener Universität. Holstein gehörte damals noch zu Dänemark, daher die Bemerkung Andersens, Ross sei „gewissermaßen sein Landsmann".

[31] [42] Das Hôtel de Munich erwähnt auch der englische Reisende George Cochrane (Wanderings in Greece, London 1837). Er schreibt allerdings, dass das Hotel von zwei deutschen Frauen betrieben wurde.

[32] [43] Offenbar beschreibt Andersen hier das alte Athener Bazarviertel rund um den heutigen Monastiraki-Platz. Der Lebensmittelmarkt lag auf dem Gelände der Bibliothek des Hadrian. Er fiel 1884 einem Großbrand zum Opfer und wurde in der Folge in die neu gebauten Markthallen in der Odos Athinas (Οδός Αθηνάς) verlegt.

[33] [43] Das Café „La Bella Grecia" oder „Ή Ὡραία Ἑλλάς", das 1839 von einem Italiener namens Santo an der Ecke Äolou und Ermou als erstes Kaffeehaus im westeuropäischen Stil eröffnet wurde. Bis zu seiner Schließung 1879 war es ein zentraler Ort des politischen und wirtschaftlichen Tagesgeschehens in Athen. Unter anderem soll dort die erste inoffizielle Börse der Stadt gewesen sein. Auch versammelte sich hier 1862 die Menge, die zum Schloss zog, um König Otto zur Abdankung zu bewegen.

[34] [44] Das Athener Schloss und heutige Parlament wurde 1836-1843 von Friedrich v. Gärtner (1792-1847) für König Otto am damaligen östlichen Ende der Stadt errichtet, war also zur Zeit des Besuchs Andersens noch im Bau (vgl. Anm. 87). Die alte Universität wurde 1839 bis 1864 nach Plänen des dänischen Architekten Hans Christian Hansen (1803-1883) in der neu trassierten Universitätsstraße (Οδός Πανεπιστημίου) errichtet. 1841 wurde der vordere Trakt des Gebäudes eingeweiht. Später errichtete Hansens Bruder Theophil (1813-1892) zu beiden Seiten der Universität die Akademie und die Nationalbibliothek. Zusammen bilden sie die sog. „Athener Trilogie".

[35] [44] Wahrscheinlicher als Chios ist ein Geburtsort in Westkleinasien und namentlich Smyrna (s. a. Anm. 111).

[36] [46] Die Bemerkung zeigt, wie klein Athen damals noch war, denn das 1838 von dem Italiener Giuseppe Camillieri errichtete erste feste Theatergebäude der Stadt, auf das Andersen sich hier bezieht, lag hinter dem heutigen zentralen Gemüsemarkt, damals aber noch außerhalb der gebauten Stadt. An den 1897 oder 1898 abgerissenen Bau erinnert noch der Name des Standortes „Theaterplatz" (Πλατεία Θεάτρου) sowie die Namen der nahen Straßen, die nach antiken Tragikern und Komödiendichtern benannt sind (Σοφοκλέους, Ευριπίδου, Αισχύλου, Αριστοφάνους, Μενάνδρου).

[37] [47] Wahrscheinlich die unkannelierte korinthische Säule aus der Römerzeit, die aus dem Dach des Kirchleins „Agios Ioannis stin Kolona" (Ἅγιος Ἰωάννης στην κολώνα – der Hl. Johannes an der Säule) ragt. Es liegt nahe dem damaligen Theater in der Odos Evripidou. Früher glaubte man, dass die Säule (Sumpf-) Fieber heilen kann: bereits in der Antike befand sich hier vermutlich ein dem Heilgott Asklepios (Ἀσκληπιός) und dem skythischen Arztheros Toxaris (Τόξαρις) geweihtes Heiligtum (er praktizierte während der großen Typhusepidemie zur Zeit des Perikles). Freilich stand das seit Mitte des 6. Jh.s nachweisbare Kirchlein (es ist das älteste ständig genutzte Gotteshaus Athens) auch damals an seinem Platz. Es war aber seinerzeit nach einer Zeichnung von Théodore (auch Théodose) Du Moncel (1821-1884) aus dem Jahre 1843/44 kaum mannshoch, so dass Andersen es in der Nacht, ein Stück weit ab vom Wege und „unter Schutt und Heidekraut", leicht übersehen haben könnte.

[38] [49] Andersen spielt hier auf den Gründungsmythos Athens an, wonach Athene und Poseidon (Neptun) einen Wettstreit austrugen, wer der Stadt das wertvollste Geschenk machen würde. Poseidon ließ eine Quelle sprudeln, nur: Sie war salzig; Athene ließ einen Ölbaum sprießen (und nicht etwa einen Lorbeerbaum, wie er hier schreibt: dieser war dem Apoll heilig).

Die in Andersens Fußnote zu dieser Stelle erwähnten Kekrops (Κέκροψ) und Erechtheus (Ἐρεχθεύς) waren mythische Könige Athens. Der Architekt „Kallikratides" hieß eigentlich Kallikrates (Καλλικράτης).

[39] [49] Turm der Winde: Mitte des 1. Jh. v. Chr. (vielleicht auch früher) von dem Astronomen Andronikos von Kyrrhos (Ἀνδρόνικος Κύρρηστος oder Κηρρήστης) auf der Römischen Agora errichtetes achteckiges Bauwerk. Im Inneren befand sich eine Wasseruhr, an den acht Seiten Sonnenuhren und auf dem Dach eine Windfahne. Die Seiten zeigen auch Reliefs der personifizierten acht Hauptwinde, woher der Turm seinen Namen hat.

Mit dem „türkischen Badehaus" meint Andersen wahrscheinlich das dem Turm der Winde gegenüberliegende islamische Seminar (Medrese) von 1721 mit einst 28 Kuppeln, von dem heute noch das Portal existiert (die Gebäude wurden 1914 abgerissen), und nicht das türkische Bad (Hamam) des Abid Effendi (16./19. Jh.), das zwar in der Nähe, nicht aber an dem beschriebenen Platz liegt und außerdem Tonnengewölbe aufweist. Die Medrese wurde allerdings zu jener Zeit als Gefängnis genutzt. Ein weiteres türkisches Bad gab es in diesem Viertel an der Südseite der Römischen Agora. Eine Zeichnung von Du Moncel (s. o., Anm. 37) zeigt es als Bauwerk mit zwei großen Kuppeln.

[40] [50] Der Areopag (Ἄρειος Πάγος); vgl. Apostelgeschichte 17, 15-34.

[41] [50] Das Odeion des Herodes Atticus wurde im Jahre 161 von dem aus Marathon stammenden Mäzen und Rhetor Herodes Atticus (Ἡρώδης ὁ Ἀττικός) im Andenken an seine Frau Regilla (Ῥήγιλλα) der Stadt Athen gestiftet. Das ursprünglich überdachte Gebäude diente als Konzerthalle. Es wurde 267 durch die germanischen Heruler zerstört und war später Teil der südlichen Vorfestung der Akropolis (des sog. „Serpentzes"). Seit den 1930er Jahren wird es wieder für Veranstaltungen genutzt.

[42] [51] Der 1875 mit Geldern Heinrich Schliemanns abgerissene sog. „Frankenturm" aus dem 14. Jh.

[43] [51] Karnies: Architektonisches Schmuckelement, auch Glockenleiste genannt.

[44] [52] Lord Elgin: Thomas Bruce, der 7. Earl of Elgin (1766-1841), erwirkte als britischer Gesandter in Konstantinopel um 1800 eine Erlaubnis des Sultans, auf der Akropolis archäologische Untersuchungen durchzuführen, die er jedoch dahingehend auslegte, dass er zwischen 1801 und 1812 gut die Hälfte des erhaltenen Skulpturenschmucks vom Parthenon, die von Andersen hier erwähnte Karyatide (Stütze in Gestalt einer Frau) vom Erechtheion und andere Teile abnehmen und nach London verschiffen ließ. Er verkaufte sie 1816 an das British Museum.

[45] [52] 1687 wurde Athen im 7. Venezianischen Türkenkrieg von Francesco Morosini und Otto Wilhelm von Königsmarck belagert. Bei der Bombardierung der Akropolis explodierten am 26.9.1687 die in dem damals als Moschee genutzten Parthenon gelagerten Pulvervorräte, wodurch der weitgehend intakte Tempel zerstört wurde. Die venezianische Herrschaft über Athen währte allerdings nur ein Jahr. Die hier erwähnte Moschee wurde daraufhin in der Ruine errichtet.

[46] [52] Der Parthenon wurde aus pentelischem Marmor errichtet, nicht aus parischem.

[47] [53] Herat: Stadt im Westen Afghanistans.

[48] [54] Ägina oder Aigina (Αίγινα) und Salamins, ngr. Salamina oder Koulouri (Σαλαμίς bzw. Σαλαμίνα oder Κούλουρη): Die beiden größten Inseln im Saronischen Golf. Im Golf von Salamis fand 480 v. Chr. die welthistorische Seeschlacht der Athener gegen die Perser statt. Ägina war von Januar bis Oktober 1828 Sitz der ersten griechischen Regierung.

[49] [58] Hippeios Kolonos (Ἵππειος Κολωνός): Hügel und antiker Demos nordwestlich von Alt-Athen, bekannt durch die Tragödie „Ödipus auf Kolonos" von Sophokles, der 497/496 v. Chr. in Kolonos geboren wurde. In der Nähe lag auch die Akademie des Platon.

[50] [59] Karl Ottfried Müller, 1797-1840, deutscher Altphilologe, Historiker und Archäologe. Sein Grabmonument in Form einer antiken Grabstele mit Palmettenbekrönung wurde von H. Ch. Hansen entworfen; das Epigramm stammt von Philippos Ioannou (s. u. Anm. 64). Direkt neben Müller wurde später der französische Kunsthistoriker und Archäologe Charles Lenormant (1802-1859) auf dem Gipfel des Kolonos-Hügels beigesetzt. Sein Denkmal (seit 1936 Kopie) hat die Form einer marmornen Loutrophoros (Wassergefäß) mit L.s Porträtmedaillon. In der Loutrophoros wurde L.s Herz beigesetzt.

[51] [61] Parnass, Parnassos (Παρνασσός), Massiv in Zentralgriechenland (2.457 m). An seinem Südwestausläufer liegt Delphi. In der Antike war der P. Apollon geweiht und Sitz der Musen, weshalb er metaphorisch als Inbegriff der Dichtung, Literatur und Kunst galt.

[52] [61] Die türkische Küstenstadt Izmir, damals noch mit großem griechischem Bevölkerungsanteil (siehe Andersens Beschreibung in Kapitel 18).

[53] [62] Glaukopis (γλαυκῶπις): Die „eulenaugige" (evtl. im Sinne von nachtsichtig) bzw. „helläugige", bereits bei Homer vorkommender Beiname der Athene.

[54] [63] Otto, König von Griechenland (1815-1867; König 1832-1862), gr. Ὄθων, war der zweite Sohn König Ludwigs I. von Bayern (1786-1868; König 1825-1848) aus dem Hause Wittelsbach. O. wurde nach der Ermordung des ersten griechischen

Anmerkungen

Gouverneurs Graf Kapodistrias (s. folgende Anm.) mit 16 Jahren von der griechischen Nationalversammlung zum König ernannt. Er betrat am 6. Februar 1833 in Nauplia (Ναύπλιον), der damaligen Hauptstadt, erstmals griechischen Boden. 1834 wurde die Residenz nach Athen verlegt. Wegen O.s Minderjährigkeit regierte zunächst ein Regentschaftsrat unter Joseph Ludwig v. Armansperg (1787-1853) und Georg Ludwig v. Maurer (1790-1872), bevor O. am 1. Juni 1835 selbst die Regierung als absoluter Fürst antrat. 1843/44 musste O. nach einem Putsch (3.9.1843) den Griechen ihre erste Verfassung gewähren; 1862 dankte er nach einer weiteren Revolte ab und ging nach Bamberg ins Exil.

O. heiratete am 22.11.1836 Herzogin Amalie von Oldenburg (1818-1875). Das Paar blieb kinderlos, was auch zu politischen Problemen führte.

⁵⁵ [63, Fußn.] Rigas Velestinlis oder Feräos (Ρήγας Βελεστινλής oder Φεραίος; 1757-1798): aus dem Ort Velestino (in der Antike Pherai) stammender Revolutionär und Schriftsteller griechisch-wlachischer Herkunft. Gilt als einer der wichtigsten Vertreter der sog. „Griechischen Aufklärung" und Wegbereiter des griechischen Freiheitskampfes. Strebte eine demokratische Föderation aller Balkanvölker unter griechischer Führung an. Er wurde freilich nicht „durchgesägt", sondern erdrosselt.

Alexander Sutzos, eig. Soutsos (Αλέξανδρος Σούτσος; 1803-1868): Aus einer vornehmen Phanariotenfamilie in Konstantinopel stammender romantischer Schriftsteller. Der erwähnte Roman hat den Titel „Ὁ Ἐξόριστος τοῦ 1831" (Der Verbannte von 1831) und erschien 1835.

Hospodar (oder Gospodar): Herrschertitel der Donaufürstentümer Moldau und Walachei. Von 1711 (Moldau) bzw. 1715 (Walachei) an und bis zum Ausbruch des griechischen Freiheitskampfes 1821 wurden diese Ämter mit griechischen Noblen besetzt, den sog. Phanarioten (nach dem historischen Griechenviertel Phanar bzw. Fener in Istanbul).

Kapodistrias: Ioannis Graf K. (Ιωάννης Καποδίστριας; 1776-1831). Erstes Staatsoberhaupt (Gouverneur) des freien Griechenlands ab 1828. Fiel am 9.10.1831 in Nauplia einem Attentat zum Opfer.

⁵⁶ [64] Daniel-François-Esprit Auber (1782-1871), französischer Komponist.

⁵⁷ [65] Die Kykladeninsel Kea oder Tzia (Κέα, Τζιά).

⁵⁸ [65] Hyperboräer (Ὑπερβόρειοι): „Jenseits des Nordwindes wohnende", sagenhaftes Volk am nördlichen Rand der bewohnten Welt.

⁵⁹ [66] Roeskilde: Die dänische Stadt Roskilde. Der von der Unesco zum Weltkulturerbe erklärte romanisch-gotische Dom ist die Grablege von 20 dänischen Königen und 17 Königinnen sowie weiteren Persönlichkeiten.

⁶⁰ [67] Eleusis, ngr. Elefsina (Ἐλευσίς bzw. Ελευσίνα): Kleinstadt westlich von Athen, an der Straße nach Korinth. Das Demeter-Heiligtum von E. war in der Antike eine der bedeutendsten Kultstätten Griechenlands, berühmt durch ihren Mysterienkult.

⁶¹ [67] Cephisus: Kephisos, ngr. Kifissos (Κηφισ[σ]ός): Fluss westlich des hist. Stadtkerns von Athen, der bedeutendste im Athener Becken und größte in Attika. Der K. entspringt am Nordwesthang des Pentelikon-Gebirges bei Kifissia (s. u. Anm. 71), einige Quellbäche auch am Parnes, und mündet in die Bucht von Faliro (Phaleron; Φάληρο[ν]). Im Athener Stadtgebiet ist der Fluss weitgehend mit einer Schnellstraße überbaut.

[62] [68] Kloster Dafni (Δαφνί, nicht Daphne, Δάφνη, wie Andersen meint) wurde in seiner heutigen Form 1080 errichtet, gehört zu den bedeutendsten byzantinischen Monumenten Griechenlands und wird von der Unesco als Weltkulturerbe geführt. Besonders bedeutend sind die Mosaike in der Hauptkirche, einer mittelbyzantinischen Kreuzkuppelkirche (darauf bezieht sich wohl Andersens Bemerkung vom „maurischen Stil"). Sie gelten als herausragende Beispiele der Kunst der „makedonischen Renaissance" im 9. bis 11. Jh. Von 1206 bis 1458 war das Kloster eine Zisterzienserabtei und Grablege der fränkischen Herzöge von Athen. Aus dieser Zeit stammen die Einfriedung und zahlreiche Anbauten.

[63] [68] Das Aphrodite-Heiligtum an der Heiligen Straße nach Eleusis wird bereits von Pausanias erwähnt und befindet sich rund 1,5 km hinter dem Kloster Dafni auf der gegenüberliegenden Straßenseite. Die Überreste wurden schon früh korrekt identifiziert. Auch Gustave Flaubert (1821-1880), der Griechenland im Winter 1850/51 besuchte, erwähnt das Heiligtum („Voyage en Orient", 1849-1851).

[64] [68, Fußn.] Filippos Ioannou (Φίλιππος Ιωάννου;1796-1880), der 1839-1862 sowie 1863-1868 Dozent und Professor für Philosophie und Gräzistik an der Universität Athen war. Geboren in Zagora auf der Pilion-Halbinsel, studierte I. nach der Befreiung Griechenlands in München Klassische Philologie und Naturgeschichte. Er war u. a. der erste Griechischlehrer von Königin Amalie, Direktor der Bibliothek König Ottos und der Universitätsbibliothek (1867/68) sowie Präsident der Archäologischen Gesellschaft zu Athen (1859-79).

[65] [68, Fußn.] Der bekannte Lord Elgin (siehe oben, Anm. 44)

[66] [72, Fußn.] Eigentlich aus Trester.

[67] [75] Nach dem Gregorianischen Kalender. Nach dem bis 1923 in Griechenland geltenden Julianischen Kalender begann der griechische Freiheitskampf am 25. März, der als Mariä Verkündigung (Εὐαγγελισμὸς τῆς Θεοτόκου) zugleich ein hoher kirchlicher Festtag ist. Das Datum ist konventionell; die ersten militärischen Operationen hatten bereits Ende Februar 1821 in den Donaufürstentümern sowie Anfang März auf der Peloponnes begonnen.

[68] [76] Die Kirche Hagia Eirene (Ἁγία Εἰρήνη). Sie hatte die Befreiungskriege leidlich überstanden und wurde als größte Kirche der Stadt nach An- und Umbauten als erste Bischofs- und Hofkirche benutzt. Ab 1842 begann der Bau der heutigen Kathedrale (Μητρόπολις, Metropolis). 1847-1850 wurde die alte Irenenkirche abgerissen und das heutige Gotteshaus durch den Architekten Lyssandos Kaftantzoglou (Λύσανδρος Καυτατζόγλου; 1811-1885) als dreischiffige Kuppelbasilika gebaut (Ausmalung 1879-92).

[69] [77] S. o., Anm. 34.

[70] [77] Der heutige Vorort Amaroussion (Αμαρούσιον) bzw. Maroussi (Μαρούσι).

[71] [78] Der heutige Villen- und Nobelvorort Kephissia bzw. Kifissia (Κηφισσιά, ngr. Κηφισιά, lat. Cephissia) war bereits in der Antike eine beliebte Sommerfrische reicher Athener (z.B. Herodes Atticus) und u. a. Geburtsort des Komödiendichters Menander. Ab 1882 war der Ort durch eine Eisenbahn mit Athen verbunden (heute Teil der Metro-Linie 1).

[72] [79] Offenbar die berühmte Platane, nach der bis heute der Hauptplatz des Ortes (Πλατεία Πλατάνου) benannt ist. Die Platane existierte noch bis in die erste Hälfte des 20. Jh.s

[73] [79] Markos Botsaris (Μάρκος Μπότσαρης; 1788-1823): Griechischer Freiheitsheld aus Souli im Epirus. Fiel am 21.8.1823 in der Schlacht von Kefalovrysso bei Karpenissi (Zentralgriechenland). Die hier erwähnte Tochter hieß Katerina, gen. „Rosa" (1820 oder 1822-1875). Ihr Porträt malte 1841 Joseph Karl Stieler (1781-1858) für die „Schönheitengalerie" Ludwigs I. von Bayern im Schloss Nymphenburg.

[74] [80] Andreas Vokos Miaoulis (Ανδρέας Βώκος Μιαούλης; 1768-1835): Griechischer Seeheld und Admiral aus Hydra. Oberbefehlshaber der griechischen Flotte im Freiheitskrieg.

[75] [80] Das Originalzitat lautet: „Κἤν με φάγῃς ἐπὶ ῥίζαν, ὅμως ἔτι καρποφορήσω / ὅσσον ἐπισπεῖσαι σοί, τράγε, θυομένῳ" (n. Euenos v. Askalon; Anthologia Palatina, IX 75).

[76] [81] Die parallel verlaufende Odos Athinas oder Minervastraße (Οδός Αθηνάς), seit 1835 im Bau, ist deutlich breiter. Dass sie zu Andersens Zeiten wegen der strittigen Besitzverhältnisse noch nicht durch die Altstadt gebrochen war, ist kaum anzunehmen. George Cochrane erwähnt sie jedenfalls 1837 in seinen „Wanderings in Greece" als Standort des Hôtel de France, wo er während der ersten sechs Monate in Athen logierte, von „Brown's English Warehouse" sowie eines Freilichttheaters (das Skontzopoulos-Theater am heutigen Omonia-Platz).

[77] [81] Das Café „La Bella Grecia", s. o., Anm. 33.

[78] [81] Candioten: Kreter (nach dem venezianischen Namen der Insel: Candia). Andersen bezieht sich auf den Aufstand von 1841 unter den Rebellenführern Aristidis Chäretis (Αριστείδης Χαιρέτης) und Georgios Vassiliou, gen. Vassilojorjis (Βασιλογιώργης), ein Jahr nachdem die Insel nach einem zehnjährigen Intermezzo unter den Ägyptern wieder an die Osmanen fiel (s. u., Anm. 91).

[79] [83] Wahrscheinlich das Kloster Agios Ioannis Kynegos (Άγιος Ιωάννης Κυνηγός; 12. Jh.) in der Nähe des heutigen Athener Vororts Agia Paraskevi, welches der Straße nach Mesogeia, die Andersen auf diesem Ausflug genommen haben muss, von allen Hymettos-Klöstern am nächsten liegt. Vielleicht auch das Kloster Agios Ioannis Theologos an der Grenze zwischen den heutigen Vororten Papagou und Cholargos (Άγιος Ιωάννης Θεολόγος; 11./12. Jh.).

[80] [83] Agojat (αγωγιάτης): Pferdeknecht, Pferdetreiber; gemeinsam mit den Mietpferden ortskundiger Reisebegleiter.

[81] [83] Negroponte: Venezianischer Name der Insel Euböa.

[82] [83] Der Löwe von Kantza (Κάντζα) in der heutigen Gemeinde Pallini (agr. Pallene, Παλλήνη; auch Liopessi, Λιόπεσι). Dort, wo heute das Kirchlein Agios Nikolaos steht (welches Andersen hier beschreibt), befand sich in der Antike das Athene-Heiligtum von Pallene, wo 539 oder 541 v. Chr. die Schlacht zwischen den Athenern und Peisistratos stattfand, der nach seinem Sieg zum zweiten Mal eine Tyrannis über Athen aufrichtete. Der Löwe, der sich noch stets an seinem Platz befindet, war das Grabmonument für die Athenischen Jünglinge.
Lais (Λαΐς): Name zweier Hetären des 4. Jh.s Das Grabmal der Lais von Korinth zeigte einen Widder, der von einer Löwin zerrissen wird.

[83] [84] Andersen zitiert dasselbe Lied in seinem Brief an den Dichter und Physiker Johannes Carsten Hauch (1790-1872) vom 7. April 1841 (siehe S. 227).

[84] [87] Soutzos: Vermutlich nicht der oben erwähnte Alexandros Soutsos

(vgl. Anm. 55), sondern sein Bruder Panagiotis (Παναγιώτης Σούτσος, 1806-1868), dessen Gedicht „Der Messias oder die Leiden Christi in Nachahmung Gregors von Nazianz und seiner Darstellung des leidenden Christus" (Ό Μεσσίας ἤ τα πάθη τοῦ Χριστοῦ κατὰ μίμησιν τοῦ Γρηγορίου τοῦ Ναζιανζηνοῦ ποιήσαντος τὸν Χριστὸν πάσχοντα) 1839 in Athen erschienen war.

85 [87] Hagia Eirene (s. o., Anm. 68)

86 [89] Theseustempel: s. o., Anm. 28. „Zeus Marmorsäulen": Der Tempel des Olympischen Zeus (Olympieion, Όλυμπιεῖον) in Athen. Unter dem Tyrannen Peisistratos um 515 v. Chr. begonnen wurde der Tempel erst unter Hadrian um 130 n. Chr. vollendet. Er war der größte Tempel des griechischen Festlandes. Heute stehen noch 15 der einst 104 korinthischen Säulen der Ringhalle (eine weitere stürzte 1852 bei einem Sturm um). Früher standen dort zwei primitive Kaffeehäuser; gemeinsam mit dem Theseion war dies der Ort, wo sich die Athener zum Osterfest und anderen Gelegenheiten versammelten.

87 [91] Das Haus des aus Chios stammenden Bankiers Stamatios Dekozis Vouros (Σταμάτιος Δεκόζης Βοῦρος; 1792-1881) in der Odos Paparrigopoulou 7 am heutigen Klafthmonos-Platz wurde 1833-34 als eines der ersten Herrenhäuser in Athen von den Deutschen Gustav Adolph Lüders und Joseph Hoffer errichtet. Gemeinsam mit den beiden (später abgerissenen) Nachbarhäusern Mastronikolas und Afthonidis diente es von 1834 bis 1843 als erste Residenz Ottos. Daneben nutzte der Hof ein weiteres Haus des Politikers Alexandros Kontostavlos (Αλέξανδρος Κοντοσταύλος; 1789-1865) in der Odos Stadiou am heutigen Standort des „Alten Parlaments" (Historisches Nationalmuseum). Das Dekozis-Vouros-Haus war später u. a. das Verlagshaus der Athener Zeitungen „Estia" und „Akropolis". Gemeinsam mit dem Nachbargebäude Paparrigopoulou 5 ist es heute das Museum der Stadt Athen, worin u. a. die Salons von Königin Amalia und König Otto sowie der Audienzsaal Ottos nachgestellt worden sind.

88 [91] „La Muette de Portici" (Die Stumme von Portici): Oper von Auber (s. o., Anm. 56); „Un'avventura di Scaramuccia": Oper von Luigi Ricci (1805-1859); „L'elisir d'amore" (Der Liebestrank): Opera buffa von Gaetano Donizetti (1797-1848).

89 [92] „griechisch-katholisch": vermutlich orthodox. Zumindest für den Thronfolger (der nie kommen sollte) war die Konversion spätestens bei der Thronbesteigung Bedingung, da er das Oberhaupt der griechischen Kirche sein würde (Otto selbst hatte sich geweigert, vom Katholizismus abzufallen).

90 [97] Anton Graf Prokesch von Osten (1795-1876): Österreichischer General und Diplomat. Diente 1834 1849 als erster Gesandter (bevollmächtigter Minister) des Habsburgerreiches in Athen. 1855-71 diente er in Konstantinopel. Schrieb unter anderem die dreibändigen „Denkwürdigkeiten und Erinnerungen aus dem Orient" (Stuttgart 1836/37) sowie eine sechsbändige „Geschichte des Abfalls der Griechen vom türkischen Reich im Jahre 1821" (Stuttgart 1867).

91 [97] Mehmet Ali Pascha (1769-1849): Vizekönig (Khedive) von Ägypten (1805-1848) und Begründer des ägyptischen Herrscherhauses (bis 1952). Er stammte aus Kavala in Nordgriechenland und war ethnischer Albaner. Seit 1805 Statthalter von Ägypten (den Titel des Khediven legte er sich eigenmächtig zu), reformierte er das Land nach europäischem Vorbild und konnte eine relative

Unabhängigkeit von der Hohen Pforte erlangen. Unterstützte den Sultan gegen die Griechen und wurde dafür 1824 zum Statthalter von Morea ernannt. 1830/33 wurde ihm Kreta zugesprochen, das er 1840 nach Auseinandersetzungen mit der Pforte im Rahmen der Orientkrise nach einer Intervention der europäischen Großmächte ebenso wie Syrien und Palästina wieder an den Sultan verlor (s. a. Anm. 78 und 185). M. A. unterstützte andererseits die Ansiedlung von Griechen in Ägypten, um Handel und Gewerbe zu beleben, weshalb die Ägyptengriechen ihm vor seinem Geburtshaus in Kavala ein Denkmal setzten.

[92] [98] Akkon in Nordisrael. Der französische Name bezieht sich auf die Herrschaft der Johanniter zwischen 1229 und 1291.

[93] [98] Haus Prokesch-Osten steht noch in bejammernswertem Zustand in der Fidiou-Straße 3 neben dem Deutschen Archäologischen Institut. 1836-37 von Gustav Adolph Lüders und Karl Rösner errichtet, nahm es damals mit seinen Gärten mehr als ein ganzes Karree ein. Das Gebäude war auch später noch von Bedeutung, insofern hier von 1919 bis 1966 das „Griechische Konservatorium" (Έλληνικόν Ώδείον) seinen Sitz hatte, das von dem bedeutenden griechischen Komponisten Manolis Kalomiris (Μανώλης Καλομοίρης; 1883-1962) gegründet worden war und bis 1926 auch von ihm geleitet wurde.

[94] [99] Adelbert von Chamisso (1781-1838), deutscher Naturforscher und Dichter französischer Herkunft (eig. Louis Charles Adélaïde de Chamissot de Boncourt). Hauptvertreter der Romantik. Andersen hatte mehrere seiner Gedichte ins Dänische übertragen.

[95] [99] Ida: Das Ida-Gebirge in der Landschaft Troas in Nordwestkleinasien (türk. Kaz Dağı, „Gänseberg").

[96] [101] Der heutige Athener Vorort Chalandri (Χαλάνδρι).

[97] [102] 1578 von Erzbischof Timotheos von Chalkis (Τιμόθεος Ευρίπου; 1510-1590) gegründetes, Mariä Himmelfahrt geweihtes Kloster am Südhang des Penetelikon-Gebirges.

[98] [102] Thorvaldsen: s. o., Anm. 2. Adam Oehlenschläger (1779-1850), dänischer romantischer Nationaldichter.

[99] [104] In der Ebene von Marathon in Ostattika fand 490 v. Chr. die welthistorische Schlacht der Athener und der mit ihnen verbündeten Plataier gegen die Perser statt. In dem erwähnten Grabhügel (tymbos, τύμβος) sind die 192 gefallenen Athenischen Vollbürger beigesetzt. Es gibt auch einen kleineren Tumulus für die Plataier.

[100] [109] Lepanto: lt. Name der Stadt Nafpaktos (Ναύπακτος) am Eingang zum Golf von Korinth im westlichen Zentralgriechenland (Präfektur Ätoloakarnania). Am 7.10.1571 fand hier die Seeschlacht von L. statt, bei der die venezianisch-spanische Flotte unter Don Juan de Austria die Osmanen schlug und deren Vorherrschaft im Mittelmeer beendete. Der spanische Nationaldichter Miguel de Cervantes verlor dabei seine linke Hand.

[101] [112] S. o., Anm. 23.

[102] [115, Fußn.] Als Smerdaki oder Smyrdaki (σμερδάκι, σμυρδάκι) bezeichnet man noch heute in manchen Orten (vor allem in Arkadien) ein Spukwesen, das die Schafherden in Panik versetzt. Es wird sowohl als tier- als auch als menschengestaltig geschildert, manchmal auch als Blutsauger. Smyrdaki kommt außerdem als veraltete Bezeichnung für Milzbrand vor.

103 [121] Das äußerste Ende des Piräus bildet durch zwei kleine Buchten eine Art langgestreckter Halbinsel, die heute zum Gelände der Seekadettenschule gehört. An den beiden Enden befanden sich die hier beschriebenen Gräber. Die dorthin führenden Küstenstraßen sind nach Miaoulis bzw. Themistokles (s. o., Anm. 74 und 25) benannt (Ακτή Μιαούλη und Ακτή Θεμιστοκλέους).

104 [121] Die Inschrift bedeutet: „Hier ruht Admiral Andreas Miaoulis".

105 [123] Ilion (Ἴλιον), anderer Name für Troja (daher „Ilias").

106 [124] Andersen sollte nicht mehr nach Griechenland kommen.

107 [124] Bartholomäus Graf Stürmer (1787-1863), österreichischer Diplomat; 1834-1850 Internuntius (Gesandter) in Konstantinopel.

108 [125] Kap Sounion (Σούνιον), die Südspitze Attikas mit den Resten des dorischen Poseidontempels aus dem 5. Jh. v. Chr. war früher auch als Cap oder Cavo Colonna (Καβοκολώνας) bekannt.

109 [125] Das heutige beeindruckende klassizistische Rathaus wurde erst 1876-1881 durch den deutsch-griechischen Architekten Ernst Ziller (1837-1923) errichtet.

110 [126] Dimitrios Christidis (Δημήτριος Χρηστίδης; 1799-1877): aus Konstantinopel gebürtiger Wirtschaftswissenschaftler, Politiker und Jurist. Nahm am griechischen Freiheitskampf teil. 1831, nach der Ermordung des Grafen Kapodistrias (s. o., Anm. 55) wurde er Innenstaatssekretär der Interimsregierung, 1833 Präfekt von Messenien, Euböa und Syros (Kykladen) und 1840 griechischer Botschafter bei der Hohen Pforte. Am 24. Juni 1841, kurz nach Andersens Besuch in der osmanischen Hauptstadt, wurde Ch. Außenminister, später mehrfach Innen- und Finanzminister sowie Richter am Staatsrat (höchstes Verwaltungsgericht). Die Schreibweise „Chrystides" ist falsch und kommt auch später nicht mehr vor.

111 [133] Homer stammte aus Ionien in Westkleinasien und höchstwahrscheinlich aus Smyrna (möglicherweise auch von der nahen Insel Chios, s. o. Anm. 35).

112 [133] Vermutlich die Kleinstadt Vourla (Βουρλά), heute Urla, in der Nähe des antiken Klazomenai (Κλαζομέναι), bekannt für ihren Weinbau. Der Lyriker und Literaturnobelpreisträger Jorgos Seferis (Γεώργιος Σεφέρης; 1900-1971) stammte aus dem bis 1922 überwiegend von Griechen bewohnten Ort.

113 [133] Das sog. Frankenviertel, wo die westeuropäischen Ausländer und die katholischen Levantiner lebten und die Konsulate waren, lag damals direkt hinter dem Hafen und dehnte sich bis Ende des 19. Jh.s weiter nach Norden zur Punta-Landspitze aus. Es ging nahtlos in das landeinwärts liegende griechische Viertel über, das auch das größte von Smyrna war. Das armenische lag ebenfalls noch in der Unterstadt; das jüdische und das türkische Viertel lagen an den Hängen des hier erwähnten Burgberges Pagos (Πάγος, heute Kadifekale).

114 [134] „Christine ou la Reine de seize ans" war ein Lustspiel von Jean-François Alfred Bayard (1796-1853), das Andersen ins Dänische übersetzt hatte.

115 [134] Die sog. Frankenstraße (bestehend aus den Straßen Mecidiye Caddesi, Sültan Caddesi und Mahmudiye Caddesi bzw. rue Fassoulah, rue Franque und rue des Verreries) war die Hauptgeschäftsstraße von Smyrna. Der nachmals berühmte, mondäne Quai (gr. Prokymäa, Προκυμαία) wurde erst 1868-80 durch eine französische Gesellschaft angelegt. Die Frankenstraße fiel, wie fast das gesamte europäische und griechische Viertel, dem Großbrand von 1922 zum Opfer und ist im heutigen Stadtbild nicht mehr auszumachen.

[116] [136] Pomona: römische Göttin des Obstsegens.

[117] [136] Pera (Πέραν; wörtl. „drüben", „gegenüber"): Stadtteil von Konstantinopel, heute Beyoğlu. Gegenüber von Alt-Stambul (Fatih), auf der anderen Seite des Goldenen Horns gelegen, war Pera früher das europäische Viertel der osmanischen Hauptstadt schlechthin und Sitz der meisten Botschaften (heute Konsulate). Es ist nach wie vor das mondänste Viertel der Bosporusmetropole.

[118] [137] Houris: Jungfrauen, die den gläubigen Moslem im Paradies erwarten.

[119] [140] Der Überlieferung nach starb Homer freilich auf der Kykladeninsel Ios, wo es auch ein angebliches Grab von ihm gibt.

[120] [141] Ephesos (Ἔφεσος), in der Antike eine der bedeutendsten ionischen Städte, sank im Mittelalter wegen der Verlandung des Hafens durch die Anschwemmungen des Kaystros zur Bedeutungslosigkeit herab. Der Artemis-Tempel von E., auf den Andersen sich hier bezieht, zählte zu den sieben antiken Weltwundern. An der Stelle des antiken E. liegt heute die Kleinstadt Selçuk (bis 1914 Ayasoluk); der heutige nahe Küstenort Kuşadası war bis 1922 auch als Nea Ephesos (Νέα Ἔφεσος) oder Scalanova (it. „Neuer Hafen") bekannt.

[121] [141] Phokäa oder Phokaia (Φώκαια), türk. Foça. Bis 1922 eine überwiegend von Griechen bewohnte Kleinstadt nördlich von Izmir. In der Antike Mutterstadt u. a. von Massalia (Μασσαλία), dem heutigen Marseille.

[122] [141] Die Insel Lesbos (Λέσβος), häufig auch nach ihrer Hauptstadt Mytilene bzw. Mytilini (Μυτιλήνη) genannt (nicht „Mitylene").

[123] [142] Tenedos (Τένεδος), heute Bozcaada, türkische Insel kurz vor der Einfahrt zu den Dardanellen.

[124] [142] Offenbar der Tumulus Beşik-Sivritepe am Rande der Ebene von Troja, kurz vor der Dardanelleneinfahrt, den man in der Antike für das Grab des Achill hielt. Alexander opferte hier 334 v. Chr. zu Beginn des Perserfeldzuges. Die heute zu sehende Anlage stammt vermutlich aus hellenistischer Zeit. In unmittelbarer Nähe liegt auch der vermeintliche Grabhügel von Achills Kampfgefährten Patroklos.

[125] [142] S. o., Anm. 105.

[126] [143] Sestos (Σηστός): von Aioliern gegründete Stadt auf der europäischen Seite der Dardanellen. Abydos (Ἄβυδος): Milesische Kolonie auf der Sestos gegenüberliegenden Küste, unweit dem heutigen Çanakkale.

[127] [143] Hero und Leander (Ἡρώ καὶ Λέανδρος): Liebespaar der altgriechischen Mythologie. Hero war Priesterin im Aphroditeheiligtum von Sestos; Leander lebte in Abydos und durchschwamm jede Nacht die Meerenge, um seine Geliebte zu treffen. Als die von ihr als Orientierungshilfe entzündete Ölampel im Sturm erlosch, ertrank Leander. Hero stürzte sich daraufhin von einer Klippe. Der Stoff wurde vielfach verarbeitet, vor allem von Mousaios (Μουσαίος, um 500 n. Chr.), und war noch bis in die Neuzeit einflussreich (auch Lord Byron behandelte ihn).

[128] [143, Fußn.] Ungefähr 1,3 km. Es handelt sich um die engste Stelle der Dardanellen; hier ließ der persische Großkönig Xerxes 480 v. Chr. eine Schiffsbrücke anlegen, um seine Truppen nach Griechenland zu führen.

[129] [144] Die Stadt Çanakkale (gr. Dardanelia, Δαρδανέλια).

[130] [149] Gallipoli, heute Gelibolu, das griechische Kallipolis (Καλλίπολις), auf der europäischen Seite am Ausgang der Dardanellen ins Marmarameer gelegen. Gegenüber liegt die Stadt Lampsakos (Λαμψάκος), heute Lapseki.

[131] [150] Die Insel Marmara (gr. Μαρμαράς, auch Prokonnesos, Προκόννησος) im gleichnamigen Meer (gr. auch Propontis, Προποντίς).

[132] [151] Die Festung Yedikule, am südlichen Ende der Landmauern des Theodosius gelegen, wurde zunächst von den Byzantinern als fünfeckiges Kastell mit ebenso vielen Türmen erbaut und später unter den Osmanen wiederhergestellt und um zwei Türme erweitert. Letzteren diente sie u. a. als Schatzkammer, Gefängnis (u. a. für hohe Gefangene wie die Sultane Mustafa I., Osman II. und Ibrahim I.) sowie als geheime Richtstätte.

[133] [151, Fußn.] Skutari, heute Üsküdar, ursprünglich Chrysopolis (Χρυσόπολις): Stadtteil Istanbuls auf der asiatischen Seite des Bosporus, direkt gegenüber von Alt-Stambul (Fatih). Der erwähnte Friedhof (Karacaahmet Mezarlığı) galt einst als der größte des Orients und ist mit rund 3 km² noch heute der größte der Türkei. Er wurde vermutlich Mitte des 14. Jh.s unter Orhan I. angelegt. Man schätzt, dass hier über 1 Mio. Menschen bestattet sind. Andersen beschreibt ihn weiter unten in Kap. 27.

[134] [152, Fußn.] Dies stimmt natürlich nicht. Das Goldene Horn (gr. Χρυσούν Κέρας oder Κεράτιος Κόλπος, „Hornbucht", türk. Haliç, „Mündung") ist die Hafenbucht Istanbuls zwischen Alt-Stambul (Fatih) und Pera (Beyoğlu), die ebenfalls die Form eines Horns hat.

[135] [152, Fußn.] In der Gewölbekonstruktion, welche den Unterbau des kaiserlichen Lusthauses Incili Kösk (Perlenpavillon) aus dem späten 16. Jh. südlich der Serailspitze bildete, befand sich eine bekannte Weihwasserquelle (Hagiasma, Άγίασμα). Es wird angenommen, dass sie zum Christ-Erlöser-Philanthropos-Kloster (Μονὴ τοῦ Σωτῆρος Χριστοῦ τοῦ Φιλανθρώπου) gehörte, dessen Überreste in unmittelbarer Nähe liegen (R. Janin: „Les monastères du Christ Philanthrope à Constantinople", in: Revue des études byzantins, Jg. 5, Paris 1946). Die Griechen Konstantinopels sollen zum Verklärungsfest am 6. August dorthin gepilgert sein. Die Ruine des Pavillons fiel 1871 dem Eisenbahnbau zum Opfer, nicht jedoch das Gewölbe. Die Quelle versiegte durch die Bauarbeiten.

[136] [152, Fußn.] Der Leanderturm (Πύργος του Λεάνδρου), türk. Kız Kulesı (Mädchenturm), wurde erstmals unter Alkibiades 404 v. Chr. zw. Byzantion und Chrysopolis errichtet und unter dem byzantinischen Kaiser Alexios I. Komnenos 1110 zur Festung ausgebaut. Zeitweilig soll von hier aus eine Kette den westl. Teil des Bosporus vor Angriffen gesichert haben. Unter den Osmanen wurde der Turm mehrfach renoviert und lange Zeit als Leuchtturm und Signalstation (optischer Telegraph) genutzt. Heute beherbergt er ein Ausflugslokal. Der griechische Name bezieht sich auf die Sage von Hero und Leander (s. o., Anm. 127)

[137] [152, Fußn.] Süße Wasser: Die Flüsschen Kağıthane und (in zweiter Linie) Alıbey, die in die Spitze des Goldenen Horns münden. Früher ein Jagdrevier der Sultane und beliebtes Ausflugsziel, sind die „Eaux Doux d' Europe" heute ein dicht besiedeltes Arbeiterviertel der Vorstadt Eyüp (s. a. Anm. 198).

[138] [154] Zu Pera, s. o., Anm. 117. Galata (gr. Γαλατάς, türk. Karaköy) ist der älteste Teil von Pera. Es wurde in der Spätantike als Sykai (Συκαί) gegründet und war bereits im 5. Jh. Teil Konstantinopels. Im 13.-15. Jh. war Galata eine genuesische Handelskolonie. Unter den Osmanen war es eines der Viertel mit großem jüdischem Bevölkerungsanteil, wovon bis heute zahlreiche Synagogen zeugen.

Der aus der Mitte des 14. Jh.s stammende Galata-Turm (Galata kulesı) ist eines der Wahrzeichen von Istanbul.

[139] [155] Das Kloster (Tekke) der Derwische des Mevlevî-Ordens in Beyoğlu liegt etwas abseits der früheren Grande Rue de Pera (heute Istiklal Caddesi), unweit der Deutschen Schule. Andersen geht weiter unten in Kap. 25 auf die Derwische ein. Zu den Mevlevî s. a. Anm. 158.

[140] [156] S. o., Anm. 56.

[141] [156, Fußn.] Vielleicht das Mitglied der Société Orientale, welches 1846 unter dem Titel „Relation historique des affaires de Syrie depuis 1840 jusqu'en 1842" die Protokolle über einen Prozess in Damaskus veröffentlichte, welcher die angeblichen Ritualmorde von Juden an einem italienischen Priester und dessen syrischem Diener betraf und seinerzeit sehr viel Aufsehen erregt hatte. Laurents Werk wurde später immer wieder mit Vorliebe von Antisemiten als Beleg für angebliche Ritualmordpraktiken von Juden an Christen und Muslimen zitiert. Allerdings ist nicht auszuschließen, dass dieser „Achille Laurent" lediglich ein Pseudonym war.

[142] [159, Fußn.] Der Besestan oder Besistan (türk. Eski Bedesten) mit den Gold- und Silberhändlern ist nur das Zentrum des ausgedehnten Großen Bazars (Büyük Çarşı) oder Geschlossenen Bazars (Kapalı Çarşı), der mit seinen rund 4.000 Geschäften ein ganzes, über 31 ha großes Stadtviertel zw. der Bayezit- und der Nuruosmaniye-Moschee im Herzen von Alt-Stambul einnimmt und zu den Hauptattraktionen der Stadt zählt.

[143] [160] Der Ägyptische Bazar (Mısır Çarşısı) ist der Gewürzbazar von Istanbul. Seinen Namen verdankt er der Tatsache, dass viele orientalische Gewürze über Ägypten importiert wurden.

[144] [161] Palais Royal: Stadtpalast in Paris. Am Rande der Gärten wurden 1781-84 Häuser mit Arkadengängen erbaut, wo zahlreiche Läden, Gaststätten und Amüsierbetriebe eingerichtet wurden.
Grisette: Putzmacherin, Näherin. Sinnbildlich junge, unverheiratete, aber auch selbständige Frauen im Frankreich des 19. Jh.s mit oftmals „lockerem" Lebenswandel.

[145] [163] Der Esir Han („Frauenhof"), auch Yesir Pazarı oder Avrat Pazarı („Frauenbazar") von Konstantinopel lag unweit des Großen Bazars im Bezirk Çemberlitaş, in etwa zwischen den Moscheen Nuruosmaniye und Gazi Atik Ali Paşa (nach einer anderen Lesart auf dem Areal des byzantinischen Arcadiusforums weiter westlich). Das überwiegend aus um einen Hof gruppierten Bretterbuden bestehende Ensemble fiel Ende des 19. Jh.s einem Großbrand zum Opfer.

[146] [163, Fußn.] Topschana: Tophane, Stadtteil von Beyoğlu („Kanonenhof", nach den dortigen Arsenalen); Sieben Türme: Yedikule, s. o., Anm. 132.

[147] [164] Anspielung auf den „bösen Blick".

[148] [164] Circassierinnen: Tscherkessinnen, Angehörige des überwiegend muslimischen kaukasischen Volkes der Tscherkessen (Eigenbezeichnung Adyge). Auf dem Sklavinnenmarkt wurden sie als „höherwertige Ware" in den Innenräumen festgehalten und nur Kaufinteressenten gezeigt (weshalb Andersen auch keine Beschreibung geben kann). Im Hof wurden vor allem Nubierinnen feilgeboten. Der Sklavenhandel wurde in der Türkei 1857 offiziell verboten.

[149] [164] Houri, s. o., Anm. 118. Ibn Katib: Der osmanische Dichter Mehmet Yazıcıoğlu, gen. ibn Katib (Sohn des Schreibers), lebte Mitte des 15. Jh.s in Gelibolu (Gallipoli). Sein Vater Salih Yazıcı und sein Bruder Ahmet Bican Yazıcıoğlu waren ebenfalls bekannte Dichter. Die Übersetzung stammt aus der „Geschichte der Osmanischen Dichtkunst bis auf unsere Zeit" (1836) des österreichischen Diplomaten und Orientalisten Joseph von Hammer-Purgstall (1774-1856).

[150] [166] Die Hagia Sophia (gr. Ἁγία Σοφία, türk Ayasofya): Hauptkirche des Oströmischen (Byzantinischen) Reiches und Hauptmoschee des Osmanischen Reiches, seit 1934 Museum. Allerdings wurde nur die erste Basilika an dieser Stelle von Konstantin d. Gr. und Constantius II. erbaut (326-360; 415 nach Brand unter Theodosius d. J. erneuert). Erst nach ihrer Zerstörung während des Nika-Aufstandes (532) wurde die heutige Kirche unter Justinian von Anthemios von Tralleis und Isidoros von Milet in Form einer Kuppelbasilika neu errichtet (532-537). 558 stürzte die extrem flache Kuppel ein und wurde mit erhöhter Wölbung neu gebaut. Die H. S. war bis zum Fall von Konstantinopel mit 7.570 qm die größte christliche Kirche (der mit ca. 17.000 qm deutlich größere Mailänder Dom wurde zwar 1386 begonnen, aber erst 1572 geweiht und 1858 vollendet).

[151] [167] Dianentempel: Der Artemis-Tempel von Ephesos (s. o., Anm. 120).

[152] [167] Eigentlich At Meydanı (Pferdeplatz), das spätantike Hippodrom (heute Sultanahmet Meydanı).

[153] [168] Die Schlangensäule wurde ursprünglich von den Griechen 478 v. Chr. zur Erinnerung an die Siege über die Perser im Apollo-Heiligtum von Delphi aufgestellt und trug einen Dreifuß mit einer goldenen Schale. 331 wurde sie von Konstantin d. Gr. zur Ausschmückung des Hippodroms in die neue Hauptstadt am Bosporus gebracht. Die Schale verschwand vermutlich im Vierten Kreuzzug 1204 und die Köpfe wurden Ende des 17. Jh.s zerstört (und nicht etwa von Mehmet II. abgeschlagen oder von den Engländern gestohlen). Einer wurde im 19. Jh. gefunden und befindet sich im Archäologischen Museum von Istanbul.
Der Obelisk des Theodosius aus rosarotem Granit stammt aus der Zeit Thutmosis' III. (1479-1425 v. Chr.) und stand ursprünglich im Tempel von Karnak bei Luxor. Er wurde von Kaiser Theodosius I. d. Gr. (347-395) nach Konstantinopel gebracht.
Bei dem zuletzt genannten Monument handelt es sich nicht um die Konstantinssäule oder „Verbrannte Säule" (Çemberlitaş), sondern um einen gemauerten 32 m hohen Obelisken unbekannten Alters, der laut einer Inschrift von dem byzantinischen Kaiser Konstantin VII. Porphyrogennetos (905-959) erneuert und mit vergoldeten Bronzeplatten verkleidet wurde, die im Vierten Kreuzzug 1204 geraubt wurden.

[154] [168] Die Sultan Ahmet Camii oder Blaue Moschee (wegen der blauen Fayence-Fliesen im Inneren), 1609-1616 unter Sultan Ahmed I. errichtet, hat als einzige der Moscheen Istanbuls sechs Minarette. Sie ist seit der Umwandlung der Hagia Sophia in ein Museum die Hauptmoschee der Stadt.

[155] [169] Karnies. S. o., Anm. 43.

[156] [169, Fußn.] Mahmud II. (1785-1839; Sultan ab 1808) und Abdülmecid I. (1823-1861; Sultan ab 1839). Beide taten sich durch umfassende Reformen des osmanischen Staates hervor (sog. Tanzimat-Reformen 1839-1876)

[157] [171] Der Aquädukt des Valens (368 n. Chr.).

[158] [173] Als Derwische oder Sufis bezeichnet man die Angehörigen asketisch-mystischer islamischer Ordensgemeinschaften (Tariqas). In der Türkei wurden die Orden unter Atatürk per Gesetz vom 30.9.1925 aufgelöst und ihre Rituale verboten. Die Zeremonie der „drehenden Derwische" wurde ab den 50er Jahren wieder zunehmend geduldet. Die Sema genannte Zeremonie ist heute allerdings vornehmlich eine Touristenattraktion.
Isaui: Aissaua, ein von Muhammad Ben Aïssâ (1465-1526) in Nordafrika gegründeter Derwisch-Orden.
Der hier als „Ruhanis" bezeichnete Rifâi-Orden wurde im 12. Jh. von dem Mystiker Hadrat Shaykh Sayyid Ahmad ar-Rifâi (1118-1181) im heutigen Irak gegründet. Der Orden besteht heute nicht mehr, wohl aber das von Andersen beschriebene Kloster am Ende des großen Friedhofs von Üsküdar (s. o., Anm. 133).
Der Mitte des 13. Jh.s von dem persischen Mystiker Dschalal-ad-Din Rumi (Mevlana; 1207-1273) in Konya gegründete Mevlevî-Orden war der größte und einflussreichste der Türkei.
Die Übersetzungen der Namen durch Andersen sind falsch, die „drehenden" bzw. „heulenden" Derwische sind vielmehr Beinamen der Orden.

[159] [173] Die heutige Hauptstadt Libyens.

[160] [175] S. o., Anm. 133.

[161] [177] Mihrab. Die nach Mekka ausgerichtete Gebetsnische der Moscheen.

[162] [185] S. o., Anm. 133.

[163] [186, Fußn.] Die Prinzeninseln (Prens Adaları, Kızıl Adalar [Rote Inseln] oder auch nur Adalar, gr. Πριγκιπόννησοι, Πριγκιπονννήσια), Inselgruppe bei Istanbul im Marmarameer, bestehend aus den bewohnten Inseln Büyükada (gr. Πρίγκηπος, Pringipos), Heybeliada (Χάλκη, Chalki), Burgazada (Αντιγόνη, Antigoni) und Kınalıada (Πρώτη, Proti) sowie mehreren Kleininseln. Früher Verbannungsort und Einsiedelei, später Sommerfrische vor allem christlicher Istanbuler. Bis heute bestehen dort mehrere Klöster sowie auf Heybeliada das (zurzeit geschlossene) orthodoxe Priesterseminar des Ökumenischen Patriarchats von Konstantinopel.

[164] [188, Fußn.] Das Schattentheater Karagöz (hier: „Karagöf") mit den Hauptcharakteren Karagöz (bauernschlauer einfacher Mann aus dem Volk) und Hacivat (glatter, „gebildeter" Städter). „Hopa-Thelepis" dürfte der Çelebi sein, einer von zwei typisch Istanbuler Charakteren des Schattenspiels. In Griechenland gibt es bekanntlich die hellenisierte Variante „Karagiozis".

[165] [189] Das Fest Mawlid an-Nabi. Es wird seit dem Mittelalter begangen und fällt auf den 12. Tag des dritten Monats des Islamischen Kalenders, Rabīʿ al-awwal (das genaue Geburtsdatum des Propheten ist nicht bekannt).

[166] [189] Offenbar der Friedhof, der früher zwischen den „Petits Champs des Morts" (heute Tepebaşı) und dem Goldenen Horn lag und heute weitgehend mit Schnellstraßen und Häusern des Viertels Şişhane überbaut ist. Dort steht noch das Mausoleum Lohusa Sultan (Rahime Kadın) Türbesi aus dem Jahre 1647.

[167] [190] Der Bithynische bzw. Mysische Olymp (heute Uludağ) bei Bursa (2.542 m).

[168] [190] Ismael, der Sohn Abrahams und der Hagar, gilt den Muslimen als Stammvater der Araber.

[169] [193] Vgl. Anm. 150 und 154.

[170] [194] Die berühmte Grande rue de Péra bzw. Cadde-i Kebir, heute İstiklal Caddesi, bis heute die Haupteinkaufsstraße und Amüsiermeile von Istanbul.

[171] [195] Der Brunnen Ahmeds III. (III. Ahmet Çeşmesi). 1728 im türkischen Rokoko-Stil der „Tulpenzeit" errichtet, gilt er als eine der schönsten öffentlichen Brunnenanlagen Istanbuls. Er liegt neben dem 1478 errichteten Kaiserlichen Tor zum Serail (Bâb-ı Hümâyûn: Tor des Großherrn).

[172] [198] Schabracke: Satteldecke für Pferde (von türk. çaprak).

[173] [198] Koca Mehmed Hürsev Pascha (1769-1855) war vom 8. Juli 1839 bis zum 29. Mai 1841 Großwesir des Osmanischen Reiches. Während des griechischen Unabhängigkeitskrieges war er der oberste Flottenadmiral (Kapudan Pascha) und verwüstete 1824 die Insel Psara (Ψαρά), unterlag aber in der Seeschlacht von Gerontas (Ναυμαχία του Γέροντα) bei Leros (Λέρος) der griechischen Flotte unter Admiral Miaoulis (s. o., Anm. 74)

[174] [198] Giuseppe Donizetti (1788-1856), auch Donizetti Pascha, war von 1828 bis zu seinem Tod Generalmusikmeister am Hof in Konstantinopel. Er wurde in der katholischen Heilig-Geist-Kathedrale in Pera beigesetzt.

[175] [201] Zu Stürmer und Christides, s. o., Anm. 107 und 110.

[176] [201] Die österreichische (später österreichisch-ungarische) Botschaft befand sich von 1815 bis 1918 im Palais de Venise (Venedik Sarayı), der 1695 erbauten früheren venezianischen Botschaft an der Tomtom Kaptan Sokak in Beyoğlu, die nach dem I. Weltkrieg an Italien abgetreten wurde. Es gab auch noch eine gemietete Sommerresidenz in Büyükdere am Bosporus (s. u., Anm. 181). Das prachtvolle heutige Konsulatsgebäude (Palais d' Autriche, türk. Avusturya Sarayı) in Yeniköy, ebenfalls am Bosporus, wurde der Donaumonarchie 1882 von Sultan Abdülhamit II. als Sommerresidenz für die Botschaft geschenkt.

[177] [201] Portechaise: Tragsessel, kurze Sänfte (türk. Tahtırevan), meist als Mietsänfte.

[178] [201] Mit Ali Effendi könnte der bedeutende Diplomat und Reformer Mehmed Emin Ali Pascha (1815-1871) gemeint sein, der allerdings zu jener Zeit Gesandter in London war. Er wurde 1846 Außenminister und später fünfmal Großwesir. Außenminister war damals ein weiterer Vordenker der Tanzimat-Reformen, der Diplomat Sadık Rıfat Paşa (1807-1857).
Andersens „Saphet" dürfte der hoch gebildete Mehmet Esat Saffet Paşa (1814-1883) gewesen sein. Dieser war 1831 mit nur 17 Jahren in den kaiserlichen Übersetzungsdienst eingetreten, welcher nach 1821 neu geschaffen worden war, um das Dolmetschermonopol der griechischen Phanarioten zu brechen, und zudem eine Art Denkfabrik der Tanzimat-Reformen darstellte. Später war Saffet Effendi u. a. sechsmal Außenminister und dreimal Bildungsminister sowie 1878 für sechs Monate Großwesir (in seine Amtszeit fiel der Berliner Kongress). Unter anderem reformierte er 1869 das osmanische Bildungswesen von Grund auf nach französischem Vorbild (er selbst hatte in Paris studiert). Die „Hohe Pforte" (türk. Paşa kapısı oder Bâb-ı Âli) bezeichnete ursprünglich im Orient das Haupttor zu Städten und Palastanlagen und wurde ab 1718 mit dem Tor zum Sitz des Großwesirs im Topkapi-Palast gleichgesetzt, wo der Diwan, d.h. der kaiserliche Rat (bzw. die Regierung) tagte und die westlichen

Diplomaten empfangen wurden. Nach der Jungtürkischen Revolution 1908 und bis zum Ende des Osmanischen Reiches 1922 war die Hohe Pforte das Synonym für das osmanische Außenministerium.

[179] [202] S. o., Anm. 22.

[180] [203] Galacz: Galați in Rumänien (dt. auch Galatz). Die Stadt an der Donau war nach Iași (Jassy) die wichtigste des Fürstentums Moldau (und nicht der Walachei, wie Andersen hier schreibt).

[181] [203] Büyükdere, Vorort von Istanbul am europäischen Bosporusufer. Früher überwiegend von Griechen und Armeniern bewohnt, war B. eine beliebte Sommerfrische wohlhabender Christen und westlicher Diplomaten.

[182] [204] Rumeli: Rumelien, alter Name der europäischen Türkei (Land der Rum, d.h. der [Ost-]Römer) mit Ausnahme von Bosnien, Ungarn, Morea (Peloponnes) und den Inseln. Im engeren Sinne der Südbalkan östlich von Albanien (heute Serbien, Frühere Jugoslawische Republik Mazedonien, Nord- und Zentralgriechenland, Bulgarien und europäische Türkei).

[183] [204] Adrianopel: Edirne in der europäischen Türkei (gr. Ἀδριανούπολις).

[184] [204] Trotz der Tanzimat-Reformen, die den christlichen Untertanen ab 1839 ein gewisses Maß an Gleichberechtigung sicherten, brachten die Steuerreformen derselben Zeit keine Entlastung. Die Steuereintreiber forderten (auch unter Missachtung der von der Pforte verordneten Gleichberechtigung) im Gegenteil immer höhere Abgaben, was 1841 und 1842 zu Aufständen in Bulgarien, Mazedonien und Serbien führte, die blutig niedergeschlagen wurden. Der französische Nationalökonom Adolphe Jérôme Blanqui (1798-1854) geht in seinem Werk „Considérations sur l'état social des populations de la Turquie d'Europe" (Paris 1843) auf den Aufstand von 1841 ein.
Mit „Nissa" ist Niš in Serbien gemeint.

[185] [205] Feldzug in Syrien: Die Intervention Großbritanniens, Russlands, Preußens und Österreichs zugunsten des Sultans in der Auseinandersetzung mit Mehmet Ali von Ägypten 1840 im Rahmen der Orientkrise (s. o., Anm. 91).

[186] [206] Amastra: Die heutige Stadt Amasra an der türkischen Schwarzmeerküste, in der Antike Amastris (Ἄμαστρις).

[187] [206]: Pontus Euxinus: griechischer Name des Schwarzen Meeres (Πόντος Εὔξεινος = „Gastliches Meer")

[188] [206] Der britische Arzt und Geologe William Francis Ainsworth (1807-1896), der 1838-41 eine Reise nach Kurdistan machte und 1842 darüber das Buch „Travels and Researches in Asia Minor, Mesopotamia, Chaldea and Armenia" veröffentlichte. Sein Bruder William Harrison (1805-1882) schrieb Historienromane.

[189] [210] Fındıklı: Viertel von Beyoğlu am Bosporusufer zwischen Tophane und Galata.

[190] [211] S. o., Anm. 91.

[191] [211] Hermann Ludwig Heinrich Fürst von Pückler-Muskau (1785-1871) bereiste Nordafrika, Griechenland und Ägypten und hielt seine Eindrücke in „Semilassos vorletzter Weltgang. In Afrika" (Algerien und Tunesien; 1836) – welches Andersen mit einigem Unmut gelesen hatte und worauf er hier anspielt – sowie in „Südöstlicher Bildersaal" (Griechenland; 1841/42) und „Aus Mehemed Ali's Reich" (Ägypten; 1844) fest.

[192] [211] Kandilli: Vorort von Istanbul auf der asiatischen Seite des Bosporus nördlich von Üsküdar; berühmt für seine Yalıs (herrschaftliche Sommervillen aus dem 19. Jh.). Der erwähnte Palast war der unter Mahmud I. (1696-1754) 1751 errichtete Vorgängerbau des heutigen Küçüksu-Palasts (Küçüksu Kasrı).

[193] [212] Der Çırağan-Palast (Çırağan Sarayı) in Beşiktaş am europäischen Bosporus-Ufer wurde in seiner Geschichte mehrfach abgerissen und wiederaufgebaut. Den 1805 im Auftrag des Großwesirs Selims II., Kör Yusuf Ziyaüddin Pascha, durch den armenischen Architekten Kirkor Amira Baylan (1764-1831) errichteten zweiten Palast an dieser Stelle ließ Mahmud II. 1835-43 durch eine neue Anlage ersetzen, die der Sohn Baylans, Garabet (1800-1866), errichtete. In dem teilweise aus Marmor errichteten Bau sollen 40 klassische Säulen verwendet worden sein. Offenbar bezieht sich Andersen auf diese Bauphase, denn Abdülmecid I. ließ den Palast bereits 1855 abreißen und neu bauen, diesmal durch Nigoğayos Bey Balyan (1826-1858), den Sohn Garabets. 1857 äußerlich fertig gestellt, wurde der Palast noch bis 1872 dekoriert. Ende 1909 wurde er zum Parlamentssitz, brannte jedoch im Januar 1910 komplett aus. 1987 wurde die Ruine restauriert und dient heute als Luxushotel der Kempinski-Kette.

[194] [212] Kuruçeşme. Vorort von Istanbul auf der europäischen Seite, gr. Xirokrini (Ξηροκρήνη), was dasselbe bedeutet: „Trockener Brunnen". Einst eine Sommerfrische reicher Istanbuler Griechen und von 1804-1850 Sitz der Großen Patriarchatsschule (Μεγάλη του Γένους Σχολή), ist der Ort heute ein beliebtes Vergnügungsviertel, bekannt für die Kuruçeşme Arena, wo Open-Air-Konzerte stattfinden.

[195] [214] Bebek, gr. Chiles (Χηλές) Bebeki (Μπεμπέκι) u. Veveki(on) (Βεβέκι[ον]), auf der europäischen Seite des Bosporus, entstand aus einer Reihe griechischer Fischerdörfer, bevor hier reiche Osmanen aller Nationalitäten im 19. Jh. ihre Sommerpalais (Yalıs) zu bauen begannen. Die Gründung des Robert College 1863 brachte zudem zahlreiche Amerikaner u. Briten in den Ort. Seit 1971 hat die englischsprachige Bosporus-Universität (Boğaziçi Üniversitesi) ihren Sitz in den Bauten des College. Bebek ist heute einer der teuersten Nobelvororte Istanbuls. Das von Andersen hier erwähnte Lustschloss wird auch bei Joseph von Hammer-Purgstall (vgl. Anm. 149), „Constantinopolis und der Bosporus: örtlich und geschichtlich beschrieben", Bd. 2, S. 219 (1822), angeführt. Demnach wurde es unter Ahmed III. (1673-1736) ab 1725 anstelle eines Pavillons aus der Zeit Selims I. (1465-1520) errichtet.

[196] [214] Der Perserkönig Dareios I. d. Gr. (549-486 v. Chr.) startete 513 v. Chr. eine Kampagne gegen die Skythen, wozu er zunächst Thrakien besetzten ließ. Er ließ dazu durch Mandrokles (Μανδροκλῆς) von Samos (und nicht „Androkles") eine Schiffsbrücke über den Bosporus schlagen, über die Herodot zufolge 70.000 Mann von Asien nach Europa gegangen sein sollen.

[197] [215] Anadolu Hisarı (Anatolische Burg, auch Güzel Hisarı, Schöne Burg) wurde 1395 von Bayezid I. (1360-1403) auf der asiatischen Seite des Bosporus errichtet. Rumeli Hisarı (Rumelische Burg) wurde 1451-52 direkt gegenüber von Mehmet II. dem Eroberer (1432-1481) im Zuge der Vorbereitungen für die Eroberung Konstantinopels erbaut, um die schmalste Stelle des Bosporus zu sichern, der hier nur 700 m breit ist.

Anmerkungen

[198] [215] Das Flüsschen Göksu, die „Süßen Wasser Asiens", entsprechend den „Süßen Wassern Europas" (s. o., Anm. 137). Es liegt von Istanbul kommend allerdings vor Anadolu Hisarı.

[199] [216] Kanlıca (hier „Kandiliche"), Incirköy (eig. „Feigendorf") und das anschließend erwähnte Sultaniye sind heute Viertel des Bezirks Beykoz von Istanbul. „Kandiliche's Große Moschee" ist wohl die 1560 von dem großen osmanischen Baumeister Mimar Sinan (ca. 1490-1588) unter Süleyman dem Prächtigen (ca. 1495-1566) um 1560 errichtete İskender Paşa Camii. Andersens Vergleich mit der Blauen Moschee ist allerdings arg übertrieben.

[200] [218] Charon (Χάρων) war der mythische Fährmann, der die Toten über den Acheron oder Styx in die Unterwelt geleitete.

[201] [218] Beykoz, heute einer der 39 Bezirke Istanbuls, der den gesamten nördlichen Abschnitt des asiatischen Bosporusufers einnimmt.

[202] [218] Therapia (Θεραπειά), türk. Tarabya. Früher ein vorwiegend griechischer Ort und ab 1655 zeitweilig Sitz der orthodoxe Metropolie Derka (Ἱερά Μητρόπολις Δέρκων). Später eine der bekanntesten Sommerfrischen reicher Istanbuler und Ausländer am europäischen Bosporus-Ufer. Unter anderem liegen hier die ehem. Sommerresidenz des deutschen Botschafters und die Huber Köşkü der Firma Krupp.

[203] [219] S. o., Anm. 181.

[204] [219] Wasserleitung: Der 1732 erbaute Aquädukt Mahmuds I. (1696-1754; Sultan ab 1730) bei Bahceköy im Tal von Büyükdere.
Medea (gr. Μήδεια), griechische Sagengestalt, zauberkundige Tochter des Königs Aietes von Kolchis. Floh mit Jason als dessen Frau nach Iolkos in Thessalien, wurde aber von ihm für Glauke, die Tochter Kreons von Korinth, verlassen. Aus Rache tötete M. ihre Nebenbuhlerin und die beiden Kinder aus ihrer Ehe mit Jason. Der Stoff wurde zunächst von Euripides und dann noch oftmals in der abendländ. Literatur verarbeitet.

[205] [221] Ovidsturm: Ein rechteckiger Wehrbau, der entweder als Wachtturm oder Leuchtturm am Eingang zum Bosporus gedient hat. Er liegt ziemlich weit im Landesinneren nahe den Orten Zekeriyaköy und Uskumruköy im Bezirk Sarıyer und soll teils aus dem 6. und teils aus dem 11.-12. Jh. stammen (nach anderer Lesart wurde er von den Genuesen im 14. Jh. errichtet). Ovid wurde allerdings ohnehin nach Tomis, dem heutigen Konstanza (Constanţa) in Rumänien verbannt.

[206] [221] Die Symplegaden (Συμπληγάδες, die „Zusammenschlagenden") oder Kyaneischen Inseln (Κυανέαι νῆσοι, die „Blauen Inseln", wegen der Gesteinsfarbe), die Jason mit den Argonauten auf der Reise nach Kolchis passieren musste.